BLUMEN & GARTEN

SPEZIAL

BLUMEN & GARTEN
SPEZIAL

Stauden

Pflanzenbeschreibungen von A – Z,
Pflegeanleitungen und kreative Gestaltungsideen
– komplett in Farbe –

Herausgegeben von
Dipl.-Ing. Stefan Längst

Mosaik Verlag

Vorwort 7

Was sind Stauden? 9

Stauden für die Sonne 49

Stauden für den Wassergarten 117

Stauden für den Schatten 13

Beetstauden 69

Gestaltung 127

Stauden für den Halbschatten . 31

Stauden für den Steingarten . . . 97

Pflanzen und Pflegen 147

Register 158
Bezugsquellen 160
Bildnachweis 160

Blühendes rund ums Jahr – nimmt man alle Stauden zusammen, so findet man für jede Jahreszeit etwas. Christrosen machen im Januar den Anfang, im Vorfrühling folgen die Primeln. Im Frühsommer und Sommer erscheinen die eleganten Schwertlilien, Margeriten und der Rittersporn. Der Herbst wird von den Herbstanemonen, Chrysanthemen und Astern eingeläutet; der Herbstenzian schließt dann den Kreis und kündigt den Winter an. Stauden sind eine sehr vielgestaltige Pflanzengruppe. Wunderschöne Grünpflanzen wie Gräser und Farne gehören genauso dazu wie die reichblühenden Prachtstauden oder Ufer- und Wasserpflanzen. Aufgrund der unterschiedlichen Standortbedingungen gibt es keinen Winkel im Garten, den man nicht mit Stauden gestalten kann. Welche Stauden sich für welche Standorte eignen, wie man die Gestaltung plant und die Pflanzen pflegt – das erfahren Sie in diesem Buch.

Pfingstrosen, hier die Sorten *Paeonia lactiflora* 'Ville de Poissy' und 'Madame Ducel', gehören zu den eindrucksvollsten Stauden des reifen Gartens.

Stauden gehören zur Grundausstattung eines jeden Gartens. Sie treiben jedes Jahr aufs neue aus unterirdischen Organen Blätter und Blüten aus, und viele Arten werden mehrere Jahrzehnte alt. Die Stauden haben während der letzten Jahrzehnte in unseren Gärten wahre Triumphe gefeiert. Noch vor 100 Jahren waren spezielle Staudengärtnereien in Deutschland unbekannt. Heute dagegen bietet eine Vielzahl von Staudengärtnereien ein fast unüberschaubares Sortiment an. Zwar gab es auch in früheren Jahrhunderten Stauden in den Gärten. Aber erst in den 20er Jahren wurden die Stauden zunehmend auch außerhalb der klassischen Verwendungsbereiche Beet und Rabatte, wo sie bis dahin in der Regel nach rein formalen Gesichtspunkten ausgewählt wurden, eingesetzt. Bahnbrechendes haben dabei die Urväter der heutigen Staudenverwendung Georg Arends und Karl Foerster geleistet.

Die Kombination aus blau blühendem Salbei und weißen Margeriten, ergänzt durch die blauen Schwertlilien, ist in jedem Frühsommer immer wieder aufs neue eine Augenweide. Die roten Mohnblüten setzen darüber hinaus wohltuende Akzente.

Festuca mairei, der Atlasschwingel, gehört wie viele andere Gräser zu den Stauden und verleiht dem Garten einen ganz speziellen Reiz. Man kann den Atlasschwingel auch in großen Pflanztrögen oder auf Dachgärten verwenden.

Botaniker haben das Pflanzenreich unter vielfältigen Gesichtspunkten betrachtet und die einzelnen Arten verschiedenen Pflanzengruppen zugeordnet. Die Stauden bilden eine dieser Gruppen. Der Begriff »Staude« bezieht sich auf die Lebensdauer und -form der Pflanze. Man rechnet die Stauden zu den ausdauernden (perennierenden) Pflanzen. Im Gegensatz dazu stehen die Kräuter und Sommerblumen, die entweder einjährig oder zweijährig wachsen. Unter den ausdauernden Pflanzen wiederum zeichnen sich die Stauden im Gegensatz zu den Gehölzen dadurch aus, daß sie nur krautige, nicht verholzende Pflanzenteile besitzen. Nach der Samenreife sterben in der Regel die oberirdischen Pflanzenteile ab. Die Pflanze überwintert in den sogenannten Überdauerungs-

organen, die entweder unter der Erde, auf der Erde oder knapp darüber liegen. Daneben gibt es natürlich auch einige winter- und immergrüne Stauden wie etwa die Steinrose oder den Mauerpfeffer. Die Überdauerungsorgane sorgen dann auch für den erneuten Austrieb im Frühjahr. Die Übergänge zu anderen ausdauernd wachsenden Pflanzen sind fließend, so daß im folgenden Lexikonteil auch einige Zwergsträucher, also Pflanzen mit verholzenden Teilen, vorgestellt werden.

Zwiebel- und Knollengewächse. Streng botanisch betrachtet gehören auch die Zwiebel- und Knollengewächse zu der Gruppe der Stauden. Da jedoch das Sortiment der Zwiebel- und Knollenblumen sehr umfangreich ist, werden diese Pflanzen in einem eigenen

Band vorgestellt. Die Übergänge sind allerdings, wie so häufig in der Botanik, fließend. Aus diesem Grund erscheinen einige Arten in beiden Bänden.

Farne. Vorgestellt werden in diesem Band auch die wichtigsten Farne, die sich allerdings in einem Aspekt ihrer Lebensform von den Blütenstauden unterscheiden: Sie vermehren sich nicht über Samen, sondern über Sporen. Aber hinsichtlich ihrer Verwendung und Standortansprüche haben sie viele Gemeinsamkeiten mit den Stauden, vor allem mit den Schattenstauden.

Beetstauden und Wildstauden. Mit den Begriffen Beet- und Wildstaude versucht man, zwei unterschiedliche Staudencharaktere voneinander abzugrenzen. Unter einer Beetstaude versteht man eine meist über viele Jahre züchterisch bearbeitete Pflanze, die sich durch eine besonders prächtige Blüte auszeichnet. Die Beetstaude hat dabei sehr hohe Standortansprüche, benötigt offenen Boden und erfordert insgesamt einen sehr hohen Pflegeaufwand. Demgegenüber ist die Wildstaude züchterisch nur wenig oder überhaupt nicht verändert und kommt an dem ihr zusagenden Standort nach einigen Jahren des An- und Zusammenwachsens fast ohne jegliche Pflege aus. Dies trifft vor allem auf das Sortiment der heimischen Wildstauden zu. Eine Zwischenstellung nehmen die fremdländischen Wildstauden ein. Sie kommen meist aus Nordamerika, Ostasien oder dem Mittelmeerraum und brauchen etwas mehr Aufmerksamkeit und Pflege als die heimischen Wildstauden. Sie können aber sehr gut eine Vermittlungs- bzw. Überleitungsfunktion zwischen den beiden Verwendungsbereichen im Garten bilden. Der Trend geht derzeit weg von der alleinigen Verwendung der Stauden in Beeten und Rabatten und hin zu einem verstärkten Einsatz von Stauden in Verbindung mit Gehölzen, Wasser oder Stein. Es soll in jedem Fall ein naturnaher Eindruck erzeugt werden.

Symbolschlüssel:

 hoher Wasserbedarf

 normaler Wasserbedarf

 geringer Wasserbedarf

 Gießen nicht erforderlich

 hoher Nährstoffbedarf

 normaler Nährstoffbedarf

 geringer Nährstoffbedarf

 kein Nährstoffbedarf

 Winterschutz erforderlich

 Gefäßkultur möglich

 Gefäßkultur bedingt möglich

 giftig

Staudenvorkommen. Ein wichtiger Grund für die enorme Beliebtheit der Stauden ist sicher ihre vielseitige Verwendbarkeit. Stauden sind von Natur aus sehr anpassungsfähig und decken im Vergleich zu den Gehölzen ein viel größeres Spektrum an unterschiedlichsten Lebensräumen ab. So findet man Stauden als Krautschicht in fast jedem Wald. An den Waldrändern, aber auch an Hecken- und Gebüschrändern nimmt ihre Zahl dann schlagartig zu. Andere Stauden fühlen sich eher in einschürigen Wiesen oder Matten wohl. Und selbst so extreme Standorte wie etwa Sanddünen, Nieder- und Hochmoore oder Bergregionen oberhalb der Baumgrenze sind für Stauden kein Problem. Sogar in den Gletscherregionen der Alpen, in einer Höhe von 3500 m über dem Meeresspiegel also, findet man noch das Rispengras (*Poa laxa*), die Schwingelarten *Festuca halleri* und *Festuca rubra* sowie die Blütenstauden Gletscherhahnenfuß (*Ranunculus glacialis*) und Mannsschild (*Androsace alpina*). Hinzu kommen die Pflanzen für extreme Standorte im oder am Gewässer. Auch hier fühlen sich eine ganze Reihe von Stauden besonders wohl. Die große Anpassungsfähigkeit der Stauden kann nur durch ihre hohe Flexibilität erreicht werden. Deshalb sind auch ständig Veränderungen im Staudengarten zu beobachten. Diese Erkenntnis verunsichert anfänglich viele, da der Mensch in fast allen Lebensbereichen auf Stabilität und Kontinuität und nicht auf Veränderung setzt. Sie birgt aber die einmalige Chance, aus den Beobachtungen zu lernen und zu den veränderten Bedingungen neue Gestaltungsideen einzubringen.

Staudensichtung. Um das umfangreiche Sortiment der Stauden für den Anwender übersichtlicher zu gestalten, hat man bei den Beetstauden in den 50er Jahren und bei den Wildstauden in den 60er Jahren begonnen, die einzelnen Sortimente auf bestimmte Eigenschaften hin zu überprüfen und zu bewerten. Bei den Beetstauden sind dies unter anderem Winterhärte, Ausdauer, Wuchskraft, Standfestigkeit, Blühdauer und Resistenz gegenüber Krankheiten und Schädlingen. Das Hauptsortiment umfaßt dabei mit abnehmendem Wert vorzügliche Sorten, sehr wertvolle Sorten und wertvolle Sorten. Das Ergänzungssortiment beinhaltet die Stauden für Pflanzenliebhaber. Bei den Wildstauden wurden die Arten entsprechend ihren Lebensbereichen in unterschiedliche Wertstufen eingeteilt. Das Hauptsortiment setzt sich dabei aus den sehr wertvollen Wildstauden zusammen. Das Ergänzungssortiment umfaßt die wertvollen Wildstauden sowie diejenigen für Pflanzenliebhaber. Diese Angaben findet man auch in guten Pflanzenkatalogen wieder, so daß dies die Auswahl und die Verwendung auch für den Laien erleichtert.

Zur Bucheinteilung. Um dem Leser das Zurechtfinden zu erleichtern, wurde das Buch in mehrere Kapitel unterteilt. Der Lexikonteil ist nach den unterschiedlichen Lebensräumen und Standortansprüchen der Stauden gegliedert. Entspricht der Standort nicht den natürlichen Ansprüchen der Staude, nützt auch die beste Pflege nichts mehr. Der Gestaltungsteil zeigt die vielfältigen Verwendungsmöglichkeiten. Die Palette reicht von der eleganten Prachtstaudenrabatte bis zum naturnahen Wildstaudengarten. Für die verschiedenen Lebensräume werden Gestaltungstips und Pflanzpläne angeboten. Der Pflegeteil gibt Tips und Informationen zum richtigen Pflanzen, zu Vermehrung, Winterschutz, Düngung und zur Bekämpfung von Schädlingen und Krankheiten.

Papaver orientale, **der Türkische Mohn, zählt im Gegensatz zu dem von den Getreidefeldern bekannten einjährigen Klatschmohn zu den Stauden und wird gerne als Leitstaude in Rabatten verwendet.**

Schattenstauden brauchen entweder keine direkte Sonne oder meiden sie sogar grundsätzlich. Das bedeutet aber nicht, daß diese Pflanzengruppe ohne Licht auskommt, denn Licht ist für alle höheren Pflanzen die Voraussetzung für den lebenswichtigen Photosyntheseprozeß. In der Regel handelt es sich bei den Schattenstauden um Waldstauden, die eine enge Beziehung zu Gehölzen haben. Ideale Standorte sind Flächen unter eingewachsenen Gehölzbeständen mit reifen Böden, aber auch schattige Bereiche an Mauern und Gebäudeteilen können geeignet sein. Die Übergänge zwischen Schatten und Halbschatten sind oft fließend, und die meisten Schattenstauden lassen sich auch noch im Halbschatten verwenden.

Schattige, frische Plätze im Garten verbindet man gedanklich mit Farnen. Zur Benachbarung des Hufeisenfarns (*Adiantum pedatum*) eignen sich hervorragend die ebenfalls schattenliebenden Funkien, hier *Hosta sieboldiana* und *Hosta undulata* 'Univittata'.

Actaea pachypoda, das Christophskraut, stammt aus dem östlichen Nordamerika und gehört zu den wertvollen Wildstauden. Es eignet sich auch zur Einzelstellung.

Adiantum pedatum, der Pfauenrad- oder Hufeisenfarn, ist grundsätzlich nicht für Neuanlagen geeignet, sondern fühlt sich nur im reifen Garten auf humosem Boden wohl.

Aruncus dioicus, der Geißbart, zählt aufgrund seiner Dauerhaftigkeit und Langlebigkeit zu den besonders wertvollen Wildstauden. Die Sorte 'Kneiffii' ist insgesamt etwas feingliedriger als die Art.

■ ACTAEA

Christophskraut

Standort: schattig bis halbschattig; humoser Boden
Wuchshöhe: 50 - 80 cm
Blütezeit: Mai - Juni
Vermehrung: durch Aussaat oder Teilung

Die zur Familie der Hahnenfußgewächse *(Ranunculaceae)* gehörende, ausdauernde Waldstaude ist mit etwa 6 Arten in der nördlichen, gemäßigten Zone zu Hause. Sie besitzt feine, dreifach gefiederte Blätter. Die weißlichen Blütentrauben im Mai bis Juni sind relativ unscheinbar, um so mehr fallen die dekorativen, aber giftigen Beerenfrüchte ins Auge.

Actaea pachypoda (früher *A. alba*), die auffälligste Art, hat erbsengroße, weiße Beeren an verdickten, roten Stielen. Sie wächst allerdings etwas zögernd im Gegensatz zum etwa 50 cm hoch wachsenden heimischen Christophskraut *(A. spicata)*, das selbst im tiefsten Schatten noch gedeiht.

Pflegetips. Das Christophskraut liebt schattige Plätze und frischen, humosen Boden. Begleitpflanzen sind andere Waldstauden wie Silberkerzen, Eisenhut, Maiapfel, Schattengräser und Farne. Vermehrung durch Teilung im Herbst oder Frühjahr oder durch Aussaat.

▽ **Actaea pachypoda**

■ ADIANTUM

Frauenhaarfarn, Venushaar

Standort: schattig bis halbschattig; neutraler bis saurer Boden
Wuchshöhe: 30 - 50 cm, je nach Art
Vermehrung: durch Teilung oder Sporenaussaat

Zu dieser Gattung sommergrüner, halb-immergrüner oder immergrüner Farne aus der gleichnamigen Familie der Frauenhaarfarne *(Adiantaceae)* gehören empfindliche, pflegeintensive Arten für drinnen ebenso wie recht robuste für den Garten, die man mehr oder weniger sich selbst überlassen kann. Allen gemeinsam sind die schwarzen, drahtigen Stiele und meist rundliche Blättchen.

Adiantum pedatum, der Pfauenrad- oder Hufeisenfarn, ist die bekannteste Freilandart. Er hat bis zu 40 cm lange, hellgrüne Wedel, deren Blättchen sich im Herbst goldgelb färben.

Pflegetips. Freilandfarne aus der Gattung *Adiantum* sollte man etwas windgeschützt setzen. Bei extremer Trockenheit im Sommer gießen; vertrocknete Wedel im Frühjahr abschneiden. Es empfiehlt sich, von März bis Ende August alle zwei Wochen Flüssigdünger zu geben. Wenn Blattstiele vertrocknen, schneidet man sie dicht über der Erde ab.

▽ **Adiantum pedatum**

■ ARUNCUS DIOICUS

Geißbart

Standort: schattig bis halbschattig
Wuchshöhe: 150 - 180 cm
Blütezeit: Juni - Juli
Vermehrung: durch Teilung oder Aussaat

Von der nur 4 Arten zählenden Gattung aus der Familie der Rosengewächse *(Rosaceae)* ist *Aruncus dioicus* (ehemals *A. sylvestris*), unser heimischer Geißbart, die gärtnerisch interessanteste. Er entwickelt sich zu einer stattlichen, mitunter bis 180 cm hohen Staude, die sich im Juni bis Juli mit imposanten weißen Blütenrispen schmückt. Da es sich um eine zweihäusige Pflanze handelt, gibt es männliche und weibliche Vertreter, wobei die männlichen die schöneren und eleganteren Blüten hervorbringen. Gelegentlich wird die hübsche, in allen Teilen feingliederige Sorte 'Kneiffii' angeboten.

Pflegetips. Der Geißbart ist eine sehr ausdauernde, anspruchslose Pflanze, die über Jahre an einem Platz aushält und dabei immer prächtiger wird. Die Pflege ist einfach: verblühte Rispen entfernen, im Herbst alle Triebe bis zum Boden zurückschneiden. Gute Nachbarn sind Fingerhut, Waldglockenblumen, Eisenhut, Farne und Schattengräser. Vermehrt wird durch Aussaat oder Teilung.

▽ **Aruncus dioicus 'Kneiffii'**

■ ASARUM EUROPAEUM

Haselwurz

Standort: schattig bis halbschattig; humoser Boden
Wuchshöhe: 10 cm
Blütezeit: März - April
Vermehrung: durch Teilung

In die kleine, bodenbedeckende Staude aus der Familie der Osterluzeigewächse *(Aristolochiaceae)* verliebt man sich oft erst auf den zweiten Blick. Wie ihre etwa 20 in Europa, Ostasien und Nordamerika verbreiteten Artgenossen entwickelt sie auf dem Boden aufliegende Triebe, mit denen sie langsam, aber beständig das Terrain erobert. Die bräunlichroten Blütenglöckchen im Frühjahr sind weitgehend unter den glänzenden, nierenförmigen, immergrünen Blättern versteckt.

Pflegetips. Die Haselwurz bevorzugt Schatten bis Halbschatten, humosen, lockeren, frischen Boden und beansprucht keine besondere Pflege. Die Pflanzen sollten bei der Gartenarbeit möglichst wenig gestört werden. Sie eignen sich zur Verwendung als dekorativer Bodendecker im Schatten von Gehölzen, besonders Immergrünen, in Atriumgärten und lichtarmen Gartenhöfen. Vermehrt wird die Haselwurz durch Teilung. Auch Aussaat ist möglich, aber sehr langwierig.

▽ *Asarum europaeum*

■ CARDAMINE TRIFOLIA

Kleeschaumkraut, Waldschaumkraut

Standort: schattig bis halbschattig; frischer, feuchter, lehmhaltiger Boden
Wuchshöhe: 20 cm
Blütezeit: Juni
Vermehrung: durch Teilung, Wildformen samen sich leicht aus

Beheimatet ist die Gattung *Cardamine* aus der Familie der Kreuzblütler *(Cruciferae)* in weiten Teilen Mitteleuropas, den Karpaten, Italien und Nordamerika. Die anderen Arten, wie etwa das Wiesenschaumkraut *(Cardamine pratensis)* haben zum Teil sehr unterschiedliche Ansprüche. Als Wildstauden eignen sie sich jedoch alle hervorragend zum Verwildern. Das Klee- oder Waldschaumkraut hat weiße bis rosa Blüten. Sie sitzen in dichten Trugdolden und erscheinen im Juni. Die Blätter sind dreizählig und dunkelgrün.

Pflegetips. Die Pflanzen sind besonders zur Unterpflanzung älterer Gehölzgruppen reifer Gärten geeignet. Durch die immer- bis wintergrünen Blätter sind sie auch in der kalten Jahreszeit attraktiv. Die Pflanze bevorzugt kalkhaltige Böden. Zur Benachbarung eignen sich Lerchensporn sowie verschiedene Farne.

▽ *Cardamine trifolia*

■ CAREX

Segge

Standort: schattig bis halbschattig; kalkarmer Boden
Wuchshöhe: 10 - 100 cm, je nach Art
Blütezeit: März - Juni
Vermehrung: durch Teilung oder Aussaat

Die Gattung umfaßt an die 350 Arten mit den unterschiedlichsten Erscheinungsformen und Standortansprüchen. Man findet die Horstsegge und die Rostsegge in den Kalkalpen bis in 3000 m Höhe, die Sandsegge in den Dünen der Nord- und Ostseeküste oder die Weiße Segge in wärmeliebenden Laubwäldern. Botanisch werden die Seggen der Familie der Sauergräser *(Cyperaceae)* zugeordnet und entsprechend ihrem Blütenaufbau eingeteilt in Einährige, Gleichährige und Verschiedenährige Seggen. Die Segge findet man praktisch überall. In den Gärten werden sie mit Vorliebe als Ziergräser in Einzelstellung, als Unterpflanzungen, in Steinanlagen oder als besonders dekorative Ufer- und Teichpflanzen verwendet. Hier werden die Seggen für schattige Standorte vorgestellt; weitere Arten finden Sie in den Kapiteln »Stauden für den Steingarten« und »Stauden für den Wassergarten«.

Carex morrowii 'Variegata', die Japansegge, wächst horstartig, ein-

▽ *Carex pendula*

Asarum europaeum, die Haselwurz, besticht durch ihre immergrünen, leicht glänzenden, nierenförmigen Blätter, die zudem einen aromatischen Duft verströmen.

Cardamine trifolia, das Waldschaumkraut, ist eine nahe Verwandte des bekannteren Wiesenschaumkrauts und wirkt besonders durch die hellen, frischen Blüten im Vorsommer.

Carex pendula, die Riesensegge, macht mit ihrer Wuchshöhe bis 120 cm ihrem Namen alle Ehre. Sie ist recht anspruchslos. Die Seggen zählen zu den artenreichsten Gattungen.

Cimicifuga simplex, die Oktober-Silberkerze, ist eine besonders wertvolle Wildstaude und kann nicht nur im Schatten, sondern auch noch auf absonnigen Rabatten verwendet werden.

zelne Halme hängen nach außen über. Ihre wintergrünen Blätter bereichern den Garten auch in der kalten Jahreszeit. Die Pflanze wird 30 - 40 cm hoch und blüht im April bis Mai; die hellgelben Blütenähren sitzen an aufrechten Stengeln und lockern ihren Habitus auf. Bevorzugt werden möglichst kalkarme, humose, frische Böden im lichten Schatten.

Pflegetips. Die Japansegge kommt am besten in Einzelstellung oder in kleinen Gruppen und unter Gehölzen zur Geltung. In Neuanlagen kann man sie auch im Schatten von Mauern und Gebäuden pflanzen. Die Flächen sollten jedoch wind- und in rauhen Lagen frostgeschützt sein.

Carex pendula, die Riesensegge oder Hängende Segge, ist eine wertvolle Wildstaude. Sie wächst vor allem in frischen bis feuchten Wäldern horstartig, ohne Ausläufer und wird 60 - 120 cm hoch. Ihre großen, saftiggrünen Blätter sind wie die Blüten (im Mai bis Juni) nach außen überhängend. Durch die wintergrünen Blätter behält die Riesensegge das ganze Jahr über ihren Reiz.

Pflegetips. Im Schatten von Gehölzen oder Mauern, im Blickfeld von Wegen oder Fenstern kommt die Riesensegge gut zur Geltung. Kalkfreier bis kalkarmer, humoser Boden, ausreichende Bodenfeuchte sind wichtig, Staunässe vermeiden. Frostgeschädigte Pflanzen im Frühjahr stark zurückschneiden.

Carex plantaginea, die Breitblatt- oder Wegerichsegge, erreicht eine mittlere Höhe von 15 cm und wächst horstig. Auffallend sind die wintergrünen, bis 25 mm breiten Blätter. Blütenähren kurzgestielt im Mai bis Juni.

Pflegetips. Geeignet für saure, humose Böden in luft- und bodenfeuchten Lagen. Frühblühende Wald- und Gehölzstauden sind vor dem intensiv grünen Hintergrund dieser Seggen besonders attraktiv. Dazu werden die Gräser am besten in kleineren Gruppen gepflanzt.

◼ CIMICIFUGA

Silberkerze

Standort: schattig bis halbschattig
Wuchshöhe: bis 200 cm
Blütezeit: August - September
Vermehrung: durch Aussaat oder Teilung

 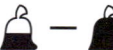

Die Gattung der Silberkerzen aus der Familie der Hahnenfußgewächse *(Ranunculaceae)* umfaßt wertvolle Wildstaudenarten, die sich besonders im Schatten von Gehölzen und Mauern wohlfühlen.

Cimicifuga cordifolia, die Lanzen-Silberkerze, eine aus Nordamerika stammende Art, erreicht eine stattliche Höhe von 150 - 200 cm. Die Blüten erscheinen in weißen, dichtblütigen Trauben. Die Blütezeit reicht von August bis September und dauert oft sogar bis in den Oktober hinein an. Die Pflanze eignet sich auch noch für halbschattige Bereiche.

▽ *Cimicifuga simplex*

Cimicifuga ramosa, die September-Silberkerze, ist die schönste Art unter den Silberkerzen. Sie hat 200 cm Wuchshöhe und wenig verzweigte, cremeweiße Blüten, die angenehm duften. Bewährte Sorten sind: *C. ramosa* 'Atropurpurea', 200 cm, weiß, braunrotes Laub und *C. ramosa* 'Brunette', 150 cm, cremeweiß, hellbraunes Laub.

Cimicifuga simplex, die Oktober-Silberkerze, hat verzweigte, leicht überhängende, schwach duftende Blütenrispen in cremigem Weiß; sie erscheinen im September bis Oktober. Die bis 150 cm hoch wachsende Staude benötigt eine Stütze.

Pflegetips. Die Silberkerzen entfalten erst einige Jahre nach der Pflanzung ihre volle Wirkung und sind sehr langlebig. Als Boden bevorzugen sie humusreiche, erdfeuchte Plätze in schattigen Lagen. Die reizvollen, schlanken Blütenkerzen, die im Herbst und Sommer erscheinen, wirken sehr schön vor einem dunklen Hintergrund, etwa vor einer Gehölzgruppe oder einer Mauer.

■ DRYOPTERIS

Wurmfarn

Standort: halbschattig bis schattig; feuchter, leicht saurer, humoser Boden
Wuchshöhe: 50 - 150 cm
Vermehrung: durch Aussaat der Sporen und Stockteilung

Diese Gattung laubabwerfender oder halbimmergrüner Farne aus der Pflanzenfamilie der Schildfarne *(Aspidiaceae)* kommt in fast allen Wäldern Europas, Asiens und weiten Teilen Amerikas vor und ist der häufigste Farn unserer heimischen Wälder. Man sieht seine üppig anmutenden Wedelbüschel in der Ebene ebenso wie im Hügel- und Bergland bis in 2500 m Höhe. Die Wedel wachsen aus einem kurzen, aufrechten Erdsproß und stehen in trichterförmigen Büscheln; typisch ist der schneckenförmig eingerollte junge Farnwedel. Stiel und Mittelrippe der Wedel sind mit trockenen, weichen Schuppen überzogen.

▽ **Dryopteris affinis**

Dryopteris affinis, der Goldschuppenfarn, hat ledrige, glänzend tiefgrüne Wedel und ist fast wintergrün. Wie sein Name schon sagt, sind die Wedelstiele ganz mit goldbraunen Schuppen besetzt; die üppigen Wedel sind etwa 80 cm lang. Die Sorte 'Pinderi' ist insgesamt schmaler im Wuchs als die Art.

Dryopteris carthusiana, der Schmale Dornfarn, unterscheidet sich von den anderen Trichterfarnen in der Form der Wedel, die fast dreieckig wirken. Die Wedel sind nicht wintergrün.

Dryopteris dilatata, der Breite Dornfarn, hat im Vergleich zur vorigen Art Wedel, die viel breiter und stärker geteilt und bis 150 cm lang sind. Sie wachsen bogig überhängend.

Dryopteris erythrosora, der Rotschleierfarn, ist in Ostasien beheimatet. Die dunkelgrünen Wedel haben einen rötlichen Stiel, die Sporenbehälter sind vor der Reife leuchtend hellrot.

Dryopteris filix-mas, der Gewöhnliche Wurmfarn, ist eine sehr formenreiche Art und die verbreitetste unter den Wurmfarnen. Ein kräftiger, schwarzbrauner Wurzelstock verankert die Pflanze im Boden.

Dryopteris goldiana, der Riesenwurmfarn, ist ein 100 cm hoher und 60 cm breiter, sommergrüner Farn. Er hat breitovale, hellgrüne Wedel, die in zahlreiche längliche Fiedern geteilt sind.

Dryopteris hexagonoptera ist ein sommergrüner, ganz winterharter Farn, der 45 cm hoch und 30 cm breit wird. Er hat breite, lanzettliche, stark gefiederte, mittelgrüne Wedel mit länglichen bis dreieckigen, gekerbten Fiedern, die aus einem kriechenden Rhizom wachsen.

Dryopteris marginalis wird 60 cm hoch und 30 cm breit. Die lanzettförmigen, dunkelgrünen Wedel sind in zahlreiche, längliche, leicht eingeschnittene Fiedern geteilt.

Dryopteris sieboldii ist ein harter, immergrüner Farn mit gebüschelten, bis 40 cm langen Blättern und langer, breiter, ungeteilter oder nur unten eingeteilter Endfieder, in jeder Seite 2-4 ähnliche Seitenfiedern, die ganzrandig bis schwach gezähnt oder gelappt, derb, ziemlich dick und hellgrün sind.

Pflegetips. *Dryopteris* ist bedingt bis ganz winterhart; *D. erythrosora* braucht bei uns etwas Winterschutz. Welke Wedel müssen regelmäßig entfernt werden.

▽ **Dryopteris filix-mas**

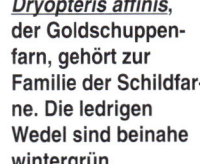

Dryopteris affinis, der Goldschuppenfarn, gehört zur Familie der Schildfarne. Die ledrigen Wedel sind beinahe wintergrün.

Dryopteris filix-mas, der Gewöhnliche Wurmfarn, ist in den Wäldern Europas, Asiens und Teilen Amerikas verbreitet. Unter den Farnen zählt er zu den anspruchslosen Arten.

Epimedium grandiflorum, die Elfenblume, zeigt ihre langgespornten Blüten bereits vor dem Blattaustrieb, hier die Sorte 'Rose Queen'. Die Pflanzen wirken vor und zwischen Gehölzen besonders attraktiv.

Galium odoratum, der Waldmeister, ist ein recht anspruchsloser Bodendecker und sollte nach Möglichkeit in keinem Garten fehlen. Er kann mit den Jahren problemlos größere Flächen begrünen.

◼ EPIMEDIUM

Elfenblume

Standort: schattig bis halbschattig; humoser Boden
Wuchshöhe: 20 - 30 cm
Blütezeit: April - Mai
Vermehrung: durch Teilung der Rhizome

Niedrige, bodendeckende, meist immergrüne Blattschmuckstauden aus der Familie der Berberitzengewächse *(Berberidaceae)*. Etwa 11 Arten sind in Europa, im nördlichen Afrika und in Asien verbreitet. Sie alle breiten sich durch kriechende Rhizome aus und haben dekoratives, herzförmiges, teils rötlich oder bronzefarben getöntes bzw. gezeichnetes Laub. Die graziösen weißen, gelben oder rötlichen, lockeren Blütenrispen erscheinen vor dem neuen Blattaustrieb von April bis Mai.

Epimedium grandiflorum aus Japan hat frischgrüne, im Austrieb bronzefarben getönte Blätter. Blüten besonders groß und reinweiß. Daneben verschiedene wertvolle Gartensorten mit farbigen Blüten: 'Elfenkönigin' (cremeweiß), 'Lilofee' (purpurviolett, reichblühend) und 'Rose Queen' (große, dunkelrosa Blüten).

Epimedium pinnatum hat gelbe Blüten und ledrige, dunkelgrüne Blätter, die sich im Herbst rötlich

▽ *E. grandiflorum* 'Rose Queen'

verfärben. Meist wird die Sorte 'Colchicum' (früher 'Elegans') angeboten. Sie blüht reicher und präsentiert sich in leuchtendroter Herbstfärbung.

Epimedium x rubrum, eine kompaktwüchsige Kreuzung aus *E. grandiflorum* und dem in den Alpen heimischen, als Gartenpflanze aber kaum bedeutsamen *E. alpinum*. Zeichnet sich durch große, rote Blüten und hübschgezeichnete Blätter aus, die im Herbst eine orangegelbe Färbung annehmen.

Epimedium x versicolor sind Hybriden (Kreuzungen), die aus *E. grandiflorum* und *E. pinnatum* entstanden sind. Am meisten verbreitet ist 'Sulphureum', eine Sorte mit schwefelgelben Blüten und wintergrünen, teils braun oder rötlich gezeichneten Blättern. Empfehlenswert ist auch die Sorte 'Cupreum'.

Epimedium x youngianum umfaßt verschiedene attraktive Hybriden mit weißen, rosa oder violetten Blüten. Sehr schön ist die reinweiße Sorte 'Niveum', die mit ihrem niedrigen Wuchs ideal in leicht beschattete Steingartenpartien paßt. Aber auch 'Roseum' (rosa bis hellpurpur) und 'Lilacinum' (rosaviolett) sind sehr dankbare Sorten.

Pflegetips. Alle *Epimedium*-Arten fühlen sich im Schatten oder auch im Halbschatten in lockerer, humoser, frischer Erde am wohlsten. Man verwendet sie als Bodendecker unter Bäumen und Sträuchern oder im schattigen Staudenbeet in Gemeinschaft mit Farnen, Christophskraut, Blauen Buschwindröschen, Balkan-Buschwindröschen, Bergenien, Tränendem Herz, Primeln und Lungenkraut. Damit die Blüte besser zur Geltung kommt, sollte man Anfang März das alte Laub entfernen. Als Düngung genügt mit etwas Hornspänen vermischter Laubkompost, den man im Frühjahr 3 cm hoch zwischen den Pflanzen verteilt. Die Vermehrung erfolgt am besten durch Teilung der Rhizome im Frühjahr nach der Blüte.

◼ GALIUM ODORATUM

Waldmeister, Maikraut

Standort: schattig bis halbschattig; nährstoffreicher, lockerer, feuchter Boden
Wuchshöhe: 20 - 40 cm
Blütezeit: Mai - Juni
Vermehrung: durch Aussaat oder Teilung

Waldmeister ist hauptsächlich in Nord- und Mitteleuropa anzutreffen und dort bis in Höhen von 1400 m verbreitet. Er gehört zur Familie der Krappgewächse *(Rubiaceae)*. Dem kriechenden, dünnen Wurzelstock entspringen zarte, flachlaufende Wurzeln. Die aufsteigenden Triebe werden bis etwa 40 cm hoch: glatte, vierkantige Stengel mit in Quirlen stehenden, lanzettlichen Blättern. Die kleinen, weißen, duftenden Blüten erscheinen im Mai und sind in lockeren, endständigen Scheindolden zusammengefaßt. Charakteristisch ist der aromatische Geruch und Geschmack des Waldmeisters.

Pflegetips. Die Pflanze ist sehr wüchsig und gut als Bodendecker unter Bäumen und Sträuchern geeignet. Sie kann ausgesät, aber auch durch Stockteilung vermehrt werden. Da die Pflanze sehr flach wurzelt, darf in der Anfangszeit aufkommendes Unkraut nur vorsichtig gezogen und nicht gehackt werden.

▽ *Galium odoratum*

■ HELLEBORUS

Nieswurz, Christrose, Schneerose

Standort: schattig bis halbschattig; frischer, kalkhaltiger Boden
Wuchshöhe: 25 - 60 cm
Blütezeit: Dezember - Mai
Vermehrung: durch Aussaat oder Teilung

Ausdauernde, im Winter und Frühjahr blühende Stauden, teils mit immergrünen, fächerartigen oder handförmig geteilten, ledrigen Blättern. Ungefähr 20 Arten des Ranunkelgewächses *(Ranunculaceae)* sind in Mittel- und Südeuropa bis ins westliche Asien verbreitet. Eine Art ist in China zu Hause.

Helleborus atrorubens (syn. *H. purpurascens*) wird 30 cm hoch und bringt ab Ende Januar purpurrote, seidigschimmernde, nikkende Blütenköpfe von etwa 5 cm Durchmesser hervor. Die tiefeingeschnittenen Blätter sind im Gegensatz zur *H. niger* nicht immergrün.

Helleborus foetidus, unsere heimische Nieswurz, bildet kleine Stämme und wird 50 cm hoch und breit. Die tiefeingeschnittenen, palmwedelartigen Blätter sind immergrün und von tiefdunkelgrüner Farbe. Die grünen, an den Rändern leicht rötlichen Blüten-

glöckchen erscheinen büschelweise ab etwa Mitte Januar und zieren die Staude bis weit ins Frühjahr hinein.

Helleborus niger, die Christrose, ist die prominenteste Vertreterin der an ungewöhnlichen Pflanzenformen reichen Gattung und seit Jahrhunderten ein Symbol der Hoffnung mitten im Winter. Nicht immer erscheinen die weißen Blütensterne über dem ledrigen, immergrünen Laub jedoch pünktlich zu Weihnachten. Je nach Witterung lassen sie sich häufig bis in den März hinein Zeit. Den Namen »Christrose« wirklich verdient hat nur die Sorte 'Praecox', die allerdings ziemlich krankheitsanfällig und daher nicht besonders zu empfehlen ist.

Pflegetips. *Helleborus* gehört zu den Stauden, die möglichst ungestört über Jahre an ihrem Platz stehen wollen. Der Boden sollte reich an Nährstoffen, lehmig-humos, kalkhaltig und insbesondere im Frühjahr nicht zu trocken sein. Im Sommer werden Trockenperioden dagegen recht gut vertragen. Damit die Blüten nicht vom Schnee beschädigt werden, sollte man frühe Arten durch Plastikhauben schützen. Bei *H. niger* ist auf schwarze Blattflecken zu achten, gegebenenfalls muß mit einem Pilzbekämpfungsmittel behandelt werden. Die Vermehrung der *Helleborus*-Arten nimmt man am besten durch Aussaat gleich nach der Samenreife oder durch Teilung der Stauden im Sommer vor.

Helleborus niger, die Nieswurz oder Christrose, steht unter Naturschutz. In manchen Gegenden wie etwa im Berchtesgadener Land kommt sie jedoch noch in größeren Beständen vor.

Helleborus-Hybriden erreichen eine Wuchshöhe um 30 cm. Die stumpfen, purpurroten bis rosaweißlich gefärbten Blüten erscheinen von März bis April und verleihen den Pflanzen einen ganz eigenen Charakter.

▽ *Helleborus niger*

▽ *Helleborus*-Hybride

Hosta tokudama, die Blaue Löffelfunkie, blüht im Juli.

Hosta plantaginea, die Blüten der Lilienfunkie duften angenehm.

Hosta ventricosa, die Glockenfunkie, kann bis zu 100 cm hoch werden.

Hosta 'Halcyon', ist eine Hybride mit besonders großer Blüte.

Hosta plantaginea 'Royal Standard' gehört zu den mächtigen, großblättrigen Funkien.

Hosta tardiflora gehört zu den Zwergfunkien und blüht von September bis Oktober.

Hosta undulata, gehört zu den besonders wertvollen Wildstauden.

Hosta crispula, wird bis zu 75 cm hoch und bis zu 100 cm breit.

Hosta fortunei 'Aurea Marginata' eignet sich besonders zur farblichen Belebung von Gehölzunterpflanzungen.

■ HOSTA

Funkie, Herzblattlilie

Standort: schattig bis halbschattig; frischer, nahrhafter Boden
Wuchshöhe: 30 - 90 cm
Blütezeit: Juni - Oktober
Vermehrung: durch Teilung

China, Japan und Korea sind die Heimatgebiete der zu den Liliengewächsen *(Liliaceae)* zählenden ausdauernden Stauden. Es gibt rund 40 Arten, die durch dekoratives, lanzett- oder herzförmiges, teils schöngezeichnetes Blattwerk den Blick auf sich ziehen. Zwischen Juni und Oktober erheben sich aus den üppigen Laubhorsten auf langen, grazilen Stengeln weiße, blaue oder violette Blütentrauben.

Hosta crispula, die Riesen-Weißrandfunkie, bildet 40 cm hohe, große, dichte Horste aus herzförmigen, spitzzulaufenden, weißgerandeten Blättern. Die sehr zarten violetten Blüten erscheinen im Juni bis Juli, sie sitzen an bis zu 60 cm langen Schäften.

Hosta fortunei, die Graublattfunkie, ist eine wichtige Art mit vielen schönen, buntlaubigen Sorten. Die großen, herzförmigen Blätter sind von mattgrüner Farbe und am Rand nicht gewellt. Die kurzen, hellvioletten Blütentrauben erscheinen im Juni bis August in großer Zahl. Empfehlenswerte Sorten sind: 'Aurea' (Frühlingsgoldrandfunkie), Blätter zunächst leuchtend gelbgrün, später vergrünend, 60 cm hoch, Blüten violett. 'Aureomaculata' (Grünrandfunkie), 60 cm hoch, junge Blätter goldgelb mit grünem Rand, später grün, Blüte violett. 'Aureomarginata' (Goldrandfunkie), grüne Blätter mit goldgelbem Rand, Blüte violett, 60 cm hoch. 'Gold Standard', wie 'Aureomaculata', doch bleibt die Färbung den ganzen Sommer über erhalten. 'Hyacinthina' (Hyazinthenfunkie), Laub auf der Oberseite graugrün, auf der Unterseite weiß bereift.

△ *Hosta tokudama*

△ *Hosta plantaginea*

△ *Hosta undulata*

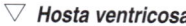

▽ *Hosta ventricosa*

▽ *Hosta* 'Halcyon'

▽ *H.* 'Royal Standard'

▽ *Hosta tardiflora*

▽ *Hosta crispula*

▽ *Hosta fortunei* 'Aurea Marginata'

Blüten prachtvoll dunkelviolett, 50 cm hoch. 'Marginato-Alba' (Große Weißrandfunkie), große graugrüne Blätter mit weißem Rand, attraktive, violette Blüten, 60 cm hoch.

Hosta lancifolia, die Lanzenfunkie, besitzt im Vergleich zu anderen Arten verhältnismäßig kleine, lanzettförmige, grüne Blätter und wird allenfalls 30 cm hoch. Die hellvioletten Blüten erscheinen im August bis September und sind in einer einseitigen Traube angeordnet.

Hosta plantaginea, 60 cm hoch, wird aufgrund ihrer schneeweißen, großen, duftenden Blüten als Lilienfunkie bezeichnet. Sie erscheint als eine der letzten im September bis Oktober. Die üppigen Blätter sind hellgrün und zeigen einen auffallenden Glanz. In Kultur findet man hauptsächlich die großblumige Form 'Grandiflora'. 'Royal Standard' duftet besonders intensiv, blüht früher und wird etwas höher.

Hosta sieboldiana, die Blaublattfunkie, erkennt man leicht an den blaugrünen, steifen, herzförmigen Blättern, die bei der Sorte 'Elegans' besonders groß und üppig ausfallen. Die lilaweißen Blüten öffnen sich im Juni bis Juli an kräftigen, kurzen Stielen.

Hosta undulata, die Wellblattfunkie, blüht im Juli bis August blaßviolett. In unseren Gärten ist sie meist durch die Form 'Univittata', die Schneefederfunkie, vertreten. Mit nur 30 cm Wuchshöhe und zarten, gewellten, weißgrünpanaschierten Blättern zählt sie zu den zierlicheren Herzblattlilien. Insgesamt kräftiger wächst die Sorte 'Aureomarginata' mit stark gewelltem, weißrandigem Laub.

Hosta ventricosa, die Glockenfunkie, ist eine wüchsige Art mit dunkelgrünglänzenden, breit-herzförmigen Blättern. Die Blütenstiele mit den violetten Blütenglocken im August können eine Höhe von bis zu 100 cm erreichen. Sorten mit weiß- oder gelbbuntem Laub, z. B. 'Aureomaculata' oder 'Variegata', sind nur selten im Handel.

Pflegetips. Im allgemeinen gedeihen Funkien am besten im Schatten oder im lichten Schatten in kräftiger, feuchtfrischer Erde. Nur *H. plantaginea* zieht etwas lichtere, warme Standorte vor. Da die Stauden mit Ausnahme von *H. undulata* im Frühjahr sehr spät austreiben, empfiehlt es sich, die Pflanzstellen zu markieren, damit die Triebe nicht aus Versehen verletzt werden. Bei zartblättrigen Arten und Sorten auf Schnecken achten und entsprechend vorbeugen. *H. crispula* ist spätfrostgefährdet und sollte vor starkem Wind geschützt werden. Im übrigen sind Funkien unkomplizierte, pflegeleichte, jedoch äußerst attraktive Gewächse für die Staudenrabatte oder den Gehölzrand. Schattige, dunkle Ecken fangen durch gelb- und weißbunte Formen wie durch ein Wunder an zu leuchten. *H. lancifolia* leistet als Bodendecker unter, vor und zwischen Sträuchern wertvolle Dienste, *H. undulata* 'Univittata' bietet sich zur Einfassung von Wegen und Beeten an. In Kübeln und Töpfen setzen die dekorativen Blattschmuckstauden auf Balkonen und Terrassen Akzente. Besonders hübsch sind grün-weiße Farbkombinationen. In der Blumenbinderei benutzt man die herzförmigen Blätter als Manschetten. Vermehrt werden Funkien durch Teilung im Herbst. Bei Frühjahrsteilung ist darauf zu achten, daß die Triebspitzen unbeschädigt bleiben.

▽ **Hosta sieboldiana**

 LATHYRUS

Platterbse, Wicke

Standort: schattig bis halbschattig; nährstoffreicher, durchlässiger Boden mittlerer Feuchte
Wuchshöhe: 30 - 50 cm
Blütezeit: März - August, je nach Art
Vermehrung: durch Teilung oder Aussaat

Die Gattung *Lathyrus* gehört zur Familie der Schmetterlingsblütler (*Leguminosae*). Die Arten stammen aus Europa und Asien. Eine weitere Art wird im Kapitel »Stauden für den Halbschatten« vorgestellt.

Lathyrus gmelinii, die Goldplatterbse, hat eine locker-buschige Wuchsform. Die reichliche Blüte in Gelb und Orange hält von Mai bis August an. Die Goldplatterbse fühlt sich auf frischen, nährstoffreichen Böden am wohlsten.

Lathyrus vernus, die Frühlingsplatterbse, gehört zu unseren heimischen Waldstauden, die mit ihren rotvioletten Blüten den Frühling von März bis April verschönern. Sie erreicht eine Höhe von 30 cm und bevorzugt auch im Garten halbschattige bis schattige Plätze. Die Blätter sind gefiedert und gehen in eine endständige Spitze über. Besonders reizvoll wirken Kombinationen mit Seidelbast oder Schneemarbel.

▽ **Lathyrus vernus**

Hosta sieboldiana hat tief gerippte, herzförmige Blätter. Im Frühsommer öffnen sich über dem Laub Trauben trompetenförmiger, blaßvioletter Blüten.

Lathyrus vernus, die Frühlingsplatterbse, blüht zu einer Zeit, zu der man sich noch nach jeder einzelnen Blüte im Garten sehnt. Sie gehört zu den besonders wertvollen Wildstauden. Im Handel wird zuweilen auch die Sorte 'Albo-Roseus', weiße Blüten mit Rosa, angeboten.

Luzula nivea, die Hainsimse oder auch Schneemarbel, bevorzugt humose Böden und sollte möglichst zu mehreren zwischen Gehölzen oder auch im Schatten von Mauern oder Gebäuden verwendet werden.

Maianthemum bifolium, die Schattenblume, zählt zu den willigen Flächen- bzw. Bodendeckern unter eingewachsenen Gehölzbeständen des reifen Gartens.

Matteuccia struthiopteris, der Straußfarn, ist insbesondere in Ost- und Mitteleuropa beheimatet. Als verträglicher Flächendecker sollte er vorwiegend zu mehreren verwendet werden. Dabei kommt er auch noch bei entsprechenden Bodenverhältnissen in eher absonnigen Lagen zurecht.

LUZULA

Hainsimse, Marbel

Standort: schattig bis halbschattig mit Schutz vor Wintersonne
Wuchshöhe: 20 - 80 cm, je nach Art
Blütezeit: Frühjahr und Sommer
Vermehrung: durch Teilung oder Aussaat

Von den etwa 80 Arten dieser Binsengewächse *(Juncaceae)* kommen nur drei für den Garten in Frage. *Luzula nivea,* die immergrüne Schneemarbel, 40 - 60 cm hoch, *L. pilosa,* die Haar- oder Zwergmarbel, 20 cm hoch, und *L. sylvatica* (syn. *L. maxima*), die immergrüne Waldmarbel oder Waldsimse, bis zu 80 cm hoch. Mit braunen Blüten beginnt der Flor von *L. pilosa* bereits im März, gefolgt von *L. sylvatica,* ebenfalls bräunlich, von April bis Juni und den schneeweißen Blüten von *L. nivea* von Juni bis August. *L. sylvatica* ist mit zwei attraktiven Sorten vertreten: 'Marginata' mit silbern gerandeten Blättern und 'Tauernpaß' mit großen Blattrosetten in frischgrüner Färbung.

Pflegetips. Die besonders schattenverträgliche Waldmarbel gedeiht sogar unter Koniferen, an deren Wurzelkonkurrenz sie sich nicht stört. Besondere Pflege ist nicht notwendig; allerdings sollte man die Pflanzen von Unkräutern freihalten.

MAIANTHEMUM BIFOLIUM

Schattenblume

Standort: schattig bis halbschattig; trockener, saurer, humoser Boden
Wuchshöhe: 10 cm
Blütezeit: Mai - Juni
Vermehrung: durch Teilung

 –

Die Schattenblume gehört zur Familie der Liliengewächse *(Liliaceae)* und erinnert in Wuchs- und Blütenform an ein zierliches Maiglöckchen. Über den kräftiggrünen Blättern erscheinen die kleinen, weißen Blüten, die in Trauben sitzen. Die Blütezeit reicht von Mai bis Juni. Die Schattenblume zählt zu den wertvollen Wildstauden.

Pflegetips. Man verwendet die Schattenblume gerne unter eingewachsenen Gehölzpflanzungen, wo sie sich hervorragend zur Begrünung größerer Flächen eignet. Für ein optimales Gedeihen muß allerdings eine ausreichende Humusschicht vorhanden sein. Es gibt nicht viele bodendeckende Stauden, die sich im dichten Wurzelfilz alter Bäume gegen die zunehmende Wurzelkonkurrenz und den Wassermangel durchsetzen. Die Pflanze bevorzugt lockere, saure, humose Böden und ist deshalb, zusammen mit der Schaumblüte, eine geeignete Unterpflanzung für Rhododendron.

MATTEUCCIA

Straußfarn, Trichterfarn

Standort: schattig oder halbschattig; humose, feuchte, nährstoffreiche und kühle Plätze
Wuchshöhe: sterile Wedel 40 - 100 cm, je nach Art; fertile Wedel 30 - 60 cm, je nach Art
Vermehrung: durch Sporen

Die Gattung *Matteuccia* aus der Familie der Perlfarngewächse *(Onocleaceae)* umfaßt nur 3 Arten, die alle in der nördlichen, gemäßigten Zone vorkommen. Bei allen sind die sterilen Wedel trichterförmig angeordnet und die fertilen, also die sporentragenden Wedel stehen wie Straußenfedern in der Mitte des Trichters zusammen.

Matteuccia orientalis, der Japanische Straußfarn, hat sein natürliches Verbreitungsgebiet vom Himalaya bis Japan. Bevorzugte Standorte sind feuchte und schattige Wälder. Die bis 45 cm langen Wedel sind einfach gefiedert, ledrig, dunkelgrün und nicht wintergrün. Diese Art bildet keine Ausläufer.

Matteuccia pensylvanica, der Amerikanische Trichterfarn, stammt aus den sumpfigen Wäldern Nordamerikas. Er hat, im Gegensatz zum heimischen Trichterfarn, langgestielte Wedel, die im Austrieb blaugrün, später dunkelgrün und einfach gefiedert sind. Die

▽ *Luzula nivea*

▽ *Maianthemum bifolium*

▽ *Matteuccia struthiopteris*

Sporenstände erscheinen im Juli und sind dunkelbraun. Die Art treibt nur wenige Ausläufer.

Matteuccia struthiopteris, der Strauß- oder Trichterfarn, ist in Europa über Rußland bis China verbreitet. Aus dem kurzen Rhizom, das bei alten Pflanzen 20-30 cm Höhe erreichen kann, bilden sich neben dem Ansatz der Blätter schwärzliche Ausläufer, die bis über 100 cm weit flach im Boden kriechen und Jungpflanzen bilden, die bald neue Ausläufer entwickeln. So entstehen ganze Farndickichte, die in großen Gärten sehr reizvoll sein können. Die Wedel treiben etwas später aus als bei *M. pensylvanica*, sind hellgrün und fast bis zum Boden mit immer kleiner werdenden Fiederblättchen besetzt. In der Mitte der Trichter erscheinen etwa im August die sporentragenden Fiederblättchen. Sie überdauern den Winter und stehen, aufrecht und hellbraun, bis in den nächsten Sommer.

Pflegetips. Bei *M. orientalis* kann sich aus dem schwärzlichen, auf der Oberfläche liegenden Rhizom an günstigem Standort eine üppige Farnpflanze entwickeln. Sie muß unbedingt feucht stehen und in Trockenzeiten ausreichend gewässert werden. Winterschutz durch Laubabdeckung ist notwendig. Der Austrieb von *M. pensylvanica* erfolgt sehr zeitig im April und ist deshalb spätfrostgefährdet. Alte Pflanzen, die einen aus der Erde ragenden Wurzelstamm entwickeln, können auf nährstoffreichen Böden bis 200 cm hohe Farngebüsche bilden und zählen damit zu den größten Farngestalten unserer Gärten. An Teich- oder Bachufern wirken sie sehr dominant. *M. struthiopteris* eignet sich für weiträumige Pflanzungen an feuchten Plätzen. An sonnigen Standorten mit Wassermangel beginnen die Wedel oft schon Anfang August an den Rändern braun zu werden.

◾ OSMUNDA

Königsfarn

Standort: schattig; humoser Boden
Wuchshöhe: bis zu 150 cm
Vermehrung: durch Sporenaussaat

Von den 14 Arten dieser Gattung aus der Familie der Königsfarngewächse (*Osmundaceae*) sind bei uns nur 3 winterhart.

Osmunda cinnamomea, der Zimtfarn, treibt bis zu 150 cm lange, sterile Wedel aus, die zuerst braunwollig behaart und später glatt, dunkelgrün und leicht glänzend sind. Sie sind trichterförmig um die kürzeren, fertilen Wedel herum angeordnet.

Osmunda claytoniana, der Kronen- oder Teufelsfarn, wird selten höher als 100 cm. Die jungen Wedel sind zunächst braunwollig behaart und verkahlen später.

Osmunda regalis, der Königsfarn, ist eine sommergrüne, ausdrucksstarke Art, die sich zur Einzelstellung eignet und bis zu 200 cm hoch und 120 cm breit werden kann.

Pflegetips. Die vorgestellten Arten sind ausreichend winterhart. Die welken Wedel sollten regelmäßig entfernt werden.

Osmunda claytoniana, der Teufelsfarn, ist aufgrund seiner Wuchshöhe auch als Solitärpflanze sehr zu empfehlen – sowohl für Bereiche unter eingewachsenen Gehölzbeständen als auch im Schatten von Mauern und Gebäuden.

▽ *Osmunda claytoniana*

Oxalis acetosella, der Waldsauerklee, bringt im Frühjahr zierliche weiße Blüten hervor. Die Blätter sind eßbar und entwickeln beim Zerkauen den typischen Erdbeergeschmack.

Pachysandra terminalis, der Ysander, gehört zu den bewährten Bodendeckern, hat sich als sogenannter »Laubschlucker« bestens bewährt und dient so als Bodenverbesserer. Der deutsche Name Dickmännchen ist allerdings nur wenig gebräuchlich.

■ OXALIS

Sauerklee

Standort: schattig bis halbschattig; humoser Boden
Wuchshöhe: 15 cm
Blütezeit: April - Mai
Vermehrung: durch Aussaat oder Teilung

Der Sauerklee aus der Familie der Sauerkleegewächse *(Oxalidaceae)* ist mit etwa 800 Arten überwiegend in Südafrika und in Süd- bis Mittelamerika beheimatet. Er hat nichts zu tun mit dem echten Klee, der zu den Schmetterlingsblütlern gehört.

Oxalis acetosella, der Waldsauerklee, ist die bekannteste Art. Sie kommt in unseren Wäldern zum Teil noch wild vor und hat hellgrüne, dreiteilige Blätter, aus deren Achseln im April bis Mai 15 cm hohe, zarte Stiele mit weißen, nickenden Blüten treiben. Bei Regen und Dunkelheit schließen sie sich, indem sich die Blütenblätter zusammenfalten.

Pflegetips. Der Sauerklee ist ein hübscher Bodendecker für schattige bis halbschattige Lagen mit feuchtem, humosem Boden. Wo er sich wohlfühlt, erobert er bald größere Flächen, man kann ihn deshalb auch gut zur Unterpflanzung von Gehölzen verwenden. Die Vermehrung erfolgt durch Teilung oder Aussaat.

▽ **Oxalis acetosella**

■ PACHYSANDRA TERMINALIS

Pachysandra, Ysander, Dickmännchen

Standort: schattig bis halbschattig; durchlässiger Boden
Wuchshöhe: 20 - 30 cm
Blütezeit: April
Vermehrung: meist durch Stecklinge oder Ausläufer

Zur Gattung dieses Buchsbaumgewächses *(Buxaceae)* gehören die 5 *Pachysandra*-Arten; sie sind verbreitet in Ostasien und im östlichen Nordamerika. Es sind überwiegend immergrüne, mit unterirdischen Ausläufern weitstreichende Zwergsträucher. Sie tragen am Ende fleischiger, leicht verholzender, ansteigender Sprosse gehäuft stehende, wechselständige, grobgezähnte, ledrige Blätter. Die Blüten sind weiß, klein, eingeschlechtlich und nur von geringem Schmuckwert. Die Blüten erscheinen in aufrechten Ähren; diese tragen an der Basis die weiblichen, darüber die männlichen Blüten mit ihren stark verdickten Staubfäden. Darauf bezieht sich der nur selten verwendete deutsche Name Dickmännchen.

Pachysandra terminalis ist ein immergrüner Zwergstrauch, der sich mit unterirdischen Ausläufern stark ausbreitet; er wird etwa 20 cm hoch. Blätter verkehrt-eiförmig, 5 - 10 cm lang, an den Triebspitzen gehäuft, an der Spitze grob gezähnt. Weiße Blüten im April, in 3 - 5 cm langen, endständigen Ähren. Früchte glasig, weiß, 12 mm lang. Neben der Wildart, die in Japan heimisch ist, sind die beiden folgenden Formen von Bedeutung: 'Green Carpet', Wuchs viel niedriger als bei der Art, die Triebe stehen straff aufrecht, die Blätter sind kleiner, feiner gezähnt und dunkelgrün. Breitet sich bei einer flächigen Pflanzung weniger rasch aus und braucht unbedingt Schatten. 'Variegata', Blätter weißbunt, Wuchs schwächer. Gut zur Aufhellung sehr schattiger Stellen geeignet.

Pflegetips. *P. terminalis* ist einer der wichtigsten und dankbarsten immergrünen Bodendecker; sie wird oft in großen Flächen gepflanzt. Durch unterirdische Ausläufer kann sie rasch Flächen dicht abdecken. Für eine großflächige Begrünung braucht man 10 bis 15 Pflanzen pro Quadratmeter. Für optimales Gedeihen sind schattige bis halbschattige Standorte und lockerer, durchlässiger Boden Voraussetzung. *P. terminalis* kann auch im Kronenbereich von Bäumen angesiedelt werden, sofern der Boden ausreichend frisch ist. Sie »schluckt« alles herabfallende Laub, das dann unmittelbar der Bodenverbesserung dient. Vorteilhaft ist, daß *P. terminalis* Jahrzehnte alt werden kann und kaum pflegebedürftig ist. Selbst harte Winterfröste werden überstanden. Sie eignet sich auch zur flächigen Unterpflanzung größerer Rhododendren.

▽ **Pachysandra terminalis**

PHYLLITIS SCOLOPENDRIUM

Hirschzungenfarn

Standort: halbschattig bis schattig; feuchter, aber durchlässiger Boden
Wuchshöhe: 30 - 60 cm
Vermehrung: durch Sporenaussaat, gärtnerische Zuchtformen durch Blattstielstecklinge

Die Gattung *Phyllitis* gehört zur Familie der Streifenfarngewächse (*Aspleniaceae*). Sie ist in Europa, Nordamerika, Nordafrika, Kleinasien, Japan und auf den Atlantischen Inseln heimisch und kommt dort in schattigen Kalkfelsbereichen vor. Zahlreiche, in der Gestalt ihrer Wedel variierende Formen sind gärtnerisch wertvoll. *Ph. scolopendrium* breitet sich durch kurze, aufrechte Rhizome langsam aus. Die Basis der Blattstiele ist beschuppt. Die Blattstiele sind kurz und dicht gebündelt. Die ungefiederten, glänzendgrünen, ledrigen Wedel stehen trichterförmig zusammen und sind wintergrün. Die Sporenträger bilden dicke, braune Streifen auf der Unterseite der Wedel.

Pflegetips. Der immergrüne Hirschzungenfarn ist völlig winterhart und auch kalkverträglich. Er braucht aber Schutz gegen die Wintersonne, damit seine Wedel grün bleiben.

▽ *Phyllitis scolopendrium*

POLYGONATUM

Salomonssiegel, Weißwurz

Standort: schattig bis halbschattig; steiniger, lehmiger, frischer Boden
Wuchshöhe: 15 - 150 cm, je nach Art
Blütezeit: Mai - Juli, je nach Art
Vermehrung: durch Teilung

Die Gattung *Polygonatum* gehört zur Familie der Liliengewächse (*Liliaceae*) und ist in Europa und Asien beheimatet.

Polygonatum commutatum (syn. *P. giganteum*) erreicht eine Höhe bis 100 cm. Die weißen Blütenglöckchen an den gebogenen Trieben erscheinen von Mai bis Juni. Die Pflanzen gehören zu den wertvollen Wildstauden.

Polygonatum macranthum (syn. *P. stenanthum*) erreicht mit der Sorte 'Weihenstephan' die beachtliche Wuchshöhe von 150 cm. Die weißen Blüten erscheinen von Juni bis Juli.

Polygonatum multiflorum bringt im Mai und Juni weiße Blütenglöckchen hervor, die von Beeren abgelöst werden. Wuchshöhe 60 cm.

Pflegetips. Die Böden sollten steinig und lehmig sein und im neutralen bis kalkhaltigen pH-Bereich liegen. Die Pflanze ist giftig.

▽ *Polygonatum multiflorum*

Phyllitis scolopendrium, der Hirschzungenfarn, steht bei uns unter Naturschutz und bevorzugt auch im Garten schattige Lagen mit hoher Luftfeuchtigkeit sowie nährstoffreiche Böden. Die Blätter sind immergrün.

Polygonatum multiflorum, das Salomonssiegel, eignet sich insbesondere für artenreiche Staudenbepflanzungen am Gehölzrand im lichten, warmen Schatten. Dabei sind die Pflanzen sehr verträglich und gesellig zu pflanzen.

Polypodium vulgare, der Tüpfelfarn, gehört bei uns zu den weit verbreiteten Waldpflanzen. Im Garten eignen sich Farne gut dazu, verschiedene Farben voneinander zu trennen und so besser zur Geltung zu bringen.

Polystichum setiferum, der Weiche Schildfarn, wirkt mit seinen schönen Wedeln sehr elegant. Die Pflanzen werden nicht nur recht hoch, sondern auch ziemlich breit.

◼ POLYPODIUM

Tüpfelfarn

Standort: schattig; humusreicher Boden
Wuchshöhe: 30 – 45 cm
Vermehrung: durch Teilung oder Aussaat

Von allen etwa 300 Arten dieser Gattung, die zur Familie der Tüpfelfarngewächse (*Polypodiaceae*) gehört und vorwiegend in tropischen Gebieten wächst, sind zwei bei uns gartenwürdig.

Polypodium interjectum, der Grosse oder Gesägte Tüpfelfarn, ist eine dankbare Pflanze für ungünstige Standorte. Schöne Gartenformen: 'Cambricum' (Walliser Federtüpfelfarn) oder 'Cornubiense' (Cornwall-Tüpfelfarn). Gedeiht gut unter Bäumen.

Polypodium vulgare, das Engelsüß, wächst bei uns auf alten Dünen an den Küsten, aber auch auf Baumstümpfen oder Felswänden mit dünner Humusauflage. Die ledrigen, grobgefiederten Wedel sind immergrün.

Pflegetips. Pflanzen Sie die Rhizome im Herbst flach an einen geeigneten Standort, zum Beispiel an die Nordseite des Hauses, wo meistens nichts so recht wachsen will. Den Boden feucht halten. Vermehrung durch Teilung oder Aussaat, die jedoch schwierig ist.

▽ **Polypodium vulgare**

◼ POLYSTICHUM

Schildfarn

Standort: schattig; humusreicher Waldboden
Wuchshöhe: 40 – 100 cm
Vermehrung: durch Teilung oder Aussaat

Die Gattung besteht aus rund 250 Arten und gehört zur Familie der Schildfarngewächse (*Aspidiaceae*). Verbreitet sind sie in den Bergwäldern gemäßigter und tropischer Zonen. Es gibt eine große Zahl oft immergrüner Arten, die einen Platz im Garten verdienen und schattige Ecken verschönern.

▽ **Polystichum setiferum**

Polystichum setiferum, der Weiche Schildfarn, soll hier stellvertretend für viele andere Arten genannt werden. Die schönen Pflanzen mit den schwungvoll gebogenen Wedeln geben einem geeigneten Staudenbeet den richtigen Rahmen. Von dieser Art sind auch einige dekorative Sorten mit filigranartig, mehrfach gefiederten Wedeln im Handel, zum Beispiel 'Multilobum' oder 'Poliferum'.

Pflegetips. Gepflanzt wird *Polystichum* im Herbst ziemlich flach in humusreiche, frische Böden. Verbessern Sie die Pflanzstelle mit Laubhumus. Die Vermehrung geschieht entweder durch Teilung im Frühling oder aber durch Sporen im Sommer.

■ PULMONARIA

Lungenkraut

Standort: schattig bis halbschattig; humoser, frischer Boden
Wuchshöhe: 30 - 40 cm, je nach Art
Blütezeit: März - Mai, je nach Art
Vermehrung: durch Teilung

Die Gattung *Pulmonaria* gehört zur Familie der Rauhblattgewächse *(Boraginaceae)* und ist in ganz Mitteleuropa beheimatet. Die Pflanzen sind durch wechselständige, ungeteilte und meist rauh behaarte Blätter und die attraktiven, röhrenförmigen Blüten gekennzeichnet. Das in unseren krautreichen Laubmischwäldern im Frühjahr anzutreffende Echte Lungenkraut *(Pulmonaria officinalis)* scheint auf den ersten Blick zwei Blütenfarben zu haben. Dies ist darauf zurückzuführen, daß sich die anfangs rosa Blüten später blauviolett verfärben. Die gärtnerische Bedeutung des Echten Lungenkrauts ist aber eher untergeordnet.

Pflegetips. Man verwendet die Pflanze gern im Schatten reifer, eingewachsener Gärten. Für Neuanlagen sind die Pflanzen weniger geeignet. Zur Benachbarung bieten sich Schattenstauden wie beispielsweise das Buschwindröschen, das Leberblümchen, das Salomonssiegel sowie verschiedene Farne an.

▽ *Pulmonaria angustifolia*

■ RODGERSIA

Schaublatt

Standort: lichtwarmer bis kühler Schatten; feuchter, frischer Humusboden
Wuchshöhe: 100 - 150 cm
Blütezeit: Juni bis August
Vermehrung: durch Aussaat, Teilung oder Wurzelschnittlinge

Die imposanten Stauden gehören zur Familie der Steinbrechgewächse *(Saxifragaceae)*. Ihre Heimat ist China. Die einzelnen Arten wachsen von den feuchten Niederungen der Flüsse bis hinauf in die Gebirgsregionen in knapp 4000 m

▽ *Rodgersia tabularis*

Höhe. An windgeschützten, mehr oder weniger schattigen Standorten entwickeln sich nach zögernder Anfangsphase meist stattliche Gewächse von bis zu 150 cm Größe. Bei ausreichender Bodenfeuchtigkeit vertragen sie auch volle Sonne. Kräftige Wurzeln verankern die Pflanzen im Boden, aus einem schuppigen Erdstamm entwickeln sich die schön geformten, großen Blätter zu einer eindrucksvollen Blattmasse. In den Sommermonaten erscheinen die mehr oder weniger dichtrispigen Blütenstände.

Rodgersia aesculifolia ist eine Art aus den Bergwäldern Mittelchinas mit kastanienähnlichen, fünf- bis siebenteiligen Blättern von frischgrüner Farbe. Im Juni

Pulmonaria angustifolia, das Lungenkraut, weist mit seinem deutschen Namen auf seine Bedeutung in den Naturheilkunde hin. Diese besonders wertvolle Wildstaude ist im Handel in mehreren Sorten erhältlich, abgebildet ist die Sorte 'Maxson's Variety'.

Rodgersia tabularis, das Tafel- oder Schaublatt, ist in der Mandschurei und Korea beheimatet. Bei uns zählt es zu den vorzüglichen Stauden des Hauptsortiments. Die sehr imposanten Blätter sind borstig behaart.

Rodgersia pinnata, das Schaublatt, verwendet man gerne im kühlen Schatten von Mauern, insbesondere in direkter Beziehung zu Wegen, wo es gut zur Geltung kommt. Lichtere Standorte müssen entsprechend bodenfeuchter sein.

Symphytum grandiflorum 'Hidcote Blue', der Beinwell, ist ein wüchsiger Flächendecker, der nur wenige andere Pflanzen neben sich duldet. Die Blüten erscheinen in sogenannten Wickeltrauben und sind typisch für den Beinwell.

Tiarella cordifolia, die Schaumblüte, ist eine sehr wertvolle Wildstaude und ursprünglich in Nordamerika beheimatet. Die hübsche Blüte macht diesen Flächendecker zu einer Bereicherung für jeden Garten.

und Juli erscheinen die weißen Blütenrispen. Die Pflanzen wachsen dann bis in eine Höhe von 150 cm.

Rodgersia pinnata ist mit 120 cm eine hochwachsende Art und noch weit oben im Gebirge anzutreffen. Sie hat handförmig geteilte Blätter und schöne, fleischfarbene Blütenrispen. Von ihr gibt es die Sorten 'Superba' mit purpurn getöntem Blütenstand und 'Alba' mit weißen Blütchen.

Rodgersia podophylla ist eine attraktive Art mit im Austrieb bronzefarbenen, drei- bis fünfteiligen, glänzenden Blättern, deren Ränder tief gesägt sind. Die Art ist in China, Japan und Korea heimisch. Ihre gelblichweißen, leicht überhängenden Rispen erscheinen von Juli bis August.

Rodgersia tabularis hat es gern feucht. In ihrer Heimat wächst sie hauptsächlich in feuchten Flußniederungen. Ihr Blatt ist nicht zerteilt wie bei den anderen Arten, sondern schildförmig, am Rand gelappt und sehr groß. Die Blütenrispen sind weiß.

Pflegetips. Damit diese Gewächse ausreichend zur Geltung kommen, sollten sie nur in einem möglichst großflächig angelegten Garten gepflanzt werden, am besten in der Nachbarschaft zu Gehölzen. Günstig ist das Aufbringen einer Laubhumusschicht. Als Begleiter eignen sich Farne, Silberkerzen (*Cimicifuga*) oder Waldglockenblumen (*Campanula macrantha*).

▽ *Rodgersia pinnata*

 SYMPHYTUM

Beinwell

Standort: schattig bis halbschattig; feuchter, frischer Boden
Wuchshöhe: 25 - 150 cm
Blütezeit: Mai - August
Vermehrung: durch Aussaat oder Teilung

Der an feuchten Standorten in fast allen Ländern Europas und Asiens vorkommende Beinwell gehört in die Familie der Rauhblattgewächse (*Boraginaceae*). Typisch für diese Familie ist nicht nur die rauhe Behaarung, sondern auch die schneckenartige Einrollung besonders der noch jungen Blütenstände. Die breit lanzettlichen Blätter der sehr saftreichen Pflanze sind wechselständig angeordnet und wachsen am aufrechten Stengel herablaufend. Die Farbe der kleinen Glockenblüten variiert zwischen Violett, Blau und Rot oder geht manchmal auch ins Weißliche.

Symphytum grandiflorum. Diese wertvolle Wildstaude fühlt sich im Schatten oder Halbschatten zwischen Gehölzen sehr wohl und ist dort ein hübscher Bodendecker. Sie hat dunkelgrüne, behaarte Blätter und rahmgelbe Blüten in überhängenden Trauben. Sie wird etwa 30 cm hoch und blüht im April bis Mai. Inzwischen gibt es auch einige Sorten in verschiedenen Blautönen.

▽ *Symphytum grandiflorum*

TIARELLA

Schaumblüte

Standort: schattig bis halbschattig; lockerer Humusboden
Wuchshöhe: 30 cm
Blütezeit: April - Mai
Vermehrung: durch Teilung oder Aussaat

Die Gattung *Tiarella* gehört zu den Steinbrechgewächsen (*Saxifragaceae*) und umfaßt lediglich 2 gärtnerisch bedeutsame Arten, die aus Nordamerika und Ostasien stammen.

Tiarella cordifolia, die Waldschaumblüte, die wichtigste Art, breitet sich durch einen kriechenden Erdstamm aus. Die Blätter sind mattgrün, 15 - 20 cm hoch, die Herbst- und Winterfärbung ist kupfrig. Lockere, weiße Blütenstände stehen über dem Laub. Nach der Blüte entwickelt die Pflanze rasch lange, dünne Ausläufer und dient als wertvoller Bodendecker. Besonders empfehlenswert ist die raschwüchsige Sorte 'Moorgrün', die feuchte und humusreiche Böden bevorzugt. Die robuste Sorte 'Moorhexe' wird durch Samen vermehrt.

Tiarella wherryi wird 35 cm hoch und bildet keine Ausläufer; die smaragdgrünen Blätter sind dreigeteilt, am Grund braun gefleckt, im Herbst rötlich. Blüten weißlichrosa und duftend.

▽ *Tiarella cordifolia*

■ VINCA

Immergrün

Standort: schattig bis halbschattig; frischer, lockerer Boden
Wuchshöhe: 20 - 50 cm
Blütezeit: Mai - September
Vermehrung: durch Stecklinge oder Teilung

In Europa bis Kleinasien kommen 12 *Vinca*-Arten vor. Nur 2 davon sind in Europa in Kultur. Sie gehören zur Familie der Hundsgiftgewächse *(Apocynaceae)*. Es sind vorwiegend kriechende Halbsträucher, deren Triebe dem Boden flach aufliegen und wurzeln. Nur die Blütentriebe stehen aufrecht. Die einfachen, ganzrandigen, ledrigen, glänzenden Blätter sind gegenständig. Die fünfzähligen Blüten haben eine Röhre und einen flachen Saum. Die Blüten sind meist blauviolett, seltener rötlich oder weiß gefärbt. Die Frucht ist eine längliche, doppelte Balgkapsel. Die beiden vorgestellten Arten sind hervorragende Bodendecker.

Vinca major, das Große Immergrün, wird bis 30 cm hoch, die Triebe verholzen stärker. Blätter eiförmig, 3 - 7 cm lang, glänzenddunkelgrün, an der Basis abgerundet bis fast herzförmig. Blaue, 3 - 4 cm breite Blüten im Mai bis September. Friert in Mitteleuropa nicht selten bis zum Boden zurück, treibt aber wieder aus und blüht noch im gleichen Jahr. Sollte nach Frostschäden bis zum Boden zurückgeschnitten werden.

Vinca minor, Kleines Immergrün. Triebe flach aufliegend, Blütentriebe bis 15 cm hoch. Blätter 2 - 5 cm lang, an der Basis allmählich verschmälert. Lilablaue, 2 - 3 cm breite Blüten von März bis Mai und im September. Neben der Wildart sind auch die folgenden Sorten in Kultur: 'Alba', Blätter kleiner, Blüten einfach, reinweiß, und 'Atropurpurea', Blätter kleiner, glänzend dunkelgrün, sehr gesund, weinrote, üppige Blüten.

△ *Vinca major*

▽ *Vinca minor*

■ WALDSTEINIA

Waldsteinie

Standort: schattig; frischer bis trockener Boden
Wuchshöhe: 10 - 25 cm, je nach Art
Blütezeit: April - Mai
Vermehrung: durch Teilung

Die Waldsteinie gehört zur Familie der Rosengewächse *(Rosaceae)* und ist in Mittel- und Osteuropa sowie in Japan beheimatet. Die beiden bei uns wichtigen Arten zählen zu den besonders wertvollen Wildstauden und werden bevorzugt als Bodendecker eingesetzt. Die Pflanzen sind robust, pflegeleicht und sehr wüchsig.

Waldsteinia geoides erreicht eine Höhe bis 25 cm und hat drei- bis fünfteilige, behaarte Blätter. Die gelben Einzelblüten stehen zu mehreren über dem derben Laub und erscheinen im April bis Mai. Gut durchwurzelte Böden und schattige Standorte vor und zwischen Gehölzen werden besonders bevorzugt.

Waldsteinia ternata wird nur 10 cm hoch und hat rundliche, wintergrüne Blätter. Die gelben Blüten sitzen in Trugdolden und zeigen sich ebenfalls im April bis Mai. Die Pflanzen bevorzugen lichten Gehölzschatten, kommen aber auch noch in absonnigen, sommertrockenen Lagen zurecht.

▽ **Waldsteinia ternata**

Vinca major, das Große Immergrün, kann im Winter schon einmal Frostschäden davontragen. Deshalb ist es besser, im Herbst für einen leichten Winterschutz zu sorgen.

Vinca minor, das Kleine Immergrün, zählt zu heimischen, besonders wertvollen Wildstauden und ist als Flächendecker zwar recht unempfindlich, aber sehr unduldsam gegenüber anderen Stauden.

Waldsteinia ternata, die Waldsteinie, ist eine der wichtigsten Bodendeckerpflanzen für den schattigen Bereich. Die Blätter glänzen leicht und sind immergrün. Die Pflanze bevorzugt mäßig frische bis eher trockene Böden.

Halbschatten-Stauden sind mehr oder weniger an den Gehölzrandbereich gebunden. Die Ansprüche der Pflanzen liegen also zwischen denen der Schatten-Stauden und denen der Sonnen-Stauden. In der freien Natur findet man solche Bedingungen in den Staudensäumen der Wald- und Heckenränder. Aber auch im Garten gibt es solche Plätzchen. Vor allem das Wildstaudensortiment ist für diese Bereiche im lichten Schatten von Sträuchern und Hecken geeignet.
Bei der Gestaltung solcher Gartenpartien lassen sich überraschende Effekte erzielen, wenn die Blütezeiten und -farben der Gehölze und Stauden sorgfältig aufeinander abgestimmt sind.

Ein typischer Halbschatten-Vertreter ist die Pfirsichblättrige Glockenblume (*Campanula persicifolia*), die im Bild den Vordergrund bestimmt. Sie zählt zu den wertvollen Wildstauden.

Anemone blanda **'Radar',** eine Anemonensorte, besticht durch ihre purpurroten Zungenblüten und die weiße Mitte.

Anemone nemorosa, das Buschwindröschen, bezaubert durch seine zarten, schalenförmigen, violett überhauchten Blüten.

Anemone sylvestris, das Waldwindröschen, hat einzeln stehende, weiße Blüten, die außen seidig behaart sind. Die Pflanzen breiten sich gerne durch Wurzelausläufer aus.

Astilbe chinensis **var.** *pumila,* eine Prachtspiere, gehört zu den vorzüglichen Stauden des Hauptsortiments. Daneben sind noch die Sorten 'Finale' und 'Serenade' zu erwähnen.

■ ANEMONE

Anemone

Standort: halbschattig bis sonnig
Wuchshöhe: 30 - 100 cm, je nach Art
Blütezeit: Mai - Juni
Vermehrung: durch Teilung, Wurzelschnittlinge oder Aussaat

Eine aparte Pflanzengattung aus der Familie der Ranunkelgewächse *(Ranunculaceae),* die zahlreiche wertvolle, winterharte Gartengewächse in ihren Reihen aufzuweisen hat. Etwa 70 Arten sind in den gemäßigten Klimabereichen verbreitet. Die hier beschriebenen Arten bevorzugen halbschattige Standorte. Weitere Arten werden im Kapitel »Beetstauden« vorgestellt.

Anemone blanda, die Berg- oder Strahlenanemone, blüht bereits im März. Ihre Farbe variiert stark. Im Handel sind u.a. 'Atrocoerulea' (dunkelblau), 'White Splendour' (weiß), 'Charme' (dunkelrosa) und 'Radar' (purpurrot, weiße Mitte). Im Halbschatten von Gehölzen fühlt sich die Strahlenanemone besonders wohl. Gepflanzt wird im Herbst in durchlässigen Gartenboden. Nach der Blüte brauchen sie etwas Trockenheit, in rauhen Lagen benötigen sie einen Winterschutz.

Anemone nemorosa, das Buschwindröschen, trägt im April bis Mai an den 15 cm hohen Stielen innen weiß, außen purpurviolett gefärbte Blüten. Es sind schöne Zuchtformen auf dem Markt.

Anemone sylvestris blüht weiß und im Frühsommer, erreicht aber nur eine Wuchshöhe von 40 cm und gleicht in ihrer ganzen Erscheinung dem Buschwindröschen *A. nemorosa.*

Pflegetips. Die vorgestellten Arten lieben halbschattige Plätze und humose Böden. Vermehrt wird durch Teilung, Wurzelschnittlinge und Aussaat.

△ *Anemone blanda* 'Radar'

▽ *Anemone nemorosa* 'Allenii'

▽ *Anemone sylvestris*

▽ *Astilbe chinensis* var. *pumila*

■ ASTILBE

Prachtspiere

Standort: halbschattig; frischer, humoser Boden
Wuchshöhe: 15 - 120 cm
Blütezeit: Juni - September
Vermehrung: durch Teilung

Die *Astilbe* gehört zu den farbenprächtigsten Stauden, die sich für Gartenbereiche anbieten, die von der Sonne nicht so verwöhnt sind. 30 - 35 Arten dieses Steinbrechgewächses *(Saxifragaceae)* kommen im östlichen Asien vor. Es sind niedrige oder halbhohe, elegante Gewächse mit feingliedrigem Blattwerk und fedrigen Blütenrispen. Das große Sortiment ermöglicht eine Gesamtblütezeit von Mitte Juni bis September. Die verschiedenen Hybrid-Gruppen werden im Kapitel »Beetstauden« vorgestellt.

Astilbe chinensis ist im Handel hauptsächlich durch die Varietät 'Pumila' vertreten. Mit ihrem kriechenden Wuchs leistet diese nur 15 - 20 cm hohe Zwergform wertvolle Dienste als Bodenbegrüner. *A. chinensis* var. *pumila* eignet sich als Bodendecker vor und unter Gehölzen sowie im Vordergrund von Rabatten.

Astilbe rivularis zeichnet sich durch große Blätter aus und erreicht eine Höhe von bis zu 120 cm. Die gelblich-weißen Blüten erscheinen von August bis September. Die Pflanze zählt zu den sehr wertvollen Wildstauden.

Pflegetips. Als Standort eignet sich der Halbschatten, bei genügender Bodenfeuchtigkeit auch sonnige Plätze und humoser Boden. Astilben sind sehr langlebig, haben aber die Angewohnheit, mit der Zeit aus dem Boden herauszuwachsen. In diesem Fall die Pflanzen im Frühjahr herausnehmen, teilen und wieder einpflanzen oder seitlich etwas Erde auffüllen. Vermehrt werden sie durch Teilung der Wurzelstöcke im Frühjahr oder Herbst.

■ BERGENIA

Bergenie

Standort: halbschattig; jeder Boden
Wuchshöhe: 25 - 40 cm
Blütezeit: März - Mai
Vermehrung: Teilung oder Rhizomschnittlinge

Die nähere Verwandtschaft des Steinbrechgewächses *(Saxifragaceae)* beschränkt sich auf einige wenige in Ostasien beheimatete Arten. Typische Merkmale sind der flach kriechende, dicke Wurzelstock und die teils recht großen, rundlich bis eiförmigen, ledrigen Blätter. Die meisten sind wintergrün. Die rosafarbenen, purpurnen oder weißen Blütenglöckchen sind in Trugdolden zusammengesetzt und bilden Blütenstände auf hohen Stielen.

Bergenia cordifolia bringt im April rosarote Blütenrispen hervor, die sich aus einer anfangs kugeligen Form heraus schirmartig ausbreiten. Die großen Blätter sind rundlich, am Grunde herzförmig und am Rand leicht gewellt.

Bergenia purpurascens (syn. *B. delavayi*) zeichnet sich durch dunkelrotes Herbstlaub aus. Die Blüten an den 40 cm hohen, rötlich überlaufenen Stielen weisen einen deutlich dunkleren Purpurton als andere Arten auf. Sie blühen von April bis Mai.

Bergenia-Hybriden, die sich in der Form der Blätter, Höhe und Farbe teils erheblich unterscheiden, spielen für den Garten eine immer größere Rolle. Zu den dankbarsten Züchtungen zählen 'Abendglut', 25 cm hoch, dunkelrot, im Herbst bronzebraune Blätter, 'Silberlicht', weiß, im Verblühen rosa, sehr wüchsig, 'Morgenröte', karminrosa, mit einer Nachblüte im September und 'Margery Fish', die schon Ende März ihre purpurroten Blüten öffnet.

Pflegetips. Bergenien gedeihen in trockenen wie in feuchten Böden, bevorzugen jedoch halbschattige Lagen. Ihre Pflege ist nicht aufwendig: verwelkte Blüten entfernen, ältere Pflanzen, deren Wurzelhälse zu lang geworden sind, aufnehmen und teilen. Bergenien eignen sich für Staudenrabatten und Steingärten, für Teichufer und zur Einfassung von Beeten und Wegen sowie als Unterpflanzung von Gehölzen. Sie vertragen, wenn genug Bodenfeuchte vorhanden ist, sogar einen Platz in voller Sonne. Dank des immergrünen Laubs, das sich im Herbst manchmal leicht rotbraun verfärbt, ist kein jährlicher Rückschnitt nötig. Vermehrt werden sie durch Teilung oder Rhizomschnittlinge im Herbst oder Frühjahr.

▽ *Bergenia* x *schmidtii*

■ BRUNNERA MACROPHYLLA

Kaukasus-Vergißmeinnicht

Standort: halbschattig bis schattig; frischer Boden
Wuchshöhe: 50 cm
Blütezeit: April - Mai
Vermehrung: durch Aussaat oder Teilung

Auf ganze 3 Arten bringt es diese hübsche Staudengattung aus der Familie der Borretschgewächse *(Boraginaceae)*. Nur eine Art hat gärtnerische Bedeutung. *Brunnera macrophylla* stammt, wie der deutsche Name schon verrät, aus dem Kaukasus, wo es am Rande und im Unterholz der Bergwälder wächst. Es bildet dichte Horste aus 15 cm großen, rauhen, herzförmigen Blättern, über denen sich im April - Mai 50 cm hohe Rispen aus zahlreichen himmelblauen, vergißmeinnichtähnlichen Blüten entfalten. Zwei Sorten mit besonders schönem Laub sind 'Variegata', weißbunt, und 'Langtrees', silbrig gepunktet.

Pflegetips. Kaukasus-Vergißmeinnicht gedeihen in halbschattigen Lagen oder im lichten Schatten. Ihre Pflege ist einfach: verwelkte Blütenstände entfernen, bei den buntlaubigen Sorten gelegentlich erscheinende grüne Blätter wegpflücken. Gern verwendet zur Vor- und Unterpflanzung von Gehölzen.

▽ *Brunnera macrophylla*

Bergenia x *schmidtii,* eine Bergenien-Hybride, bildet schöne, große Horste aus und wird gerne in Einzelstellung verwendet. Die Bergenie wirkt gut neben Wegen, Platten und Stufen.

Brunnera macrophylla, das Kaukasus-Vergißmeinnicht, hier im Bild die weißbunte Sorte 'Dawson's White', besticht in erster Linie durch seine panaschierten Blätter. Die Pflanzen sind sehr robust und langlebig.

Campanula persici-folia, die Pfirsichblätt-rige Glockenblume, zählt zu den schön-sten Gehölzsaum-stauden. Im Handel werden verschiedene Sorten angeboten, darunter die abgebil-dete Sorte 'Telham Beauty'.

Campanula glome-rata, die Knäuel-glockenblume, macht ihrem Namen alle Ehre. Gut zu erken-nen sind die relativ kahlen Stengel mit den endständigen, dichtgedrängten und intensiv gefärbten Blütenständen.

Centaurea montana, die Bergflockenblu-me, eignet sich ähnlich wie *Centau-rea dealbata,* die Rote Flockenblume, auch als Schnittblu-me. In nicht allzu sonnigen Rabatten fühlt sich diese Flockenblume wohl.

■ CAMPANULA

Glockenblume

Standort: halbschattig; frischer, nährstoffreicher Boden
Wuchshöhe: 60 - 100 cm
Blütezeit: Juni - August
Vermehrung: durch Teilung

Bei uns gibt es etwa 20 heimische Glockenblumenarten. Sie gehö-ren, wie schon ihr Name besagt, zur Pflanzenfamilie der Glocken-blumengewächse *(Campanula-ceae).* Ihre Verbreitungsschwer-punkte reichen von den Alpen über Wiese und Trockenrasen bis hin zu schattigen Standorten in Mischwäldern. Hinzu kommt ein artenreiches Sortiment, das in den Gärten kultiviert wird. Auffal-lendes Kennzeichen sind die glockenähnlichen Einzelblüten, die in Ähren, Trauben oder Bü-scheln zusammenstehen oder auch einzeln vorkommen. Hier werden die Arten vorgestellt, die sich für den Halbschatten eignen. Weitere Arten finden Sie in den Kapiteln »Beetstauden« und »Stau-den für den Steingarten«.

Campanula glomerata, die Knäuel-glockenblume, ist in Europa und Persien beheimatet. Die violetten Blüten sitzen dicht gedrängt an den Stielenden und erscheinen im Juni und Juli. Die Stengelblätter sind länglich und rauh behaart. Die Pflanzen erreichen eine Höhe bis 60 cm und breiten sich durch

unterirdische Ausläufer aus. Opti-mal entwickelt sich die Knäuel-glockenblume im lichten Schatten des Gehölzrandbereichs und in Freiflächen. Dabei bevorzugt sie kalkhaltige, nährstoffreiche, durch-lässige Böden. Zur Benachbarung eignen sich Fingerhut, Alant oder Nachtkerze. Neben den höher wachsenden Sorten gibt es auch welche von niedrigem, polsterför-migem Wuchs.

Campanula latiloba (syn. *C. gran-dis),* die Große Glockenblume, stammt vom Balkan und erreicht bei uns eine Höhe von 80 cm. Die hellblauen Blüten sitzen dicht an den straffen, aufrechten Stengeln. Die Blütezeit beschränkt sich meist auf den Juni. Am besten steht diese Glockenblume an Gehölzrändern oder unter freiste-henden Bäumen. Dabei sollte sie aber nicht zu schattig stehen. Zur Benachbarung eignen sich Berg-flockenblume oder Kaukasus-Ver-gißmeinnicht. Die Sorte 'Alba' hat weiße Blüten.

Campanula persicifolia, die Pfir-sichblättrige Glockenblume, ist in Europa heimisch und blüht im Ju-li bis August. Die Einzelblüten sit-zen in aufrechten, lockeren Trau-ben und stehen seitlich ab. Die Pflanze breitet sich durch Wurzel-ausläufer aus. Sie eignet sich für Rabatten in wechselsonnigen La-gen bis zum schattigen Gehölz-rand. Bevorzugt werden kalkhalti-ge, humose und durchlässige Bö-den. Sorten: 'Grandiflora Alba' (100 cm, weiß) und 'Grandiflora Caerulea' (80 cm, blau).

■ CENTAUREA

Flockenblume

Standort: halbschattig; nährstoff-reicher, humoser Boden
Wuchshöhe: 50 - 120 cm, je nach Art
Blütezeit: Mai - August/Septem-ber, je nach Art
Vermehrung: durch Aussaat oder Teilung

Die Gattung *Centaurea* aus der Familie der Korbblütler *(Compo-sitae)* wird bei uns mit zahlreichen Arten gärtnerisch kultiviert. Die-se Arten stammen meist aus dem Kaukasus, den Pyrenäen und den Alpen. Charakteristisch für die ganze Gattung sind die endständi-gen, meist langgestielten Blü-tenköpfchen, die in verschiede-nen Farben erscheinen. Die Flockenblumen bevorzugen nähr-stoffreiche Böden, halbschattige bis sonnige Lagen und haben ne-ben ihrer Eignung als Schnittblu-men eine wichtige Bedeutung als Bienenfutterpflanzen. Die mei-sten Vertreter dieser Gattung sind ausdauernde Pflanzen. Eine wei-tere Art wird im Kapitel »Stauden für die Sonne« vorgestellt.

Centaurea dealbata, die Rote Flockenblume, bevorzugt warme, überwiegend sonnige Standorte des Gehölzrandes mit nährstoff-reichen, humosen Böden. Die kar-minroten Blüten erscheinen von Juni bis Juli; sie sitzen endständig

▽ *Campanula persicifolia*

▽ *Campanula glomerata*

▽ *Centaurea montana*

auf den wenig verzweigten Stielen. Nach der Blüte wirken die Pflanzen allerdings wenig attraktiv. Sie sollten daher in Einzelstellung verwendet werden, da sonst größere Lücken entstehen können. Die Pflanze erreicht eine Höhe von 50 bis 80 cm. Die sehr zahlreichen Blätter sind gelappt und unterseits graufilzig. Man verwendet sie am besten am lichten Gehölzrand oder in offenen Rabatten in voller Sonne. Zur Benachbarung eignen sich Salbei, Königskerze oder Kugeldistel. Bewährte Sorten sind 'Steenbergii', purpurrot, 60 cm und 'Joan Courts', leuchtendrosa, 80 cm.

Centaurea macrocephala, die Riesenflockenblume, wird bis 120 cm hoch. Eine Wildstaude, die sich sowohl in Freiflächen als auch in Beetanlagen verwenden läßt. Aus den braunen, schuppigen, dicken Knospen entspringen die rein gelben Blüten. Die Blütezeit reicht von Anfang Juli bis Mitte August. Man verwendet sie in Rabatten oder Wildstaudenpflanzungen in Einzelstellung, da sie nach der Blüte unansehnlich wirkt. Zur Benachbarung eignen sich Schafgarbe, Knäuelglockenblume oder Wildskabiose.

Centaurea montana, die Bergflockenblume, ist in den Alpen, im Alpenvorland und in den Mittelgebirgen zu Hause. Sie erreicht eine Höhe bis 50 cm und zeichnet sich durch einen buschigen Wuchs aus. Ihre Blätter sind ganzrandig und graugrün. Die distelähnlichen, blauen Blütenköpfchen erscheinen im Mai und Juni und machen einen ausgefransten Eindruck. Ein Rückschnitt der Blütenstiele bewirkt in der Regel ein Nachblühen im August und September. Der Boden sollte nährstoffreich, frisch, humos und kalkhaltig sein. Dabei wird der lichte Schatten bevorzugt. Sonnigere Plätze können bei genügender Bodenfeuchte gewählt werden. Geeignete Standorte sind der lichte Gehölzrand und absonnige Rabatten. Man kann die Bergflockenblume gut mit Akeleien, Gelber Frühlingsmargerite oder Nelkenwurz kombinieren.

◼ CLEMATIS

Waldrebe, Clematis

Standort: halbschattig; etwas lehmhaltiger, durchlässiger Boden
Wuchshöhe: 50 - 100 cm, je nach Art
Blütezeit: Juni - Oktober, je nach Art
Vermehrung: durch Aussaat

Die Waldreben aus der Pflanzenfamilie der Hahnenfußgewächse (*Ranunculaceae*) sind mit Blattstielen rankende, verholzende Lianen bzw. nicht schlingende Stauden. Ihre Blätter sind gegenstän-

▽ *Clematis integrifolia*

dig, dreizählig oder unpaarig gefiedert, unregelmäßig zusammengesetzt oder einfach; die Blüten meist zwittrig, röhrenförmig bis tellerförmig mit vielen Zwischenformen, einzeln oder in end- bzw. seitenständigen Rispen. Die Blüten haben in der Regel 4 Blütenblätter, selten 5, 6 oder 8. Die Staub- und Fruchtblätter sind zahlreich. Die Fruchtblätter entwickeln sich zu Nüßchen mit bleibendem Griffel, der sich oft zu einem fedrig behaarten Schweif auswächst. Es gibt etwa 250 Arten in der nördlichen Hemisphäre, einige Arten auch in Australien und Neuseeland. Hauptverbreitung in Ostasien, Nordamerika und Europa (mit 10 Arten). Unter den nicht schlingenden Stauden der Clematis haben folgende Arten gärtnerische Bedeutung.

Clematis integrifolia, Ganzblättrige Waldrebe. Ausdauernde Staude, 50 - 70 cm hoch. Stengel zunächst aufrecht, später niederliegend. Blüten einzeln, endständig, langgestielt, nickend, die 4 Blütenblätter flach ausgebreitet, purpurn bis dunkelblau; Blütezeit Juni bis August. Im Herbst zahlreiche, silbrig glänzende Fruchtstände. Die Ganzblättrige Waldrebe ist eine ziemlich anspruchslose Art für den Gehölzrandbereich. Heimisch von Südosteuropa bis Mittelrußland.

Clematis recta, Aufrechte Waldrebe. Etwa 100 cm hohe Staude. Triebe aufrecht bis niederliegend, nicht kletternd. Blüten milchweiß, 1,5 cm lang, sehr zahlreich, in großen, aufrechten Rispen; Blütezeit Juni bis Juli. Die Aufrechte Waldrebe ist eine sehr langlebige Staude für sonnige bis halbschattige Plätze im Lebensbereich Gehölzrand. Heimisch von Süd- und Mitteleuropa bis zum gemäßigten Asien.

Clematis x bonstedtii 'Crepuscule' wird 80 - 100 cm hoch. Die hübschen himmelblauen Blüten erscheinen in dichten Büscheln von August bis Oktober. *Clematis* x *bonstedtii* zählt zu den sehr wertvollen Wildstauden des Gehölzrandbereichs.

Clematis integrifolia, die Ganzblättrige Waldrebe, hat kleinere, unscheinbarere Blüten als ihre nahen Verwandten unter den großblumigen Klettergehölzen. Ihre Genügsamkeit macht sie zu einer interessanten Art.

Dicentra spectabilis, das Tränende Herz oder Herzblume, ist eine typische Bauerngartenpflanze. Die grazilen Blüten bewegen sich leicht im Wind.

Digitalis grandiflora, der große Fingerhut, zählt mit zu den eindrucksvollsten heimischen Wildstauden. Der lichte Schatten vor Gehölzen sagt ihm besonders zu.

■ DICENTRA

Herzblume, Tränendes Herz

Standort: halbschattig bis sonnig
Wuchshöhe: 20 - 80 cm
Blütezeit: Mai - Juli
Vermehrung: durch Teilung, Stecklinge und Aussaat

Eine Staudengattung aus der Familie der Mohngewächse (*Papaveraceae*) mit etwa 20 Arten in Nordamerika und Ostasien. Bekannt geworden ist sie vor allem durch *Dicentra spectabilis,* das Tränende Herz, das, erst 1847 aus China eingeführt, als Bauerngartenblume große Beliebtheit erlangt hat. Auch in der Vase hält sich das Tränende Herz erstaunlich lange.

Dicentra eximia, die Herzblume, ist nicht annähernd so populär, aber ebenso apart wie ihre große Schwester. Mit ihrem filigranen, farnartigen Laub und dem kriechenden Wurzelstock eignet sie sich gut als Bodendecker für halbschattige Lagen. Kleine, herzförmige, rosarote oder weiße Blüten entfalten sich von Mai bis Juli, manchmal auch bis in den September an 20 cm hohen, feinen Stielen.

Dicentra formosa sieht der vorhergehenden Art recht ähnlich, wird aber gut 10 cm höher. Blüte von Mai bis Juli. Bekannte Gartenformen sind die nach dem englischen Staudenzüchter benannte 'Adrian Bloom', eine sehr wüchsige Form mit rosaroten Blüten und dunkelgrünem Laub, und 'Luxuriant' mit dunkelroten Blüten über graugrünen Blättern.

Dicentra spectabilis besitzt wie die meisten seiner Artgenossen fleischige, zerbrechliche Wurzeln und zartes, mattgrünes Blattwerk. Die typischen, herzförmigen, rosaweißen oder weißen (Sorte 'Alba') Blüten erscheinen im Mai bis Juni einzeln aufgereiht an den bogig überhängenden, etwa 80 cm hohen Stielen.

Pflegetips. Der Standort der *Dicentra* sollte halbschattig bis sonnig sein und humosen, frischen Boden haben. Den Pflanzplatz von *D. spectabilis* sollte man markieren, da die Staude nach der Blüte einzieht und später bei der Bodenbearbeitung leicht verletzt werden könnte. Der Boden sollte mit Stalldung, Komposterde oder Rindenkompost gedüngt werden. Der junge Austrieb kann durch die letzten Nachtfröste im April noch geschädigt werden. Frostschäden lassen sich leicht durch rechtzeitiges Abdecken der Pflanze vermeiden. *D. spectabilis* paßt ins halbschattige Staudenbeet zusammen mit Akelei, Pfirsichblättriger Glockenblume und zierlichen Hostasorten; die niedrigen Arten sehen vor und zwischen Gehölzpflanzungen in Kombination mit Primeln, Farnen oder Elfenblumen gut aus. Vermehrung erfolgt durch Aussaat, Teilung oder Stecklinge im Frühjahr.

▽ *Dicentra spectabilis*

■ DIGITALIS

Fingerhut

Standort: halbschattig bis sonnig; durchlässiger Boden
Wuchshöhe: 50 - 120 cm
Blütezeit: Mai - August
Vermehrung: durch Aussaat oder Teilung

Rund 20 Arten dieser Gattung aus der Familie der Rachenblütler (*Scrophulariaceae*) sind vom westlichen europäischen Raum bis ins mittlere Asien verbreitet. Meist handelt es sich um winterharte, aber kurzlebige Gewächse mit rosettenförmigen Blattschöpfen und hohen Blütenkerzen im Früh- oder Hochsommer. In der Heilkunde hat der Fingerhut große Bedeutung; unsachgemäß verwendet kann er aber gefährlich sein, da er sehr giftig ist.

Digitalis grandiflora, der Großblütige Fingerhut, ist eine ausdauernde Art. Die hellgelben, bis 5 cm großen Blütenglocken entfalten sich im Juli und August an 50 - 70 cm hohen Stielen.

Digitalis purpurea, der Rote Fingerhut, ist die bekannteste Art und bei uns auch heute noch oft in der freien Natur zu finden. Die schlanken Blütenstände erreichen eine Höhe von 120 cm, die purpurnen Blütenglocken weisen im Innern dunkle Flecken auf. *D. purpurea* wächst in der Regel nur zweijährig, muß also jedes Jahr neu herangezogen werden. Oft sät er sich allerdings auch selber aus.

Pflegetips. Verwelkte Blütenstände kurz über der Blattrosette abschneiden. *Digitalis* paßt gut in naturbelassene Gartenpartien, an den Gehölzrand, in Waldgärten zusammen mit Farnen und anderen Waldstauden. Vermehrt wird durch Aussaat im Frühsommer, ausdauernde Arten auch durch Teilung.

▷ *Digitalis grandiflora*

Eupatorium purpureum 'Atropurpureum', der Wasserdost, kommt erst richtig zur Geltung, wenn man mehrere Pflanzen auf einmal verwendet.

Geranium sylvaticum 'Mayflower', eine besonders hübsch blühende Sorte des Waldstorchschnabels, verzaubert das Frühjahr bis zum Juli.

Geranium endressii 'Wargrave Pink', eine Sorte des Waldstorchschnabels, bleibt relativ niedrig im Wuchs und eignet sich hervorragend als Bodendecker. Die Blätter duften aromatisch und sind winter- bis immergrün.

■ EUPATORIUM

Wasserdost

Standort: halbschattig bis sonnig; feuchter Boden
Wuchshöhe: 80 - 180 cm
Blütezeit: Juli - September
Vermehrung: durch Teilung oder Aussaat

Nur wenige der über 600 Arten dieses Korbblütengewächses (*Compositae*) sind in unseren Gärten heimisch. Es handelt sich um ausdauernde Stauden von stattlichem Wuchs mit doldenartigen, großen Blütenständen.

Eupatorium purpureum aus Nordamerika ist besonders häufig. Auf 180 cm hohen, dicht belaubten Stielen entfalten sich im Spätsommer üppige, purpurne Blütendolden. Schöner als die Art selbst ist die Sorte 'Atropurpureum', deren intensive Blütenfarbe noch von den purpurroten Stengeln unterstrichen wird.

Eupatorium rugosum bleibt mit 80 cm wesentlich niedriger als die vorhergehende Art. Lockere Blütenstände schmücken die Pflanzen von Juli bis September.

Pflegetips. Beide genannten Arten sind sehr wertvolle Wildstauden. Je feuchter der Boden, um so mehr Sonne vertragen die Pflanzen. Vermehrung durch Teilung, Aussaat oder Stecklinge.

▽ *Eupatorium purpureum*

■ GERANIUM

Storchschnabel

Standort: halbschattig bis sonnig
Blütezeit: Mai - September
Wuchshöhe: 20 - 80 cm
Vermehrung: durch Teilung, Rhizomschnittlinge oder Aussaat

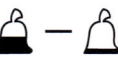

Die weitläufige Verwandtschaft des zur Familie der Storchschnabelgewächse (*Geraniaceae*) gehörenden *Geranium* − nicht zu verwechseln mit der Balkongeranie (botanischer Name *Pelargonium*) − besteht aus rund 300 Arten. Zumeist handelt es sich um niedrige oder halbhohe, ausdauernde Stauden. Sie wachsen in dichten Horsten oder breiten sich mit Hilfe von Rhizomen teppichartig aus. Die schalen- oder tellerförmigen Blüten spielen in den Farben Blau, Purpur, Rosa oder Weiß.

Geranium endressii bildet 25 cm hohe, bis zu 80 cm breite, lockere Polster, in milden Wintern immergrün. Rosafarbene Blüten von Juni bis August. Empfehlenswerte Sorten: 'Wargrave Pink', lachsrosa, 'Rose de Claire', rosa Blüten mit weißer Aderung sowie 'A.T. Johnson' in silbrigem Rosa. 'Claridge Druce' ist eine wertvolle, wintergrüne Züchtung aus *G. endressii* und *G. versicolor*, die auch im vollen Schatten noch zufriedenstellend gedeiht. Höhe 60 cm, Blüten rosaviolett und auffallend groß von Juni bis Juli.

▽ *Geranium sylvaticum*

Geranium macrorrhizum, eine 30 cm hohe, wuchsfreudige, teils immergrüne Art, die rasch große Flächen bedeckt und von jeglichem Unkrautwuchs freihält. Dolden purpurroter Blüten von Mai bis Juli. Bewährte Sorten: 'Ingwersen', violettrosa, 20 cm hoch; 'Spessart', zartrosa, 30 cm hoch, wintergrün; 'Album', weiß, mit roten Staubfäden; 'Variegata', eine weißbuntlaubige Form mit hübschen, hellvioletten Blüten.

Geranium renardii besitzt dekorative Blätter mit samtiger Oberfläche. Es erreicht eine Wuchshöhe von 30 cm und entwickelt dichte Horste. Die weißen Blüten im Juni weisen eine violette Zeichnung auf.

Geranium sanguineum, der heimische Blutstorchschnabel, bildet 20 cm hohe, ausgedehnte Teppiche. 2,5 cm große, karminrote Blüten ab Mai. 'Album', eine weißblühende Form, wächst etwas höher und aufrechter. 'Lancastrense' hat kleinere Blätter als die Art und schöne, große, rosafarbene, rotgeaderte Blüten.

Geranium sylvaticum, der Waldstorchschnabel, entwickelt sich zu üppigen, 60 cm hohen Horsten mit großen, tiefeingeschnittenen Blättern und purpurblauen Blüten von Mai bis Juli. Eine sehr reich blühende Form wird mit der hellblauen 'Mayflower' angeboten; weiß blüht die Sorte 'Album'. Wichtig: Als Waldpflanze braucht *G. sylvaticum* etwas feuchteren

▽ *Geranium endressii*

■ HEUCHERA

Purpurglöckchen

Standort: halbschattig bis sonnig
Wuchshöhe: 20 cm, Blütenstiele bis 60 cm
Blütezeit: Mai - Juli
Vermehrung: durch Teilung oder Rißlinge

Von den ausdauernden, genügsamen Stauden aus der Familie der Steinbrechgewächse (*Saxifragaceae*) sind etwa 27 Arten in Mexiko und Nordamerika verbreitet. Bedeutung als Zierpflanzen haben in erster Linie die Garten-Hybriden, die aus der rotblühenden Art *Heuchera sanguinea* entstanden sind. *Heuchera* x *brizoides*-Hybriden bilden niedrige, dichte Horste aus halbimmergrünen, herz- oder muschelförmigen, teils hübsch gezeichneten Blättern und bringen von Mai bis Juli zierliche, rote, rosafarbene oder weiße Blütenrispen an 30 - 60 cm hohen, straffen Stielen hervor. Im großen und ganzen anspruchslos, gedeiht das Purpurglöckchen sowohl in der Sonne als auch im Halbschatten und sogar im Schatten, wo die Blühfreudigkeit allerdings abnimmt. Wegen des schönen Blattwerks wird die Staude gern als Bodendecker verwendet.

Pflegetips. Die Pflege beschränkt sich auf das Entfernen der verwelkten Blüten. Vermehrung durch Teilung der Rosetten.

▽ **Heuchera x brizoides**

■ HYPERICUM

Johanniskraut

Standort: halbschattig bis sonnig; auf jedem durchlässigen Gartenboden
Wuchshöhe: 15 - 30 cm
Blütezeit: Juni - September
Vermehrung: durch Aussaat oder Stecklinge

Rund 400 Arten, die zur Familie der Johanniskrautgewächse (*Guttiferae*) gehören, kommen in den gemäßigten und subtropischen Zonen der nördlichen Halbkugel vor. Es sind sommer- oder immergrüne Sträucher, Halbsträucher oder Stauden. Die gelben, fünfzähligen Blüten erscheinen in endständigen Trugdolden oder Rispen. Sie gedeihen in jedem nicht zu schweren, ja sogar in steinigem Boden. Man pflanzt Johanniskräuter in größeren Gruppen oder in zusammenhängenden Flächen als Bodendecker.

Hypericum calycinum, das Immergrüne Johanniskraut, ein immergrüner, sich durch unterirdische Ausläufer stark ausbreitender, bis 30 cm hoher Halbstrauch mit vierkantigen Zweigen. Blüten erscheinen von Juli bis September, sie sind leuchtendgelb, 7 - 8 cm breit, meist einzeln, die Staubbeutel rötlich gefärbt. Die Pflanze friert in kalten Wintern häufig zurück, muß dann bis zum Boden zurückgeschnitten werden.

▽ **Hypericum calycinum**

■ INULA

Alant

Standort: halbschattig bis sonnig; kalkhaltiger, sandiger Boden
Wuchshöhe: 25 - 180 cm, je nach Art
Blütezeit: Juli - September, je nach Art
Vermehrung: durch Teilung oder Aussaat

Vom Alant sind über 100 Arten bekannt, die in Europa und Asien heimisch sind. Sie gehören zur Familie der Korbblütler (*Compositae*) und sind buschige Stauden.

Inula ensifolia, der Zwergalant, bildet Kugelbüsche von etwa 25 cm Höhe mit dunkelgrünen Blättern. Von Juli bis August erscheinen die kleinen, gelben Blüten.

Inula helenium, der Echte Alant, wird bis zu 180 cm hoch. Die großen gelben Blüten bilden im Juli bis August eine Doldentraube.

Inula magnifica, der Riesenalant, wird etwa 150 cm hoch. Die lockere Blütendolde besteht aus bis zu 12 cm großen, goldgelben Strahlenblüten, die sich im Juli bis August öffnen.

Inula orientalis wird 60 cm hoch. Auf den unverzweigten Stengeln sitzen einzelne, bis 9 cm große, orangegelbe Blüten. Blütezeit Juni bis Juli.

▽ **Inula magnifica**

Heuchera x brizoides, das Purpurglöckchen, ist eine anspruchslose Staude, die auch noch in sonnigeren Bereichen willig gedeiht. Der Handel bietet eine Reihe von interessanten Sorten.

Hypericum calycinum, das Johanniskraut, gehört strenggenommen nicht zu den Stauden, sondern zu den Halbsträuchern. In strengen Wintern können die Pflanzen zurückfrieren, treiben aber im Frühjahr nach einem Rückschnitt wieder kräftig aus.

Inula magnifica, der Riesenalant, besticht durch seine eindrucksvolle, dominante Pflanzengestalt. Auch für ihn gilt, daß er bei ausreichender Bodenfeuchte ruhig auch etwas sonniger stehen darf.

Lamium maculatum, die Gefleckte Taubnessel, bedeckt oft größere Flächen im Gehölzbereich und ist problemlos in der Pflege. Im Handel werden verschiedene Sorten angeboten.

Lamium orvala, die Großblütige Taubnessel, die eine Höhe bis 60 cm erreicht, ist weniger bekannt als die Gefleckte Taubnessel. Sie bildet sich durch Ausläufer zügig aus und eignet sich ebenfalls als Flächendecker.

Lathyrus latifolius, die Staudenwicke, gehört zu den wertvollen Wildstauden und eignet sich sehr gut als Schnittblume. Empfehlenswert ist insbesondere die Sorte 'Rosa Perle'.

◾ LAMIUM

Taubnessel

Standort: halbschattig bis schattig; durchlässiger Boden
Blütezeit: Mai - Juni
Wuchshöhe: 15 - 60 cm
Vermehrung: durch Teilung

Zur Verwandtschaft der Taubnessel aus der Familie der Lippenblüter (*Labiatae*) gehören rund 40 Arten - einjährige Kräuter oder ausdauernde Stauden - die in Europa, Nordafrika und Asien zu Hause sind. Typische gemeinsame Merkmale sind vierkantige Stengel, mehr oder weniger herzförmige, gezähnte oder gekerbte Blätter und weiße, gelbe oder purpurfarbene Blüten mit helmförmiger Oberlippe. Die beschriebenen Arten breiten sich durch Ausläufer aus und finden meist als Bodendecker Verwendung. Goldnessel, Taubnessel und Großblütige Taubnessel eignen sich zum Verwildern in größeren Gärten, die Gefleckte Taubnessel, insbesondere die schwachwüchsigen Sorten, passen in den Vordergrund eines Staudenbeetes oder als Bodendecker zu Farnen, Astilben, Lerchensporn, Lungenkraut und Silberkerzen.

Lamium galeobdolon, die Goldnessel, breitet sich ebenfalls stark aus und ist deshalb nur für größere Gärten zu empfehlen. Besonders zum Wuchern neigt die weit verbreitete Sorte 'Florentinum', die sich mit silbrig gefleckten Blättern schmückt.

Lamium maculatum, die Gefleckte Taubnessel, wächst dagegen vergleichsweise langsam. Sie trägt im Frühsommer purpurrote, rosafarbene oder weiße Blüten und wird nur knapp 20 cm hoch. In den Staudengärtnereien werden mehrere Sorten angeboten: 'Album', mit weißen Blüten und stark silbrig gezeichnetem Laub; 'Argenteum', mit purpurvioletten Blüten und hell geflecktem Laub; 'Chequers', eine auffallend reich blühende Sorte mit breiten Silberstreifen auf den Blättern; 'Aureum', kompakt wachsend mit gelblichem Laub; 'Roseum', rosa Blüten und gedrungener Wuchs, sowie 'Silbergroschen' ('Beacon Silver'), deren Blätter bis auf einen schmalen grünen Rand silbrig schimmern.

Lamium orvala, die Großblütige Taubnessel, hat als Gartenpflanze bisher leider nur wenig Beachtung gefunden. Sie trägt dunkelgrünes Laub und altrosa Blüten und wird mit 40 - 60 cm Wuchshöhe deutlich größer als die anderen Arten.

Pflegetips. Taubnesseln sind recht anspruchslos. Sie gedeihen an fast jedem Platz und in jedem Boden; nur pralle Sonne und zu schwere, nasse Erde schätzen sie nicht. Vermehrt wird durch bewurzelte Ausläufer, die im Herbst oder Frühjahr von der Mutterpflanze abgetrennt werden.

▽ *Lamium maculatum*

▽ *Lamium orvala*

◾ LATHYRUS LATIFOLIUS

Staudenwicke

Standort: halbschattig; nährstoffreicher, durchlässiger Boden mittlerer Feuchte
Wuchshöhe: bis 200 cm
Blütezeit: Juli - September
Vermehrung: durch Teilung oder Aussaat

Die Gattung *Lathyrus* gehört zur Familie der Schmetterlingsblütler (*Leguminosae*). Die verschiedenen Arten stammen aus Europa und Asien. Eine weitere Art wird im Kapitel »Stauden für den Schatten« vorgestellt.

Lathyrus latifolius, die Staudenwicke, ist eine ausdauernde Kletterpflanze. Sie erreicht eine Höhe bis 2 m, in günstigen Lagen sogar bis 3 m. Die rosafarbenen Blüten sitzen in Trauben und erscheinen von Juli bis September. In ihrem Aussehen ähneln sie der Wohlriechenden Wicke (*L. odoratus*), nur daß ihnen der Duft fehlt. Die Blätter sind eiförmig bis lanzettlich. Die Staudenwicke eignet sich besonders zum Beranken von Drahtzäunen. Zur Benachbarung haben sich Fuchsbohne, die Knäuelglockenblume oder die Königskerze bewährt.

Pflegetips. Die Staudenwicke bevorzugt den lichten Gehölzschatten und nährstoffreiche, durchlässige Böden.

▽ *Lathyrus latifolius*

LIGULARIA

Kreuzkraut

Standort: halbschattig bis sonnig; feuchter Boden
Wuchshöhe: 80 - 200 cm, je nach Art
Blütezeit: Juli - September
Vermehrung: durch Teilung oder Aussaat

Das östliche Asien ist die Heimat dieser prächtigen Staude aus der Familie der Korbblütler (*Compositae*). Die Gattung zählt etwa 80 Arten. Sie fallen durch große, dekorative Blätter und bis mannshohe, leuchtendgelbe Blütenstände auf, die sich zwischen Ende Juni und September über den üppigen Blatthorsten erheben.

Ligularia dentata (teilweise noch unter dem früheren Namen *L. clivorum* geführt) besitzt große, rundliche, gezähnte Blätter, die schon für sich allein eine beachtliche Wirkung erzielen. Im Spätsommer erscheinen an 100 - 150 cm hohen, kräftigen Stielen ansehnliche Dolden großer, goldgelber, margeritenartiger Blüten. Die bekannteste Sorte ist 'Desdemona' mit rötlichgetönten Blättern und orangegelben Blüten. Andere wertvolle Formen sind: 'Orange Queen', 150 cm hoch, grünes Laub; 'Moorblut', 80 cm hoch, rötliches Laub; 'Sommergold', ein ebenfalls niedriger, gedrungener Typ, jedoch mit grünen Blättern.

Ligularia x hessei entstand durch eine Kreuzung von *L. dentata* mit *L. wilsoniana* und zeichnet sich durch besondere Wüchsigkeit aus. Die im Juli erscheinenden kolbenartigen Blütenstände erreichen eine Höhe von bis zu 180 cm.

Ligularia przewalskii hat handförmige, tiefeingeschnittene Blätter und bringt ab Mitte Juli goldgelbe Blütenspeere an dunkelgetönten, 120 -150 cm hohen, drahtigen Stielen hervor. Sehr elegante Form.

Ligularia stenocephala erkennt man an dem breit-pfeilförmigen, am Rand gezähnten Blattwerk und den rotbraunen Stielen. Im Juni/Juli eröffnet sie den Blütenreigen mit dichten, sonnengelben Blütentrauben. Wuchshöhe: 120 cm. Etwas starkwüchsiger (180 cm hoch) ist die leuchtendgelbe Sorte 'The Rocket' mit langer Blütezeit.

Ligularia wilsoniana ist mit 200 cm Wuchshöhe der Goliath unter den Ligularien. Die wuchtigen, pyramidenförmigen Blütenstände erscheinen von August bis September über dem herz- bis nierenförmigen Kraut.

Pflegetips. Das Kreuzkraut braucht sehr viel Feuchtigkeit und kräftigen, lehmig-humosen Boden, verträgt dann aber auch einen sonnigeren Standort. Rechtzeitig mit der Schneckenbekämpfung beginnen. Die Vermehrung der Arten ist durch Samen möglich. Sorten muß man dagegen im Herbst oder Frühjahr teilen.

LYSIMACHIA

Felberich

Standort: halbschattig bis sonnig; feuchter Boden
Wuchshöhe: 5 - 80 cm
Blütezeit: Juni - August
Vermehrung: durch Teilung

Eine vielgestaltige Gattung aus der Familie der Primelgewächse (*Primulaceae*). Es handelt sich um meist ausdauernde Stauden, die mit annähernd 200 Arten verbreitet sind.

Lysimachia clethroides, der Schneefelberich, ist eine 80 cm hohe Art. Die kleinen, weißen Blütensterne im Juli bis August sind in 20 - 30 cm langen, leicht geneigten Ähren angeordnet.

Lysimachia nummularia, das Pfennig- oder Münzkraut, ist ein vorzüglicher Bodendecker. Wuchshöhe bis 5 cm. Die goldgelben Blüten erscheinen von Mai bis Juli. Eine wertvollen Wildstaude.

Lysimachia punctata, der Goldfelberich, breitet sich ebenfalls durch Ausläufer aus, wird aber 60 - 90 cm hoch. Die gelben Blüten öffnen sich zwischen Juni und August.

Pflegetips. Das Pfennigkraut ist ein schnittverträglicher Bodendecker an feuchten bis frischen Plätzen. Vermehrung durch bewurzelte Ausläufer im Frühjahr.

Ligularia przewalskii, das Kreuzkraut, zählt zu den eindrucksvollsten Stauden des Halbschattens. Das Kreuzkraut eignet sich auch zur Verwendung in Einzelstellung.

Lysimachia clethroides, der Schneefelberich, ist an seinen typischen, gebogenen Blütenschwänzen zu erkennen und benötigt in rauhen Lagen zuweilen einen leichten Winterschutz. Die starkwüchsigen Pflanzen kommen in größeren Gruppen am besten zur Geltung.

▽ *Ligularia przewalskii*

▽ *Lysimachia clethroides*

Physalis franchetii, die Lampionblume, hat ihren deutschen Namen nicht der Blüte zu verdanken. Zu sehen sind die ballonartigen Kelchhüllen der Früchte, die in der Regel ab September erscheinen.

Polygonum amplexicaule, der Kerzen-Knöterich, eignet sich zur Bepflanzung von halbschattigen Böschungen und Flächen. Bevorzugt werden dabei eher feuchte Standorte.

◼ PHYSALIS FRANCHETII

Lampionblume

Standort: halbschattig bis sonnig; lehmig-humoser Boden
Wuchshöhe: 50 - 75 cm
Blütezeit: Sommer
Vermehrung: durch Teilung oder Aussaat

Die Lampionblüte ist eine altbekannte, ausdauernde Staude, deren auffallendstes Merkmal die großen, ballonartigen Früchte sind. Die Gattung aus der Familie der Nachtschattengewächse (*Solanaceae*) besteht aus rund 100 einjährigen und mehrjährigen Arten, von denen allerdings nur eine einzige, nämlich *Physalis franchetii*, als Zierpflanze Bedeutung hat. Sie ist in Japan zu Hause und wird je nach Standort 50 - 75 cm hoch. Die kleinen, weißen Blüten erscheinen im Sommer in den Blattachseln, sind aber sehr unscheinbar. Um so mehr fallen die sich daraus entwickelnden orangeroten Früchte auf. Besonders dekorativ wirken sie im Spätherbst, wenn sich das dreieckige Laub gelb verfärbt, oder noch später, wenn sie an den unbeblätterten Stengeln prangen.

Pflegetips. Die Lampionblume gedeiht im Halbschatten und auch in der Sonne in jedem normalen, durchlässigen Gartenboden. Vermehrung durch Teilung, Aussaat oder Ausläuferschnittlinge.

▽ *Physalis franchetii*

◼ POLYGONUM

Knöterich

Standort: halbschattig bis sonnig; nasser, sumpfiger ebenso wie steiniger, harter Boden
Wuchshöhe: 40 - 150 cm
Blütezeit: März - Oktober
Vermehrung: durch Aussaat oder Teilung

Die zur Familie der Knöterichgewächse (*Polygonaceae*) gehörende Gattung hat mit ihren etwa 150 bekannten Arten eine große Formenvielfalt. Ihnen allen gemeinsam sind die wechselständigen Blätter, die am Grund mit einer tütenförmigen, den Stengel umgebenden Scheide versehen sind.

Polygonum amplexicaule, Kerzen-Knöterich. Eine buschig wachsende Staude mit dichtem Laub bis 150 cm Höhe und Blütenkerzen von Juni bis September. Die Pflanzen brauchen frischen, feuchten Boden und lassen sich gut teilen.

Reynoutria japonica 'Compacta' (früher *Polygonum compactum*) stammt aus Japan und wird nur 40 - 60 cm hoch. Im Garten erfreut sie nicht nur durch ihren hübschen roten Fruchtschmuck im Herbst, sondern ist als wertvolle Wildstaude auch gut geeignet als Vor- und Zwischenpflanzung bei Gehölzen. Die Sorte 'Roseum' hat weißlichrote Blütenrispen und korallenrote Früchte.

▽ *Polygonum amplexicaule*

◼ PRIMULA

Primel

Standort: halbschattig
Wuchshöhe: 10 - 40 cm, je nach Art
Blütezeit: April - August
Vermehrung: durch Aussaat oder Teilung

Einige Arten der Gattung *Primula* sind beliebte Zimmer-, viele wertvolle Freilandpflanzen. Um eine Übersicht über die große Zahl von Arten zu bekommen, wurde die Gattung *Primula* in verschiedene Sektionen eingeteilt. In einer Sektion werden Arten zusammengefaßt, die nahezu den gleichen Blatt- und Blütenaufbau haben sowie die gleichen Ansprüche an die Umweltverhältnisse stellen. Im folgenden werden Sektionen und Arten vorgestellt, die sich für einen halbschattigen Standort eignen. Weitere Arten und Informationen finden Sie im Kapitel »Beetstauden«.

Sektion Candelabra – Etagenprimel
Etwa 30 Arten sind in den Gebirgen Südwestchinas, Sikkims, Assams, Bhutans, Japans und Sumatras heimisch. Sehr einheitliche Gruppe. In Quirlen angeordnete, etagenförmig gestellte Blüten. Blätter groß, sommer- oder immergrün. Alle Arten, mit Ausnahme von *Primula cockburniana*, sind ausdauernde Stauden. Der Standort soll halbschattig sein. Auch normale Gartenerde ist gut geeignet. Während des Sommers reichlich mit Wasser versorgen, Staunässe vermeiden. Verwendung als Gruppenpflanze für halbschattige und schattige Lagen. Für naturnahe Pflanzungen in Verwendung mit Gehölzen und Stauden. Blütezeit Juni bis August. Vermehrung durch Aussaat oder Teilung.

Primula beesiana, Blüten in 5 - 8 Quirlen, lila-purpurn bis rosa-karmin. Auge gelb oder orange. Stengel und Kelch bemehlt. Höhe 60 - 100 cm. Blütezeit Juni bis Juli.

Primula bulleyana, Blüten in 5 bis 7 Quirlen, orangegelb bis orangerot, unbemehlt. Höhe 40 - 70 cm. Blätter sommergrün. Blütezeit Juni bis Juli.

Primula japonica, Blüten in 4 - 6 Quirlen, Blüten karminrot, purpurrot, rosa. Bemehlung nur auf der Innenseite der Kelche. Höhe 50 - 70 cm. Blütezeit Mai bis Juni. Viele Sorten, davon bekannt 'Atropurpurea', tief karminrot, 'Firy Red', leuchtend hellrot, 'Postford White', reinweiß.

Sektion Cortusoides

Die Sektion umfaßt 23 Arten. Es sind anspruchslose Arten, die halbschattige Lagen und lockeren, feucht-humosen Boden lieben. Bei guten, frischen Böden wachsen sie aber auch in sonnigen Lagen. Die Blätter sind runzelig, haarig, weich und unbemehlt. Die Blütenfarbe ist bei allen Arten rosa bis rötlich. Sie eignen sich für Naturgärten, Pflanzung an Gehölzrändern sowie zwischen Rhododendren. Blütezeit ist April bis Juni. Vermehrung durch Aussaat. Sorten von *P.sieboldii* durch Teilung oder Rhizomschnittlinge. Bei günstigen Standortverhältnissen auch Selbstaussaat möglich.

Primula polyneura (P.veitchii), Blütenfarbe von Rosa bis Karminrot schwankend, mit grünlichgelbem bis orangenem Auge. Blütenschaft 20-30 cm hoch, rauhhaarig, mit 2, selten 3, zwei- bis zwölfblütigen Quirlen. Blätter bis 16 cm lang, weniger oder stark flaumig. Blütezeit Mai bis Juni. Für kalkhaltige Böden, naturnahe Pflanzungen.

Primula sieboldii, Blütenblätter glatt oder unterschiedlich gefranst oder gelappt. Blütenfarbe rot, lila, hell- bis dunkelrosa oder weiß. Blütenstiele 20 - 30 cm hoch mit bis zu 15 Blüten. Blütezeit Mai bis Juni. Blätter sterben nach der Blüte ab. Frische, feuchte Böden, jährlich mulchen.

Sektion Denticulata – Kugelprimel

Die Sektion hat nur 5 Arten, die in Asien beheimatet sind. Eine sehr schöne Gruppe mit kugeligen Blütenständen und mehr oder weni-

△ *P. polyneura*

△ *P. bulleyana*

△ *P. helodoxa*

▽ *P. pulverulenta*

▽ *P. malacoides*

▽ *P. vialii*

▽ *P. 'Wine Lady'*

▽ *P. sieboldii*

▽ *P. 'Craddock White'*

▽ *P. dentic.* f. *alba*

▽ *P. bhutanica*

▽ *P. sikkimensis*

Primula polyneura eignet sich für kalkhaltige Standorte.

Primula bulleyana wirkt besonders hübsch, wenn man sie in kleinen Gruppen pflanzt.

Primula helodoxa besticht durch die in mehreren Ebenen angeordneten, gelben Blütenkränze.

Primula pulverulenta kann beachtliche Wuchshöhen erreichen.

Primula malacoides wirkt auch in Einzelstellung.

Primula vialii eignet sich für absonnige Steinanlagen.

Primula sieboldii 'Wine Lady' zeichnet sich durch ihre helle, rosafarbene Blüte aus.

Primula sieboldii benötigt frische bis feuchte Böden und ist ansonsten eher anspruchslos.

Primula 'Craddock White' besticht durch den Kontrast der reinweißen Blüten zu den kräftiggrünen Blättern.

Primula denticulata f. *alba* ist eine Form der Kugelprimel, die sich durch die weißen Blüten auszeichnet.

Primula bhutanica zählt zu den niedrig bleibenden Primeln.

Primula sikkimensis hat schwefelgelbe Blüten und wird bis zu 50 cm hoch.

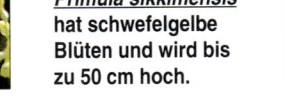

Prunella grandiflora, die Große Braunelle, erreicht immerhin eine Höhe bis 30 cm. Eine Mischung aus weißen und rosafarbenen Sorten wirkt am schönsten.

ger aufgerichteten Blüten. Sie gedeihen am besten in nicht zu schweren, humusreichen Gartenböden in halbschattiger Lage, wachsen aber auch in voller Sonne, wenn sie genügend Wasser bekommen. Blütezeit März bis Mai. Vermehrung durch Aussaat, Teilung oder Wurzelschnittlinge. Häufig Selbstaussaat.

Primula denticulata, sehr bekannte Frühlingsprimel. Die Blütenfarbe reicht von Hell- bis Dunkellila, Weiß, Rosa und Rot. Die Blütenstiele werden 30 - 40 cm lang. Die Blätter entwickeln sich erst während der Blüte und werden bis zu 50 cm lang. Viele Auslesen und Sorten bekannt, so die Sorten 'Alba', weiß, 'Cachemiriana Rubin', rotviolett, 'Grandiflora', rosa bis lila und violett sowie viele andere mehr.

Sektion Sikkimensis – Sumpfprimel
Harte, asiatische Primeln, die in Nepal, Sikkim, Bhutan, Tibet, Yünnan und Nordwest-Birma heimisch sind. 11 bis 13 Arten gehören zu dieser Sektion. Die Blüten sind trichterförmig und nickend, bei manchen Arten mit flachem Saum. Fast alle Arten duften stark. Blütezeit Juni bis Juli. Für sonnige bis halbschattige Lagen mit humosem, durchlässigem Boden.

Primula florindae, Blüten trichterförmig, schwefelgelb. Blütenstände 80 - 100 cm hoch. Blüten in 1 - 2 Quirlen angeordnet. Einzelne Dolden haben 40 - 80 Blüten. Im oberen Teil des Blütenstandes stark weiß oder gelb bemehlt. Blütezeit Juni bis August. Wertvolle Wildstaude. Bekannte Sorten 'Keillour Hybriden', mit satten Gelbtönen, 'Rote Auslese', mit auffallenden roten Farbtönen.

Primula sikkimensis, Blüten schwefelgelb, trichterförmig. Blütenstiele 50 - 60 cm hoch. Blütendolden mit 10 - 30 Blüten. Blütenschaft und -kelche bemehlt. Blütezeit Juni bis Juli. Wertvolle Wildstaude für naturnahe Pflanzung. Im Sommer für ausreichende Feuchtigkeit sorgen. Zweifarbige Hybriden sind bekannt.

▮ PRUNELLA

Braunelle

Standort: halbschattig bis sonnig; feuchtfrischer Gartenboden
Wuchshöhe: 20 - 30 cm
Blütezeit: Juni - September
Vermehrung: durch Aussaat, Teilung oder Ausläufer

Die Braunelle gehört zur Familie der Lippenblütler *(Labiatae).* Die kreuzweise gegenständigen Blätter sind meist eiförmig, leicht gekerbt und kurz gestielt. Ihr Wuchs ist kriechend, die kleinen blauen Lippenblüten stehen dicht in endständigen Scheinähren.

▽ *Prunella grandiflora*

Prunella grandiflora, die Große Braunelle, hat blauviolette oder rötliche Blütenähren – bei dieser Art besonders groß (bis 2,5 cm lang). Die Art wird etwa 30 cm hoch und ist eine Wiesenpflanze, die trockene Wärme liebt. Während der Blütezeit von Juni bis August wird sie gern von Hummeln und Bienen besucht. Für die Gartenkultur sind 2 Sorten entwickelt worden, 'Alba' mit reinweißen Blüten und 'Loveliness' in Farbtönen von Lila bis Zartrosa.

Prunella x *webbiana.* Diese durch Kreuzung entstandene, nur etwa 20 cm hoch wachsende Art hat große, violette Blüten und ist eine wertvolle Wildstaude. Die Sorte 'Rosea' hat rosarote Blüten.

■ STACHYS

Ziest

Standort: halbschattig bis sonnig; normale Gartenerde, möglichst kalkhaltig
Wuchshöhe: 30 - 40 cm
Blütezeit: Juni - September
Vermehrung: durch Aussaat oder Teilung

Zur Gattung Ziest aus der Familie der Lippenblütler *(Labiatae)* gehören etwa 200 Arten. Manche davon sind bei uns heimisch, andere sind züchterisch ausgewählt und bearbeitet worden. Sie wachsen fast überall in Europa und manche Arten auch im Orient und in den Subtropen. Stengel und Blätter sind meist mehr oder weniger stark behaart; die Blüten bilden eine endständige Scheinähre und werden gerne von Hummeln besucht.

Stachys densiflora. Diese etwa 30 cm hoch werdende Art bildet dichte Horste aus dunkelgrünem Laub, über denen ab Juni kompakte kurze Ähren aus tiefrosa Blütchen stehen.

Stachys grandiflora. Von ihr gibt es die Sorte 'Superba' mit purpurrosa Blütenquirlen, die sehr reich und lange blüht. Die Pflanzen werden etwa 40 cm hoch und können an einem sonnigen bis halbschattigen Platz stehen.

▽ *Stachys grandiflora*

■ THALICTRUM

Wiesenraute

Standort: halbschattig; nährstoffreicher, frischer Boden
Wuchshöhe: 40 - 180 cm, je nach Art
Blütezeit: Mai - August, je nach Art
Vermehrung: durch Teilung

Die Wiesenraute ist in Europa und Westchina verbreitet und gehört zur Familie der Hahnenfußgewächse *(Ranunculaceae).*

Thalictrum aquilegifolium, die Akeleiblättrige Wiesenraute, erreicht eine Höhe bis 100 cm und bringt von Mai bis Juli zarte, lila Blüten hervor, die in verzweigten Rispen angeordnet sind. Die dreigeteilten Blätter erinnern stark an Akelei. Man verwendet die Pflanzen gerne im lichten Schatten vor Gehölzen oder Mauern. Dabei gilt, daß mit zunehmender Sonne auch die Bodenfeuchtigkeit steigen sollte. Die Art gehört zu den besonders wertvollen Wildstauden.

Thalictrum dipterocarpum erreicht bei uns die stattliche Höhe von 180 cm. Die rosa bis hellvioletten Blüten zeigen sich im Juni bis Juli und sind in lockeren Rispen angeordnet. Sie eignen sich zur Verwendung vor Gehölzen und im kühlen Schatten von Mauern. Dabei werden frische bis feuchte, bodensaure Standorte bevorzugt.

▽ *Thalictrum aquilegifolium*

Stachys grandiflora, den Ziest, sollte man nur zu mehreren verwenden. Die buschigen Pflanzen zählen zu den besonders wertvollen Wildstauden.

Thalictrum aquilegifolium, die Akeleiblättrige Wiesenraute, kennt man von den heimischen Wald- und Heckensäumen. Die Blüten erscheinen in vielästigen Rispen.

Viola odorata 'Alba' ist die weiß blühende Sorte des Wohlriechenden Veilchens. Diese Veilchenart breitet sich flächig aus.

Viola tricolor, das Gewöhnliche Stiefmütterchen, wächst ausdauernd und ist verträglicher als die großblütigen Verwandten, die meist nur zweijährig kultiviert werden.

Viola pedata besticht mit seiner lilafarbenen, selten weißen, in der Mitte gelben Blüte und den schmalen, ganzrandigen Blättern.

Viola odorata, das Duftveilchen, verströmt bereits im März herrliche Düfte und ist allein aus diesem Grund eine Bereicherung für jeden Garten.

■ VIOLA

Veilchen

Standort: halbschattig; humoser, frischer Boden
Wuchshöhe: 10 - 30 cm
Blütezeit: März - September, je nach Art
Vermehrung: durch Aussaat oder Teilung

Die verschiedenen Arten dieser Gattung sind fast auf dem gesamten Erdball zu finden. Die niedrigen Kräuter sind bewährte Kulturpflanzen und gehören zur Familie der Veilchengewächse (*Violaceae*), deren einzige Vertreter sie sind. Die heimischen Veilchenarten wachsen häufig im Wald oder am Rand von Wäldern, aber auch auf Wiesen, Äckern, Heiden, in Sumpf und Moor, bis hinauf ins Gebirge. Veilchen haben langgestielte, herz- oder eiförmige Blät-ter; die aus den Blattachseln wachsenden, langgestielten Blüten stehen einzeln oder zu zweit. Die Blüte besteht aber immer aus 5 Kronblättern, deren mittleres, unteres Blatt mit einem Sporn versehen ist. Abgesehen von den Blau-, Violett-, Gelb- und Weißtönen der reinen Arten, gibt es eine breite Palette an Farbkombinationen und -nuancen bei den vielen Gartenformen. Eine weitere Art wird im Kapitel »Beetstauden« vorgestellt.

Viola labradorica, Labrador-Veilchen. Diese Art sollte an den Gehölzrand gepflanzt werden. Sie wird nur 15 cm hoch, trägt ab April porzellanblaue Blüten und hat herzförmige, dunkelgrüne Blätter, die purpurviolett überlaufen sind. Da sie sich über Ausläufer ausbreitet, kann man sie als Bodenbedecker am Gehölzrand wachsen lassen.

Viola odorata, Wohlriechendes Veilchen oder Märzveilchen. Diese beliebte Pflanze und Symbol des Frühlings war ursprünglich in Süd- und Mitteleuropa beheimatet, ist aber schon sehr lange auch in unseren Gärten und verwildert in Gebüschen und an Waldrändern anzutreffen. Die breit-eiförmigen Blätter stehen in Rosetten und entwickeln sich aus einem zähen Wurzelstock. Die Blüten sind dunkelviolett und duften. Die Pflanzen bilden sich bewurzelnde Ausläufer. Für den Garten gibt es die Sorte 'Königin Charlotte' mit sehr üppigem Flor, der sich auch zum Schnitt eignet.

Pflegetips. Die hier vorgestellten Veilchen fühlen sich im Halbschatten am wohlsten, möglichst nah in Verbindung mit Gehölzen. Die Pflanzen können zur Vermehrung geteilt werden oder im Herbst bzw. zeitigen Frühjahr ausgesät werden.

▷ *Viola odorata*

▽ *Viola tricolor*

▽ *Viola pedata*

▽ *Viola odorata* 'Alba'

Sonnenstauden gedeihen optimal auf gehölzfreien Flächen in der vollen Sonne. Die Pflanzen, die diesen Lebensraum brauchen, gehören entweder dem Wildstaudensortiment an oder sind nur geringfügig züchterisch verändert. Die Ansprüche an die Bodenverhältnisse sind jedoch ganz unterschiedlich und reichen von trocken bis eher frisch. Wichtig ist nur, daß alle Pflanzen genug Sonne abbekommen. Vereinzelte Sträucher können durchaus als gestalterisches Element eingesetzt werden. Als Verwendungsbereiche bieten sich sonnige Freiflächen wie Blumenwiesen oder Steppenheiden an, die Grenzen zum Wasser- und zum Steingarten sind fließend.

Schafgarbe, Nachtkerze und Salbei sind wichtige Stauden, die sich auf Freiflächen in der vollen Sonne so richtig wohl fühlen.

Achillea-Hybride 'Hoffnung' weist einen besonders ausgeprägten Blütenstand auf, bei dem Einzelblüten noch sehr gut zur Geltung kommen.

Adonis vernalis, das Adonisröschen, bevorzugt als besonders wertvolle Wildstaude vollbesonnte Hänge und Terassenbereiche. Die Art steht unter Naturschutz.

ACHILLEA

Schafgarbe

Standort: sonnig; durchlässiger, warmer Boden
Wuchshöhe: 15 - 120 cm
Blütezeit: Juni - September
Vermehrung: durch Teilung

Die Schafgarbe zählt zur großen Familie der Korbblütengewächse *(Compositae)* und ist mit rund 100 Arten überwiegend in Europa und Kleinasien zu Hause. Hier werden die Arten vorgestellt, die einen freien, vollsonnigen Standort, der nicht unmittelbar von Gehölzen beeinflußt ist, benötigen. Weitere Arten finden Sie in den Kapiteln »Beetstauden« und »Stauden für den Steingarten«.

Achillea millefolium, unsere heimische Schafgarbe, hat sehr feines, gefiedertes Blattwerk und einen kriechenden Wurzelstock. Das Sortiment enthält Rot- und Rosatöne, Weiß und Gelb. Rot blühen 'Sammetriese' (90 cm hoch) und 'Kelway' (60 cm); gelb: 'Hoffnung' und 'Schwefelblüte' (beide 60 cm hoch); rosa: 'Lachsschönheit'; weiß die Art selbst. Ihre Blütezeit ist Juni bis August.

Achillea ptarmica, die Bertramsgarbe, hat schmal lanzettliche, frischgrüne Blätter und zahlreiche kleine, weiße Blüten an kniehohen, verzweigten Stengeln. 'Schneeball' ist die bekannteste Sorte, mit gefüllten Blüten im Juli bis August.

Achillea taygetea hat auffallend hellgraugrünes Laub und schwefelgelbe Blütendolden auf 40 cm hohen Stielen. Besonders zu empfehlen ist die Sorte 'Moonshine'.

Pflegetips. Stets die verwelkten Blüten entfernen. Gut zur Geltung kommen die Pflanzen in Verbindung mit Staudensalbei, Gräsern, Pfirsichblättrigen Glockenblumen in vollsonnigen Staudenanlagen.

ADONIS

Adonisröschen

Standort: sonnig bis halbschattig
Wuchshöhe: 20 - 30 cm
Blütezeit: Februar - April
Vermehrung: durch Teilung oder Aussaat

Aparte, zierliche Vorfrühlingsblüher aus der Familie der Ranunkelgewächse *(Ranunculaceae)*. Etwa 20 ausdauernde und einjährige Arten sind in Europa und Asien verbreitet.

Adonis amurensis, das asiatische Adonisröschen, öffnet bereits im Februar/März seine goldgelben Blütenschalen, noch bevor das feingefiederte Laub erscheint.

Adonis vernalis, das europäische Adonisröschen, blüht später, sieht der vorhergehenden Art aber auf den ersten Blick sehr ähnlich. Das feinzerteilte Blattwerk bleibt bis in den Herbst grün.

Pflegetips. Während *A. vernalis* am besten an warm-sonnigen Plätzen in durchlässiger, kalkhaltiger Erde gedeiht, zieht *A. amurensis* eher halbschattige Standorte mit frischer, sandig-humoser und vor allem saurer Erde vor. Die Pflege der Adonisröschen ist nicht sehr aufwendig: Die Pflanzstelle von *A. amurensis* jeden Herbst zwei Finger breit mit Laubkompost oder Rhodohum abdecken.

▽ *Achillea*-Hybride 'Hoffnung'

▽ **Adonis vernalis**

ANCHUSA AZUREA

Ochsenzunge

Standort: sonnig; nährstoffreicher Boden
Wuchshöhe: 45 - 150 cm
Blütezeit: Juni - August
Vermehrung: durch Wurzelschnittlinge

Die aus dem Mittelmeergebiet stammende, winterharte, aber kurzlebige Staude war früher unter dem Namen *Anchusa italica* bekannt. Die rauhen, lanzettlichen Blätter und die Blüten in leuchtendem Blau verraten die Verwandtschaft mit den Borretsch- oder Rauhblattgewächsen *(Boraginaceae)*. Sie erscheinen, in bis zu 150 cm hohen, verzweigten Rispen angeordnet, zwischen Mai und Juli. Zu den schönsten Sorten, die sich vor allem durch die Wuchshöhe unterscheiden, zählen 'Dropmore' (100 bis 120 cm), 'Loddon Royalist' (100 cm), 'Morning Glory' (bis 150 cm), 'Opal' (120 cm, hellblaue Blüten) und die kleine 'Little John' (45 - 60 cm).

Pflegetips. Hohe Sorten muß man rechtzeitig abstützen. Ein Rückschnitt nach der Blüte fördert Neutrieb und Nachblüte. Vor Winterbeginn nochmals bis zum Boden zurücknehmen. Gute Nachbarn sind Orientalischer Mohn, Goldfelberich und Bartiris. Vermehrung durch Wurzelschnittlinge im Februar.

 ANTENNARIA DIOICA

Katzenpfötchen

Standort: sonnig; sandig-trockener Boden
Wuchshöhe: 10 - 15 cm
Blütezeit: Mai
Vermehrung: durch Teilung und Aussaat

Europa, Asien und Nordamerika sind die Heimat dieses silbergraulaubigen Korbblütengewächses *(Compositae)*. Es gehört zu den sehr wertvollen Wildstauden. Mit seinen Ausläufern bildet es dichte Matten, aus denen sich im Mai die 10 - 15 cm hohen Blütenstiele erheben. Bekannte Gartensorten sind 'Rubra' mit karminroten Blüten sowie 'Rosea' und 'Nyewood' mit rosafarbenen Blüten.

Antennaria dioica verlangt volle Sonne und trockene, magere, kalkhaltige Böden, dann prägt sich der reizvolle Silberton der Blätter am stärksten aus. Im Winter muß man die Staude vor Nässe schützen. Am besten zur Geltung kommt das Katzenpfötchen in offenen, trockenen Lagen oder südexponierten Hängen, z.B. in Kombination mit Thymian, Grasnelken, Sonnenröschen und *Veronica incana*. Vermehrt wird durch Teilung im März oder April. Zu erwähnen sind noch zwei weitere Arten: *Antennaria aprica* mit weißer Blüte und *A. tomentosa* mit weißlichrosa Blüten.

ANTHERICUM LILIAGO

Graslilie

Standort: sonnig; durchlässiger Boden
Wuchshöhe: bis 50 cm
Blütezeit: Mai - Juni
Vermehrung: durch Teilung oder Aussaat

Etwa 50 Arten umfaßt die Gattung der Graslilie aus der Familie der Liliengewächse *(Liliaceae)*, darunter ausschließlich winterharte Gewächse. Das in Europa heimische *Anthericum liliago* ist die einzige wichtige Art für den Garten. Im Mai bis Juni schieben sich 50 cm lange, zarte, mit weißen Blütensternen besetzte Rispen aus Büscheln graugrüner, grasartiger Blätter. Eine besonders großblumige Form ist 'Grandiflora'. Graslilien empfehlen sich neben offenen Wildstaudenpflanzungen auch für Steingärten und für den Schnitt – zusammen mit Gräsern, Kamille und niedrigem Ehrenpreis werden sie zu wunderschönen, duftigen Sträußen.

Pflegetips. Man sollte verwelkte Blütenstände unbedingt entfernen, bevor sich Samen bilden; wichtig ist auch, die Pflanzstelle im Frühjahr mindestens 5 cm hoch mit Kompost abzudecken. Vermehrt wird am besten durch Teilung älterer Horste oder Aussaat im März im kalten Frühbeetkasten.

Anchusa azurea, die Ochsenzunge, ist an das Mitelmeerklima angepaßt und braucht bei uns neben einem Rückschnitt im Herbst einen leichten Winterschutz. Hier die Sorte 'Loddon Royalist' mit intensiv blauen Blüten.

Antennaria dioica 'Rosea', ein rosa blühendes Katzenpfötchen, ist eine wertvolle Wildstaude und eignet sich insbesondere für trokkene Böschungen an Wegen oder Terrassen.

Anthericum liliago, die Graslilie, verzaubert jedes Jahr aufs neue mit ihren weissen Blütensternen, die in einer lockeren Rispe angeordnet sind.

▽ *Anchusa azurea*

▽ *Antennaria dioica* 'Rosea'

▽ *Anthericum liliago*

Aster sedifolius, die Wildzwergaster, ist im Garten vielseitig verwendbar. Von der besonnten Böschung über den Steingarten bis zur Ergänzung in Beetstaudenrabatten fühlt sie sich an vielen Standorten wohl.

Aster linosyris, die Goldhaaraster, sieht auf den ersten Blick etwas untypisch für eine Aster aus. Sie gehört zu den besonders wertvollen Wildstauden und eignet sich auch für den Schnitt.

◼ ASTER

Aster

Standort: sonnig; kalkhaltiger, nährstoffreicher, sandiger bis lehmiger Boden mit geringer bis mittlerer Bodenfeuchtigkeit
Wuchshöhe: 30 - 60 cm, je nach Art
Blütezeit: Juli - September
Vermehrung: durch Teilung oder Stecklinge

Die Astern gehören zur Familie der Korbblütler *(Compositae)*. Sie haben Sammelblüten, das heißt die Blüten setzen sich aus unzähligen Einzelblüten zusammen. Die senkrechten Röhrenblüten sitzen in der Mitte und sind von den waagrecht abstehenden Zungenblüten eingerahmt. Die Gattung setzt sich aus verschiedenen Gruppen mit unterschiedlichen Ansprüchen und Merkmalen zusammen. Die im folgenden vorgestellten Arten zählen zu den Sommerblühern unter den Astern. Diese Gruppe ist besonders wertvoll, da man mit ihrer Hilfe die blütenarmen Monate Juli und August gut überbrücken kann. Es sind im wesentlichen Stauden für nährstoffreiche, sonnige Plätze. Viele der im Handel angebotenen Sorten haben gute Wuchs- und Blüheigenschaften. Weitere Arten und Sorten werden in den Kapiteln »Beetstauden« und »Stauden für den Steingarten« vorgestellt.

Aster linosyris, die Goldhaaraster, ist in Mittel- und Südeuropa beheimatet und zeichnet sich durch einen aufrechten, horstartigen Wuchs aus. Die kleinen, gelben Blütenköpfchen bestehen nur aus Röhrenblüten. Sie erscheinen von August bis September. Die Pflanze wird etwa 40 cm hoch. Bevorzugt werden durchlässige, lehmig-sandige Böden in vollbesonnten Lagen. Man verwendet die Goldhaaraster gern in südexponierten Böschungen, in Trockenmauern oder Trögen. Bezüglich der Pflege sind die Pflanzen recht anspruchslos. Sie zählen zu den besonders wertvollen Wildstauden und eignen sich auch gut als Schnittblumen. Schillergras, Skabiose oder Reihenfedergras lassen sich gut mit der Goldhaaraster kombinieren.

Aster sedifolius 'Nanus', die Wildzwergaster, ist im östlichen Mittelmeerraum, Osteuropa und im nördlichen Asien beheimatet. Sie gehört zu den Wildstauden, die auch gut in Beetstaudenpflanzungen verwendet werden können. Die Blätter sind lanzettlich und sitzen dicht an aufrechten Stielen. Die Pflanzen erreichen eine Höhe von 20 - 30 cm. Die Blütezeit reicht von Juli bis August. Die zahlreichen Blüten sind blau, sternförmig und sitzen in Doldenrispen. Man kann die Wildzwergaster gut mit der Grönland-Margerite oder dem Hohen Fingerkraut verwenden. Desweiteren wird noch die hübsche, rosa blühende Sorte *A. sedifolius* 'Nanus Roseus' angeboten.

▽ **Aster sedifolius**

▽ **Aster linosyris**

■ BRIZA MEDIA

Zittergras

Standort: sonnig; trockener bis frischer, mäßig nährstoffreicher Boden
Wuchshöhe: 20 - 40 cm
Blütezeit: Mai - Juni
Vermehrung: durch Aussaat

Das Zittergras aus der Familie der Süßgräser (*Graminae*) ist in Europa und Asien beheimatet und wächst bis in Höhen von 1800 m. Die zahlreichen kleinen Blüten sitzen in pyramidalen Rispen an schmalen, aufrechten Halmen und erscheinen von Mai bis Juni. Schon beim leisesten Windhauch bewegen sie sich hin und her. In der Blüte kann die Pflanze eine Höhe von 40 cm erreichen. Die frischgrünen Blätter werden bis zu 15 cm hoch und bilden lockere Horste.

Pflegetips. Bevorzugt werden mäßig nährstoffreiche Böden in trockenen bis frischen, überwiegend sonnigen Lagen. Man verwendet das Zittergras gerne in südwestexponierten Böschungen, in Blumenwiesen, an Terrassen oder auch auf Dachgärten, wo keine zu große Trockenheit entstehen kann. Die Pflanze nicht düngen und die unansehnlichen Blütenstände zurückschneiden. Zur Benachbarung eignen sich die Schafgarbe, die Flockenblume oder der Wiesensalbei.

▽ *Briza media*

■ CENTAUREA

Flockenblume

Standort: sonnig; mehr oder weniger nährstoffreicher Boden
Wuchshöhe: 20 - 70 cm
Blütezeit: Juni - September, je nach Art
Vermehrung: durch Aussaat oder Teilung

Die Gattung *Centaurea* aus der Familie der Korbblütler (*Compositae*) umfaßt zahlreiche Arten. Die hier beschriebenen Arten eignen sich für sonnige Standorte. Weitere Arten finden Sie im Kapitel »Stauden für den Halbschatten«.

▽ *Centaurea*

Centaurea ruber 'Coccineus', die Spornblume, erreicht eine Höhe bis 60 cm und wächst horstartig bis aufrecht. Die relativ kleinen karminrosa Blüten erscheinen von Juni bis August. Sie zählt zu den sehr wertvollen Wildstauden und samt gern aus.

Centaurea scabiosa, die Skabiosenflockenblume, hat fiederschnittige Blätter und wird etwa 70 cm hoch. Die Blüten sind rötlich-purpurn und sitzen in großen Körbchen. Die Blütezeit reicht von Juni bis September.

Centaurea simplicicaulis hat doppelt gefiederte, silbergraue Blätter und erreicht eine Höhe bis 20 cm. Die hellrosa bis lila gefärbten Blüten erscheinen von Juni bis Juli.

Briza media, das Zittergras, ist eine charakteristische Pflanze für voll besonnte Standorte. Die nikkenden Ährchen bewegen sich bereits bei der geringsten Luftbewegung.

Centaurea, die Flockenblume, ist in vielen Arten erhältlich und eignet sich auf nicht zu nährstoffreichen Böden auch für grössere Flächen.

Ceratostigma plumbaginoides, die Chinesische Bleiwurz, breitet sich über Ausläufer aus, überwächst mit der Zeit auch Steine und macht sich gut als verträglicher Bodendecker.

Chrysanthemum serotina, die Spätherbst-Margerite, erinnert von ihrer Blüte an die Frühlingsmargerite, blüht aber erst im Herbst. Neben der Sorte 'Auslese' hat sich auch die abgebildete Sorte 'Herbststern' bewährt.

Cotula squalida, die Laugenblume, ist zwar relativ unscheinbar, aber in vielen Bereichen als verträglicher und anspruchsloser Flächendecker sehr nützlich.

◼ CERATOSTIGMA PLUMBAGINOIDES
Chinesische Bleiwurz

Standort: sonnig bis halbschattig; magerer Boden
Wuchshöhe: 15 - 25 cm
Blütezeit: August - September
Vermehrung: durch Ausläufer oder Teilung

Die Chinesische Bleiwurz aus der Familie der Grasnelkengewächse *(Plumbaginaceae)* stammt aus Westchina und erreicht bei uns eine Höhe von 15 - 25 cm. Ihre blauen Blüten sitzen in endständigen Köpfchen und erscheinen von August bis September. Die Blätter sind während des Sommers sattgrün, haben eine ovale Form und verfärben sich im Herbst, wenn die enzianblauen Blüten erscheinen, rotbraun. Die Pflanzen breiten sich durch Ausläufer aus und eignen sich gut als Bodendecker, der allerdings durch sein starkes Wachstum schwächeren Nachbarn leicht Konkurrenz macht. Zur Benachbarung eignen sich Glockenblumen, Lein, Seifenkraut oder Zwiebelgewächse.

Pflegetips. Diese Wildstaude ist recht anspruchslos. Man verwendet sie auf mageren, offenen Böden in sonnigen Lagen, etwa auf besonnten Hängen oder in Verbindung mit Stein. In rauhen Lagen benötigen die Pflanzen allerdings einen Winterschutz.

◼ CHRYSANTHEMUM SEROTINA
Spätherbst-Margerite

Standort: sonnig; frischer bis feuchter Boden
Wuchshöhe: 120 - 150 cm
Blütezeit: September - Oktober
Vermehrung: durch Teilung

Die Spätherbst-Margerite aus der Gattung *Chrysanthemum* gehört zu der Familie der Korbblütler *(Compositae).* Weitere Arten finden Sie im Kapitel »Beetstauden«. Die Spätherbst-Margerite zeichnet sich durch einen straff bis aufrechten Wuchs aus. Die weißen Margeritenblüten sitzen auf bis zu 150 cm langen Stielen. Sie lockert im Herbst jede Staudenpflanzung auf und eignet sich auch vorzüglich für den Schnitt. Die Blätter sind breitlanzettlich und scharf gezähnt. Zu empfehlen ist auch die im Handel angebotene Sorte 'Auslese'. Sehr schön wirkt die Spätherbst-Margerite mit einer Unterpflanzung aus Kissenastern, die zu ihren Füßen einen dichten Bodenteppich bilden.

Pflegetips. Die Pflanzen bevorzugen einen vollsonnigen Standort in der Freifläche, können aber auch in der Staudenrabatte verwendet werden. Dabei sollten die Böden nicht zu trocken sein. Bei länger ausbleibenden Niederschlägen ist daher für ausreichend Feuchtigkeit zu sorgen.

◼ COTULA SQUALIDA
Laugenblume

Standort: sonnig bis halbschattig; sandiger bis lehmiger Boden mittlerer Feuchtigkeit
Wuchshöhe: 3 - 5 cm
Blütezeit: Juli - August
Vermehrung: durch Teilung

Die Laugenblume ist in Neuseeland beheimatet und gehört zur Familie der Korbblütler *(Compositae).* Die gelben, gestielten Blütenköpfchen erscheinen im Hochsommer, genauer gesagt von Juli bis August, und sind eingeschlechtlich. Die fiederspaltigen Blätter bilden dabei einen gleichmäßigen, bräunlichgrünen Hintergrund. Die Laugenblume bevorzugt sandige bis lehmige Böden mittlerer Feuchtigkeit. Sie dürfen im Sommer allerdings nicht austrocknen. Die Laugenblume ist vielseitig einzusetzen. Man verwendet sie am besten in sonnigen bis halbschattigen Lagen für Einfassungen oder zwischen Stufen und Platten. Flächig gepflanzt bildet die Laugenblume mit ihren ausläufertreibenden Rhizomen an geeigneten Standorten schöne rasige Polster. Man kann sie auch gut mit im Frühjahr blühenden Zwiebelgewächsen kombinieren. Neben *Cotula squalida* werden noch *C. dioica,* das Fiederpolster, sowie *C. potentillina,* die auch noch auf trockeneren Böden gedeiht, angeboten.

▽ **Ceratostigma plumbaginoides**

▽ **Chrysanthemum serotina**

▽ **Cotula squalida**

DIANTHUS

Nelke

Standort: sonnig; kiesig-lehmiger, sommertrockener Boden
Wuchshöhe: 15 - 25 cm
Blütezeit: Juni - September
Vermehrung: durch Aussaat oder Sommerstecklinge im Gewächshaus

Die Gattung aus der Familie der Nelkengewächse *(Caryophyllaceae)* ist mit etwa 250 Arten besonders auf der Nordhalbkugel verbreitet. Die meisten sind Stauden, einige Halbsträucher. Die Blüten stehen einzeln, in Dolden oder Rispen an aufrechten Stengeln. Die folgenden Arten sind für offene, vollsonnige Bereiche geeignet. Weitere Arten werden im Kapitel »Stauden für den Steingarten« vorgestellt.

Dianthus carthusianorum, die Kartäusernelke, stammt aus West- und Südeuropa und kommt auf sonnigen, offenen Hügeln und an warmen, trockenen Gehölzrändern vor. Die schmalen, grünen Blätter bilden einen lockeren Rasen, die roten Blüten stehen zu mehreren in endständigen Köpfchen etwa 25 cm hoch und blühen von Juni bis September. Geeignet für Naturgärten, Trockenrasen, warmen Gehölzrand, bevorzugt auf sandigen Böden.

Dianthus deltoides, die Sand- oder Heidenelke, eignet sich insbesondere für sandig-durchlässige, warme Böden. Sie ist in Europa und Nordamerika auch wild anzutreffen. Die kurzen, schmalen Blätter bilden dichte, grüne oder braungrüne Polster. Die kleinen, mittelroten Blüten erscheinen zu mehreren auf etwa 15 cm hohen Stielen.

Pflegetips. Leider werden Nelken auch von Krankheiten und Schädlingen befallen, die ihnen sehr zu schaffen machen können. Allen voran ist Nelkenrost zu nennen, ferner die Nelkenfliege sowie die Blattfleckenkrankheit.

△ *Dianthus carthusianorum*

▽ *Dianthus deltoides* 'Brilliant'

▽ *Echinops ritro* 'Veitch's Blue'

▽ *Echinops bannaticus*

ECHINOPS

Kugeldistel

Standort: sonnig; durchlässiger Boden
Wuchshöhe: 100 - 160 cm
Blütezeit: Juli - September
Vermehrung: durch Teilung oder Wurzelschnittlinge

Die zur Familie der Korbblütler *(Compositae)* zählende, ausdauernde Staude kommt ursprünglich mit ungefähr 75 Arten überwiegend im südöstlichen Europa und in Kleinasien vor. Ihr aufrechter Wuchs, die meist graugrünen, tiefeingeschnittenen Blätter und die kugelrunden, stahlblauen oder auch weißlichen Blütenköpfe machen sie zu einem interessanten Gewächs, vor allem für Wildstaudenanlagen und steppenartige Pflanzengesellschaften.

Echinops bannaticus wird 100 cm hoch und bringt im Hochsommer 2,5 cm große Blüten hervor. Überreich und tiefblau blüht die Sorte 'Taplow Blue'. 'Blue Globe' wird bis zu 160 cm hoch.

Echinops niveus entwickelt große, silberweiße Blütenköpfe und wird 120 cm hoch. Floristen schätzen sie als aparte Schnittblume. Wie alle Kugeldisteln ist sie eine gute Bienenweide.

Echinops ritro, die am meisten verbreitete Form, bleibt im Wuchs insgesamt etwas kleiner, zeichnet sich aber durch ihre lange Blütezeit von Juli bis September und ihre Anspruchslosigkeit aus. Besonders zu empfehlen ist die intensivblaue Sorte 'Veitch's Blue'. Schneidet man Verwelktes regelmäßig ab, kommen immer wieder neue Knospen nach.

Pflegetips. Kugeldisteln mögen durchlässigen, sandigen, eher trockenen Boden. Die Vermehrung erfolgt durch Teilung im Herbst oder Frühjahr oder durch Wurzelschnittlinge im November bis Dezember.

Dianthus carthusianorum, die Kartäusernelke, eignet sich ganz besonders für den naturnahen Garten. Die Bestände in der freien Natur gehen leider immer stärker zurück.

Dianthus deltoides 'Brilliant', eine Sorte der Sandnelke, blüht intensiv karminrot und eignet sich auch für den Dachgarten mit Heidecharakter.

Echinops ritro 'Veitch's Blue', eine Sorte der Kugeldistel, bildet geschlossene, feste Blütenkugeln aus und muß in der Regel nicht zusätzlich gestützt werden.

Echinops bannaticus ist etwas empfindlich gegenüber Winternässe, eignet sich aber auch sehr gut als Schnittblume. Der Boden sollte durchlässig und nicht zu nährstoffreich sein.

Eryngium bourgatii, die Edeldistel, zeichnet sich durch ihre eigenwillige Gestalt aus. Unter Floristen ist die Edeldistel sehr begehrt für Trockensträuße.

Festuca glauca, der Blauschwingel, behält seine blaue Blattfärbung nur dauerhaft, wenn der Boden sandig bis steinig und nährstoffarm ist. Der Blauschwingel zählt zu den wertvollen Wildstauden.

■ ERYNGIUM

Edeldistel, Mannstreu

Standort: sonnig; trockener, sandiger Boden
Wuchshöhe: 40 - 100 cm
Blütezeit: Juli - September
Vermehrung: durch Wurzelschnittlinge oder Aussaat

Mit etwa 220 Arten vor allem im Mittelmeerraum verbreitete Gattung aus der Familie der Doldenblütengewächse *(Umbelliferae)* mit pfahlförmigen Wurzelstöcken und in Rosetten angeordneten, ledrig-glänzenden Blättern. Die kugeligen oder kolbenförmigen Blü-

▽ *Eryngium bourgatii*

ten ragen im Hochsommer aus einem Kranz spitzenartiger, stacheliger, bläulicher oder violetter Hüllblätter hervor. Besonders im Gegenlicht kommt ihre bizarre Gestalt gut zur Geltung. Man sollte die Edeldistel deshalb ganz bewußt als gestalterisches Element im Garten einsetzen. Außerdem locken die intensiven Farben zahlreiche Insekten an.

Eryngium alpinum, die heimische Alpendistel, 50 - 80 cm hoch, pro Stiel 3 - 5 etwa 4 cm große Blütenköpfe. Attraktiver als die Art selbst sind die Sorten 'Superbum' mit auffallend großen, intensivblauen Blüten, 'Amethyst' in tiefem Violett, 'Opal', silbrigviolett und die stattliche, dunkelblaue 'Blue Star'.

Eryngium bourgatii aus den Pyrenäen, mit einer Wuchshöhe von 30 - 40 cm deutlich niedriger als *E. alpinum*. Auffallend große Blütenköpfe und tiefgeteiltes, weißgezeichnetes Laub. Schöne Art für steppenheideähnliche Anlagen.

Eryngium planum hat im Vergleich zu anderen Arten relativ kleine, dafür um so zahlreichere, knopfartige Blütenköpfe mit sehr zierlichem Brakteenkranz. Die Art selbst blüht blau und wird bis zu 100 cm hoch, häufiger in Kultur die attraktive Sorte 'Blauer Zwerg', intensiv blau und nur etwa 50 cm hoch.

Pflegetips. Alle genannten Arten sind winterhart. Sie lieben vollsonnige, warme Plätze und trockene, sandige oder geröllhaltige, aber tief gelockerte Böden. Nach der Blüte die Stiele bis zum Boden zurückschneiden. Zum Trocknen vorgesehene Blüten rechtzeitig schneiden, bevor sie verblassen. In steppeheideähnlichen Anlagen im Bereich vollbesonnter Terrassen fühlen sich die Pflanzen besonders wohl. Zur Benachbarung eignen sich *Aster linosyris*, *Linum flavum* oder *Stipa barbata*. Die Vermehrung der Edeldistel nimmt man im Winter durch Wurzelschnittlinge vor. Reine Arten können auch gleich nach der Samenreife ausgesät werden.

■ FESTUCA GLAUCA

Blauschwingel

Standort: sonnig; magerer, sandig steiniger Boden
Wuchshöhe: 20 cm
Blütezeit: Juni - Juli
Vermehrung: durch Teilung und Aussaat

Die Gattung *Festuca* gehört zu den Echten Gräsern oder Süßgräsern *(Gramineae)*. Der Blauschwingel ist in ganz Europa anzutreffen, vor allem an sonnigen, steinigen Plätzen bis ins Gebirge hinauf. Dieser bei uns häufig als Ziergras gepflanzte Schwingel hat silbrigblaue Blätter, er treibt keine Ausläufer (wie viele andere Gräser) sondern bildet kugelige Horste von etwa 20 cm Höhe aus. Die im Juni bis Juli erscheinenden Blüten sind ährenförmige Rispen. An Sorten gibt es 'Grünling' – als grüner Kontrast zum blauen Laub – und 'Silberreiher' mit einem noch schöneren Blau als bei der reinen Art.

Pflegetips. Um seine schöne blaue Farbe zu behalten, sollte der Blauschwingel in voller Sonne auf magerem Boden stehen und möglichst nicht gedüngt werden. Auf schwerem Boden überaltert er schnell, und zuviel Feuchtigkeit führt zu Fäulnis. Man verwendet ihn gern zwischen Zwerggehölzen, im Heidegarten und zur Auflockerung von Staudenflächen.

▽ *Festuca glauca*

 FILIPENDULA

Mädesüß

Standort: sonnig bis halbschattig; frischer Boden
Wuchshöhe: 30 - 150 cm
Blütezeit: Juni - August
Vermehrung: durch Teilung oder Stecklinge

Die dekorative Wildstaude aus der Familie der Rosengewächse *(Rosaceae)* kommt mit knapp einem Dutzend Arten in den gemäßigten Zonen der nördlichen Halbkugel vor.

Filipendula hexapetala hat fiederspaltige Blätter und weiße, dichtgefüllte Blüten. Verwendet wird sehr oft die Sorte 'Nana', die eine Wuchshöhe von bis 30 cm erreicht.

Filipendula rubra ist aus Nordamerika zu uns gekommen; mit 150 cm Wuchshöhe die stattlichste Art. Die rosaroten Blüten erscheinen bereits Anfang Juli und verströmen einen starken Duft. Die häufig angebotene Sorte 'Venusta' hat besonders üppige, dunkelrosa Blüten. 'Venusta Magnifica' blüht leuchtend karminrot.

Pflegetips. Beide Arten gehören zu den sehr wertvollen Wildstauden und sind anspruchslos in der Pflege. Die dekorativen Stauden kommen auch sehr gut in der Nähe von Wasser zur Geltung .

▽ *Filipendula rubra*

GUNNERA CHILENSIS

Mammutblatt

Standort: sonnig bis halbschattig; gute, normale Gartenerde, Moorboden
Wuchshöhe: 150 - 200 cm
Blütezeit: Juli - August
Vermehrung: durch Sproßteilung

Dieser Riese aus dem Pflanzenreich stammt aus Südamerika und gehört zur Familie der Seebeerengewächse *(Haloragaceae)*. Seine weit ausladenden Blätter erreichen einen Durchmesser von oft 200 cm, sie sind gelappt und eingeschnitten. Stiele und Blätter sind mit Stacheln besetzt. Die mächtigen, rötlichen Blütenkolben entwickeln sich erst bei etwas älteren Pflanzen, und sie können knapp 100 cm lang werden.

Pflegetips. Im Garten braucht die ausdauernde Pflanze viel Platz und reichlich Pflege, damit sie gut durch den Winter kommt. In dieser Zeit muß man sie im Wurzelbereich vor Nässe und Frosteinwirkung schützen. Im Sommer ist das Mammutblatt aufgrund der sehr großen Verdunstungsfläche seiner mächtigen Blätter sehr wasser- und nahrungsbedürftig, stellt also hohe Ansprüche an den Boden. Außerdem verlangt es einen Platz im Garten, der ihm die Möglichkeit gibt, sich frei nach allen Seiten zu entfalten; Einzelstellung ist angebracht.

▽ *Gunnera chilensis*

HELENIUM

Sonnenbraut

Standort: sonnig; frischer, nahrhafter Boden
Wuchshöhe: 60 - 180 cm
Blütezeit: Mai - September
Vermehrung: durch Teilung oder Stecklinge

Die Spätsommerstaude aus der Familie der Korbblütengewächse *(Compositae)* kommt mit rund 40 Arten in Nord- und Mittelamerika vor. Für die Freifläche spielen vor allem die hübschen Wildarten eine Rolle. Die Garten-Hybriden werden im Kapitel »Beetstauden« vorgestellt.

Helenium bigelovii öffnet ihre strahlendgelben Blüten bereits Mitte Juni, also 4 bis 6 Wochen vor den Hybriden. Sie wird 60 - 70 cm hoch.

Helenium hoopesii, eine Wildart mit gelben, leicht hängenden Blüten, erscheint schon ab Mitte Mai. Auch sie wird nur 60 - 70 cm hoch.

Pflegetips. Auf feuchten Wiesen zu Hause, bevorzugt die Sonnenbraut frische, kräftige Böden und einen sonnigen Standort. Alle drei bis vier Jahre die Stauden teilen und neu einpflanzen. Um die Blütezeit zu verlängern, kann man einen Teil der Triebe im Mai zurückstutzen. Vermehrung durch Teilung oder Stecklinge.

▽ *Helenium hoopesii*

Filipendula rubra, das Mädesüß, ist nahe verwandt mit unserer heimischen Art. Neben der vollbesonnten Freiflächen kann es auch gut in Beetstaudenanlagen mit Wildcharakter verwendet werden.

Gunnera chilensis, das Mammutblatt, beeindruckt mit seinen großen Blättern und den bis zu 1 m lang werdenden, kegelförmigen Blütenständen. Die Pflanze wird in Einzelstellung verwendet.

Helenium hoopesii, eine Wildart der Sonnebraut, eignet sich als wertvolle Wildstaude auch für den Schnitt. Sie kommt auch noch in halbschattigen Lagen gut zurecht.

Hemerocallis citrina, die Taglilie, kann man auch gut in größeren Pflanztrögen verwenden. Diese Art zeichnet sich durch besonders leuchtende Blüten aus.

Hemerocallis x hybrida 'Marion Vaughn' wird normalerweise als Beetstaude verwendet. Auf der Freifläche kann sie aber auch durchaus in Einzelstellung präsentiert werden.

Heracleum mantegazzianum, die Herkulesstaude, gehört zu den eindrucksvollsten Solitärstauden und versamt sich an einem optimalen Standort reichlich. Dabei kommt sie auch noch im Halbschatten gut zurecht.

Blühende Taglilien sind in jedem Garten immer wieder ein Höhepunkt des Vorsommers. Gräser lassen sich gut mit ihnen kombinieren.

HEMEROCALLIS

Taglilie

Standort: sonnig bis halbschattig; nährstoffreicher Boden
Wuchshöhe: 45 - 90 cm
Blütezeit: Mai - September, je nach Art und Sorte
Vermehrung: durch Teilung

An ihren Heimatstandorten, die von Sibirien über die Mongolei bis China, Korea und Nordindien reichen, sind ca. 20 Arten der Taglilie aus der Familie der Liliengewächse *(Liliaceae)* bekannt. Es ist überliefert, daß sie bereits vor Tausenden von Jahren in China kultiviert wurden, wo sie auch als Gemüse verzehrt und als Heilmittel benutzt wurden. Wahrscheinlich wurden die ersten *Hemerocallis*-Arten im 16. Jahrhundert nach Europa gebracht. Vom letzten Jahrhundert an kamen weitere Arten aus Ostasien und Sibirien dazu. *Hemerocallis* sind horstartige Stauden mit fleischigen, verdickten Wurzeln und grasartigen, meist überhängenden, 1,5 - 5 cm breiten Blättern, über denen sich am oberen Ende verzweigte Stengel erheben, an denen trichterförmige Blüten in gelben, orangefarbenen oder bräunlichen Farbtönen sitzen. Obwohl die Blüten meist nur einen Tag lang halten, blüht die Staude mehrere Wochen, da sich die Knospen nach und nach öffnen. Je nach Art fällt die Blütezeit in die Monate Mai bis

September. Taglilien sind unverwüstliche Stauden, die sogar in Wiesen verwildert vorkommen; manche Wildarten neigen zum Wuchern. Die *Hemerocallis*-Hybriden werden im Kapitel »Beetstauden« vorgestellt.

Hemerocallis citrina hat dunkelgrüne Blätter und hellzitronengelbe, lange, schmale Blüten, die von Juli bis August erscheinen. Sie gehört zu den sehr wertvollen Wildstauden. Die Pflanzen erreichen eine Höhe bis 90 cm und werden als Leitstauden verwendet.

Hemerocallis middendorffii wird etwa 50 cm hoch. Die Pflanze ist sehr reichblühend; die orangegelben Blüten erscheinen bereits im Mai bis Juni.

Hemerocallis minor zeichnet sich durch dunkelgrüne, grasartige Blätter aus, auf denen die zitronengelben Blüten besonders gut zur Geltung kommen. Blütezeit Mai bis Juni. Die Pflanzen gehören zum wertvollen Wildstaudensortiment und erreichen eine Höhe um 45 cm.

Hemerocallis thunbergii hat hellgelbe Blüten, die sich von Juli bis August öffnen. Die Wuchshöhe beträgt 60 cm.

Pflegetips. Wegen der schönen Wirkung werden Taglilien gern an Gewässern plaziert, obwohl sie keinen feuchten Boden brauchen. Sie lassen sich aber ebensogut als Solitärstauden oder in Naturgärten verwenden.

HERACLEUM MANTEGAZZIANUM

Bärenklau, Herkulesstaude

Standort: sonnig bis halbschattig; feuchter Boden
Wuchshöhe: 200 - 300 cm
Blütezeit: Juli - August
Vermehrung: durch Aussaat

Zwei- oder mehrjährige, krautige Pflanzen von stattlichem Wuchs. Etwa 60 Arten des Doldenblütengewächses *(Umbelliferae)* sind in den gemäßigten Zonen der nördlichen Halbkugel verbreitet.

Heracleum mantegazzianum wächst zweijährig. Im ersten Jahr erscheint ein Schopf großer, grüner, tiefeingeschnittener Blätter; erst im Jahr darauf entwickelt sich im Juli bis August ein 200-300 cm hoher, innen hohler Stiel mit cremeweißen Blütendolden von bis zu 100 cm Durchmesser. Nach der Blüte stirbt die Pflanze ab. Zuvor sät sie sich jedoch aus und sorgt selbst für reichlich Nachwuchs. Wer nicht den ganzen Garten voller Herkulesstauden haben möchte, sollte die Dolden vor der Samenreife abschneiden. Dabei Handschuhe tragen und möglichst einen trüben Tag abwarten, denn bei Sonnenschein kann der giftige Saft der Pflanze üble Hautreizungen verursachen. Vermehrung durch Aussaat oder Selbstaussaat.

▷ **Blühende Taglilien**

▽ *Heracleum mantegazzianum*

▽ *Hemerocallis citrina*

▽ *H. x hybrida* 'Marion Vaughn'

Die Vielfalt der Schwertlilien ist immer wieder beeindruckend.

Iris 'Dreaming Yellow' besticht durch fast reinweiße Blüten.

Iris forrestii ähnelt der Gelben Schwertlilie, die Blüten sind aber leicht getigert.

Iris hexagona kann auch gut in Einzelstellung verwendet werden.

Iris 'Mountain Lake' gehört zu den Sibirischen Schwertlilien.

Iris versicolor fühlt sich an verschiedenen Standorten wohl. Man findet diese Art in der trockenen Freifläche, aber auch noch an frischen Standorten.

Iris chrysographes hat besonders eindrucksvolle Blüten, wird aber nicht ganz so hoch wie die anderen Schwertlilien.

IRIS

Schwertlilie, Iris

Standort: sonnig bis absonnig; lehmhaltiger, frischer bis feuchter Boden
Wuchshöhe: 30 - 80 cm, je nach Art
Blütezeit: Mai - Juli, je nach Art
Vermehrung: durch Teilung oder Aussaat

▽ *I.* 'Dream. Yellow'

▽ *Iris forrestii*

▽ *I.* 'Mountain Lake'

▽ *Iris hexagona*

▽ *Iris versicolor*

▽ *Iris chrysographes*

Es sind vorwiegend die botanischen Schwertlilien, die sich für frische bis feuchte Freiflächen eignen und einen wiesenähnlichen Grund bevorzugen. Die Blütezeit fällt in den Vorsommer und Sommer, so daß man die Pflanzen am besten und wirkungsvollsten im Hinter- und Mittelgrund einer Staudenpflanzung verwendet. Die nach der Blüte oft unansehnlichen Pflanzen werden dann von den vielen verschiedenen Spätsommer- und Herbstblühern überspielt. Ein Rückschnitt der abgeblühten Schwertlilien sollte auf jeden Fall unterbleiben, da er die Pflanzen nachhaltig schädigen würde. Weitere Arten und Sorten werden in den Kapiteln »Beetstauden« und »Stauden für den Wassergarten« vorgestellt.

Iris chrysographes zählt zu den eher kleiner bleibenden Schwertlilien. Sie erreicht eine Höhe zwischen 30 - 50 cm. Besonders charakteristisch sind die sehr zierlichen, fein geschnittenen Blüten. Die Grundfarbe ist ein tiefes Purpurviolett. Die feinen gelben Striche verleihen den Blüten einen besonderen Reiz. Zuweilen wird im Handel auch die Sorte 'Stjerneskud' angeboten. Sie zeichnet sich durch dunkelviolette Blüten mit goldgelber Zeichnung aus.

Iris foliosa (*Iris brevicaulis*) gehört zum Liebhabersortiment. Diese Schwertlilie kommt auch noch auf trockeneren Standorten gut zurecht und bringt im Juni leuchtendblaue Blüten mit weißer Zeichnung hervor. Der Stengel ist beblättert und an den Blattachseln wechselweise abgewinkelt. *I. foliosa* erreicht eine Höhe bis 40 cm.

Iris versicolor kommt ursprünglich aus Nordamerika und zählt zu den robusten und sehr ausbreitungsfähigen Schwertlilien. Man findet diese Art von der eher trockenen Freifläche bis zum frischen bis feuchten Gewässerrand. Die Blätter sind etwas breiter als die anderer Arten und die Pflanzen erreichen eine Wuchshöhe bis 60 cm. Im Juni erscheinen die purpurroten Blüten, die zu zweien oder dreien endständig angeordnet sind.

Iris wilsonii ist im westlichen China beheimatet und zeigt ihre gelblichweißen, rotbraun gezeichneten Blüten von Mai bis Juni. Die Art ist etwas anspruchsvoller in der Pflege und sollte im Winter nicht zu naß stehen. Die Pflanzen erreichen eine Höhe von 30-50 cm und wirken besonders zierlich.

Arten- und Sortenübersicht der Schwertlilien für Freiflächen			
Art	**Höhe (cm)**	**Blütezeit**	**Blütenfarbe**
Iris chrysographes	30 - 50	Juni	purpurviolett mit Gelb
Iris ensata	60 - 80	Juni - Juli	hellblau
Iris forrestii	30 - 50	Mai - Juni	gelb, Hängeblätter bräunlich
Iris koreana	40 - 50	Juni	mittelblau
Sibirische Schwertlilie und ihre Sorten			
Iris sibirica	80	Juni	blau
'Mountain Lake'	100	Juni	heller als die Art
'Mrs. Rowe'	80	Juni	weiß mit Rosa
'Perrys Blue'	80	Juni	blau
Iris versicolor	60	Juni	purpurrot
Iris wilsonii	30 - 50	Mai - Juni	gelblichweiß mit Rotbraun

LIATRIS SPICATA

Prachtscharte

Standort: sonnig; nährstoffreicher Boden
Wuchshöhe: 40 - 90 cm
Blütezeit: Juli - September
Vermehrung: durch Aussaat oder Teilung

Von den rund 20 Arten des Korbblütengewächses *(Compositae)* spielt vor allem *Liatris spicata* als Zierpflanze eine Rolle. Ihre flaumigen, purpurfarbenen Blütenähren an 60 - 90 cm hohen, belaubten Stielen sind von Juli bis September eine Attraktion in jeder Staudenanlage. Sie öffnen sich nicht wie üblich von unten beginnend, sondern zuerst an der Spitze. Verschiedene Sorten stehen zur Auswahl: 'Floristan Violett', leuchtend violett, 90 cm hoch; 'Florista Weiß', ebenfalls 90 cm hoch, weiß; 'Kobold', purpurviolett, 40 cm hoch. Weitere Arten: *Liatris elegans*, 70 cm hoch mit rosaroten Blüten, sowie *Liatris pycnostachya*, 90 cm hoch mit hellpurpurroten Blüten.

Pflegetips. Sie liebt Sonne und nahrhafte, nicht zu schwere, durchlässige Erde. Im Sommer bei Trockenheit reichlich gießen, im Winter die Pflanzen vor zuviel Nässe schützen. Zur Verjüngung und Erhaltung der Blühwilligkeit werden die Stauden alle drei bis vier Jahre geteilt.

LINUM

Lein

Standort: sonnig; durchlässiger, kalkhaltiger Boden
Wuchshöhe: 10 - 50 cm, je nach Art
Blütezeit: Mai - September, je nach Art
Vermehrung: durch Teilung oder Aussaat

Die Gattung *Linum* (Lein) gehört zur gleichnamigen Familie der Leingewächse *(Linaceae)* und ist in Europa, Nordafrika und Westasien beheimatet. Unter den heimischen Arten findet man viele in Wiesen- und Rasengesellschaften der Mittelgebirge und Alpen. Die zierlichen, kleinen Blüten sitzen zu vielen in Trugdolden und erscheinen von Mai bis September. Im Garten verwendet man Lein vorwiegend in steppenheideähnlichen Pflanzungen, in trockenen Freiflächen oder in Steinanlagen, wo er einzeln oder in Gruppen gut zur Geltung kommt.

Linum flavum, der Goldflachs, zählt zu den besonders wertvollen Wildstauden und zeichnet sich durch einen gedrungenen, buschigen Wuchs aus. Die Pflanzen erreichen eine Höhe bis zu 30 cm. Die Triebe sind am Grund leicht verholzt. Die hellgelben Blüten sitzen in stark verzweigten Trugdolden und erscheinen von Juni bis August. Der Goldflachs fühlt sich in der Freifläche auf frischen bis trockenen Böden wohl. Er wird aber auch gern auf Dachgärten oder in Trögen verwendet. Im Handel werden mehrere Sorten angeboten. Besonders beliebt ist die Sorte 'Compactum', bis zu 20 cm hoch. Noch gedrungener im Wuchs ist die Sorte 'Goldzwerg', mit einer Höhe von nur 10 cm. Der Goldflachs läßt sich neben anderen Blütenstauden auch sehr gut mit Gräsern, wie etwa dem Blauschwingel *(Festuca glauca)* oder dem Schillergras *(Koeleria glauca)* kombinieren. Der Goldflachs bildet sterile Rosetten.

Linum narbonense stammt aus Südfrankreich und Spanien. Im Handel wird fast ausschließlich die Sorte 'Heavenly Blue' angeboten. Die großen, himmelblauen bis dunkelblauen Blüten erscheinen von Mitte Mai bis Juli und sind ganz besonders lang haltbar. Die Blätter sind nadelförmig bis lanzettlich und geben den Pflanzen ein interessantes Äußeres. Die Wuchshöhe beträgt 30 - 40 cm.

Linum perenne, der Staudenlein, zeichnet sich durch straff aufrechten Wuchs aus und erreicht eine Höhe von bis zu 50 cm. Die blauen Blüten verströmen einen angenehmen Duft und erscheinen von Juni bis Juli. Man verwendet Staudenlein gern in vollbesonnten, freien Wildstaudenflächen. Ein wichtiges Element dieser Pflanzungen ist das Federgras *(Stipa)*. Daneben wird im Handel noch die weißblühende Sorte 'Album' angeboten.

Liatris spicata, die Prachtscharte, ist insgesamt eine problemlose, vielseitig verwendbare Staude, die sich auch sehr gut als Schnittblume eignet.

Linum narbonense, eine Leinart, ist bei uns nicht heimisch, läßt sich aber hervorragend in der Freifläche oder in der Verbindung mit Stein verwenden.

Linum flavum, der Goldflachs, ist bei uns heimisch und wird als besonders wertvolle Wildstaude auch gerne für Dachgärten oder Tröge vorgesehen.

▽ **Liatris spicata**

▽ **Linum narbonense**

▽ **Linum flavum**

Oenothera tetragona, die Nachtkerze, ist als Steppenpflanze geradezu ideal für die trockene Freifläche. Die Sorte 'Fireworks' erreicht eine Höhe um 50 cm und hat rote Blütenknospen.

Pennisetum japonicum, das Japanische Federborstengras, zeichnet sich durch stattliche Horste und besonders schöne Blütenstände aus. Die Sorte 'Compressum' bevorzugt eher etwas frischere bis feuchte Standorte.

◾ OENOTHERA

Nachtkerze

Standort: sonnig; normaler, durchlässiger Gartenboden
Wuchshöhe: 50 - 60 cm
Blütezeit: Juni - August
Vermehrung: durch Aussaat oder Teilung

Die Gattung aus der Familie der Nachtkerzengewächse *(Onagraceae)* umfaßt rund 200 ein-, zwei- und mehrjährige, krautigwachsende Arten, die größtenteils im nördlichen Amerika zu Hause sind. Ihr Wuchs ist kriechend oder aufrecht, die Blüten sind meist gelb, hin und wieder auch weiß. Für den Garten hat vor allem die ausdauernde Art *Oenothera tetragona* Bedeutung.

Oenothera tetragona ist eine aufrechtwachsende Art für steppenartige Pflanzengesellschaften und das Prachtstaudenbeet. Aus flachen, rötlich überlaufenen Blattrosetten treiben ab Juni 50 cm hohe Stiele mit hellgelben Blütendolden. Die im Handel erhältlichen Pflanzen sind meist züchterisch verbesserte Sorten; am bekanntesten 'Fyrverkeri', sehr reichblühend, mit auffallend roten Knospen, die sich zu leuchtendgelben Blüten von etwa 4 - 5 cm Durchmesser entfalten. Die Sorte 'Hohes Licht' blüht ebenfalls gelb und zeichnet sich durch seine Höhe von 60 cm aus. Noch relativ neu ist 'Sonnenwende' mit dekorativ dunklem Laub zu strahlendgelben Blüten.

Pflegetips. *Oenothera tetragona* braucht die volle Sonne sowie etwas feuchte Böden. Am besten kommt sie in der Rabatte zusammen mit blaublühenden Nachbarn zur Geltung. Natürlich wirkende Kombinationen ergeben sich mit Gräsern, Edeldisteln, *Liatris* und *Yucca.* Die Sorten von *O. tetragona* zieht man am einfachsten aus abgetrennten Rosetten.

▽ **Oenothera tetragona 'Fireworks'**

◾ PENNISETUM

Federborstengras

Standort: sonnig; nährstoffreicher, feuchter Boden
Wuchshöhe: Blatthorste 40 - 80 cm, Blütenstände 60 - 160 cm, je nach Art auch bis 200 cm
Blütezeit: Juni - September, je nach Art
Vermehrung: durch Teilung

Pennisetum aus der Familie der Gräser *(Gramineae)* ist mit etwa 50 Arten zumeist im tropischen Afrika vertreten.

Pennisetum compressum, das Australische Lampenputzergras, ist das robusteste, das auch in kühleren Sommern zum Blühen kommt. Die kräftigen, etwa 50 cm hohen Blatthorste treiben recht spät im Frühjahr aus, die Blütenähren werden erst im September gebildet und erreichen 70 cm Höhe. Gärtnerisch sehr wertvoll ist die Sorte 'Hameln', die nur bis zu 25 cm hoch wird. Die Blüten erreichen 60 cm Höhe. Im Herbst färbt sich das Blattwerk rostrot.

Pennisetum japonicum, das Japanische Federborstengras, bildet stattliche Horste mit langüberhängenden Blättern von 100 cm Höhe. Es ist sehr wärmebedürftig und kommt nur in Weinbaugebieten zur Blüte. Die bis 150 cm hohen Blütenstände tragen am Ende eine weiße Spitze.

▽ **P. japonicum 'Compressum'**

◻ PHLOMIS

Brandkraut

Standort: sonnig; nährstoffarmer, auch kalkhaltiger Boden
Wuchshöhe: 100 cm
Blütezeit: Juni - Juli
Vermehrung: durch Aussaat oder Teilung

Rund 100 Arten umfaßt die Gattung, deren Verbreitungsgebiet vom Mittelmeer bis nach China reicht. Die meisten Arten sind staudige Pflanzen, die durch ihre wollig-flockige Behaarung auffallen. Sie haben gegenständige, runzelige Blätter. Die Blüten erscheinen in dichten Scheinquirlen; sie sind mit einem röhrenförmigen, stachelspitzigen Kelch und einer kurzen, zweilippigen, röhrenförmigen Krone ausgestattet, die kaum länger ist als der Kelch. Die Blüten sind gelb, weiß oder purpurn. Die Gattung gehört zur Familie der Lippenblütler *(Labiatae)*.

Phlomis samia, eine 100 cm hohe Staude mit meist einfachen, vierkantigen Stengeln. Grundständige Blätter eiförmig bis lanzettlich, am Grunde herz- bis pfeilförmig, wie alle Teile der Pflanze drüsig behaart; die nicht blühenden Triebe bilden eine dichte Bodendecke. Im Juni erscheinen bis zu 20 gelbe Blüten in Quirlen auf bis 100 cm hohen Blütentrieben. Die Fruchtstände zieren die Pflanze bis in den Winter hinein.

▽ **Phlomis samia**

◻ POTENTILLA

Fünffingerkraut

Standort: sonnig bis halbschattig; Boden feucht bis sehr karg
Wuchshöhe: 5 - 60 cm
Blütezeit: März - September
Vermehrung: durch Aussaat, Teilung oder Stecklinge

Das Fingerkraut gehört zu den Rosengewächsen *(Rosaceae)*. Mit fast 300 Arten ist es in den gemäßigten, fast kalten Klimazonen der nördlichen Erdhalbkugel zu Hause, in der Ebene ebenso wie im Gebirge. Meist wächst es kriechend oder niederliegend. Bis auf wenige Ausnahmen sind die Blüten strahlend gelb – ganz selten weiß oder rosa. Im Garten gibt man dem Fingerkraut je nach Standortansprüchen einen Platz am Rande des Staudenbeetes, im dichten Schatten von Gehölzen oder im Steingarten.

▽ **Potentilla aurea**

Potentilla alba, eine kriechend wachsende Art, wird etwa 20 cm hoch. Über olivgrünen, unterseits seidig behaarten Blättern entfalten sich von Mai bis Juni große, weiße Blüten. Paßt gut in Wildstaudenanlagen oder zu Zwiebelblumen.

Potentilla aurea, Goldgelbes Fingerkraut. Kriechende und bodenbedeckend wachsende Art, die von Mai bis Juli goldgelb blüht. Die glänzendgrünen, fünfzähligen Blätter sind gezackt und unterseits seidig behaart; eignet sich gut für naturnahe Pflanzungen.

Potentilla recta, das Aufrechte Fingerkraut, ist eine hohe Art von straffem, aufrechtem Wuchs, bei uns vereinzelt auf Bahndämmen oder trockenen Rasen anzutreffen. Die gefiederten, frischgrünen Blätter und die Stengel sind rauh behaart. Große, hellgelbe Blüten stehen dichtgedrängt in einer rispenähnlichen Blütenkrone. Die Sorte 'Warrenii' hat große, lebhafte, kanariengelbe Blüten.

Phlomis samia, **das Brandkraut, gehört zu den besonders wertvollen Wildstauden und kann auch als Schnittblume verwendet werden. Die Fruchtstände zieren auch noch im Winter.**

Potentilla aurea, **das Goldgelbe Fingerkraut, ist dem Liebhabersortiment zuzurechnen. Man findet es gelegentlich auch auf Dachgärten oder in Trögen.**

Salvia nemorosa 'Blauhügel', eine vorzügliche Staude des Hauptsortiments, läßt sich sehr gut mit Gräsern und den gelbblühenden Schafgarben kombinieren.

Salvia pratensis, unser heimischer Wiesensalbei, sollte unbedingt zusammen mit der Frühlingsmargerite, *Chrysanthemum leucanthemum,* verwendet werden. Im Frühjahr kann man sich die gemeinsame Blüte an vielen Wegrändern und auf Wiesen anschauen.

◻ SALVIA

Salbei

Standort: sonnig; nährstoffreicher, durchlässiger, kalkhaltiger Boden
Wuchshöhe: 30 - 80 cm, je nach Art
Blütezeit: Mai - November, je nach Art
Vermehrung: durch Teilung oder Aussaat

Die sehr umfangreiche Gattung aus der Familie der Lippenblütler *(Labiatae)* umfaßt über 600 Arten. Neben den staudigen Vertretern haben auch einige Einjährige bzw. bei uns einjährig kultivierte Pflanzen gärtnerische Bedeutung. Die meisten Arten stammen aus Europa, Nordamerika oder Vorderasien, kommen aber praktisch auf der ganzen Erde vor. Charakteristisch sind der vierkantige Stengel sowie die gekreuzt-gegenständig angeordneten Blätter. Die Blütenkrone mit der stark ausgeprägten Oberlippe ragt zudem weit über die Kelchblätter hinaus. Eine weitere Gemeinsamkeit ist, daß die Pflanzen allesamt reich an ätherischen Ölen sind. Man verwendet Salbei in der Freifläche oder in Rabatten. Für gewöhnlich werden vollsonnige Standorte und besonders kalkhaltige Böden bevorzugt. Um eine langandauernde und reichhaltige Blüte sicherzustellen, ist es wichtig, Abgeblühtes ständig zurückzuschneiden.

▽ *Salvia nemorosa* 'Blauhügel'

So kann man schon einen knappen Monat nach dem Rückschnitt mit einer erneuten Blüte rechnen. Möchte man eine großflächige Pflanzung anlegen oder den Salbei als Einfassung verwenden, braucht man pro zu bepflanzendem Quadratmeter etwa zehn Pflanzen. Den Salbei mit seiner leuchtendblauen Färbung kann man hervorragend mit anderen intensiv gefärbten Stauden kombinieren, etwa mit *Papaver orientale* oder *Delphinium*-Belladonna-Hybriden

Salvia nemorosa, der Sommersalbei, zeichnet sich durch horstartigen, dichtbuschigen Wuchs aus. Die Blüten erscheinen im Juni bis Juli. Bevorzugt werden frische Böden, die zeitweilig austrocknen dürfen. Er kann auch als Beetstaude verwendet werden. Die einzelnen Sorten sind wertvolle Stauden.'Mainacht', Blüten nachtblau, Höhe 40 cm, unermüdlicher Dauerblüher, Blütezeit Mai bis Oktober; 'Ostfriesland', Blüten leuchtend dunkelviolett, Höhe 50 cm, Blütezeit Juli bis Oktober; 'Blauhügel', Blüten mittelblau, Höhe 30 cm, Blütezeit Juli bis Oktober.

Salvia pratensis, der Wiesensalbei, ist bei uns heimisch und blüht blauviolett im Juni bis Juli. Die Blüten sitzen in verzweigten Scheinähren. Die Pflanzen erreichen eine Höhe bis 50 cm. Die Varietät *S.pratensis haematodes* wird bis 80 cm hoch und zeichnet sich durch reichverzweigten Wuchs aus. Besonders reizvoll ist die lavendelblau blühende Sorte 'Mittsommer'.

▽ *Salvia pratensis*

 ## SCABIOSA

Skabiose

Standort: sonnig; trockener bis frischer, sandig-lehmiger Boden
Wuchshöhe: 20 - 90 cm, je nach Art
Blütezeit: Juni - Oktober, je nach Art
Vermehrung: durch Teilung oder Aussaat

Skabiosen gehören zur Familie der Kardengewächse *(Dipsacaceae)* und sind in Europa und Asien beheimatet. Langanhaltende Blüte und einfache Pflege machen sie zu einer beliebten Gartenpflanze.

▽ *Scabiosa caucasica*

Scabiosa caucasica, die Kaukasus-Skabiose, trägt lichtblaue Blüten auf langen, aufrechten Stielen. Die Wuchshöhe beträgt je nach Sorte 70 - 90 cm. Werden die verblühten Teile rechtzeitig zurückgeschnitten und die Pflanze ausreichend gedüngt, blüht sie den ganzen Sommer hindurch. Bewährte Sorten: 'Blauer Atlas', blauviolett, 70 cm hoch; 'Clive Greaves', lobelienblau, 80 cm hoch; 'Nachtfalter', violett, 80 cm hoch.

Scabiosa graminifolia gehört zu den wertvollen Wildstauden und eignet sich besonders für sonnige, trockene Lagen. Die silbrig-behaarten Blätter sowie die halbkugeligen, hellila Blüten verleihen der Pflanze einen interessanten steppenheideähnlichen Charakter.

 ## STIPA

Federgras, Pfriemengras

Standort: sonnig; trockener, warmer, möglichst kalkhaltiger Boden
Wuchshöhe: Halme 50 - 70 cm, Blüten 70 - 100 cm
Blütezeit: Juni - August
Vermehrung: durch Aussaat; Pflanzung nur mit Topfballen

Die Federgräser gehören zur Familie der *Gramineae* und stammen zum größten Teil aus dem Mittelmeerraum bis Südrußland.

Stipa capillata, Büschelfedergras, hat dichte, blaugrüne Laubhorste, die auch nach der Blüte noch aufrecht bleiben. Die Blütenrispen stehen über dem Laub, die Grannen sind unbehaart, 20 cm lang und häufig spiralig gedreht.

Stipa gigantea, das Riesenfedergras, bildet 50 cm hohe Blatthorste, die Blütenstiele entwickeln sich mannshoch. Die unbehaarten, goldenen Grannen können bis 30 cm lang werden und hängen locker von den fast aufrechten Blütenstielen.

Stipa pennata, das Flauschfedergras, ist in Europa heimisch. Der mattgrüne Blatthorst wird 40 cm hoch, die Blütenstände schieben sich etwas darüber hinaus. Die 20 cm langen, flauschigen Grannen hängen weich bogig über.

▽ *Stipa gigantea*

Scabiosa caucasica, die Kaukasus-Skabiose, trifft man sowohl in der frischen, nährstoffreichen Freifläche als auch im Beet an. Die Abbildung zeigt die Sorte 'Ballerina'

Stipa gigantea, das Riesenfedergras, ist ein wertvolles Wildgras mit weit überhängenden Blütenrispen. Die Pflanze bevorzugt warme, trockene Standorte.

Thymus vulgaris, der Echte Thymian, ist in zweierlei Hinsicht eine Bereicherung für den Garten: als Zierpflanze und als Gewürzpflanze.

Thymus serpyllum, der Feldthymian, bildet mit den Jahren schöne dichte Rasen. Dies gilt insbesondere für die weißblühende Sorte 'Albus'. Die Abbildung zeigt die Wildart, die sich für Dachgärten und die Bepflanzung von Trögen eignet.

Verbascum 'Cottswold Queen', eine Königskerzen-Hybride, zeichnet sich durch bernsteinfarbene Blüten und eine Wuchshöhe um 80 cm aus.

◼ THYMUS

Thymian

Standort: sonnig; durchlässiger, sandig-magerer Boden
Wuchshöhe: 5 - 30 cm
Blütezeit: Mai - September
Vermehrung: durch Aussaat, Teilung und Stecklinge

Der Thymian – besonders die als Heil-, Duft- und Küchenkraut verwendeten Arten – war vermutlich schon in der Antike bekannt. Die mehrjährigen, oft wintergrünen Stauden aus der Familie der Lippenblütler *(Labiatae)* sind überwiegend in den warmen Ländern rund um das Mittelmeer zu Hause. Sie sind sehr wärmebedürftig, stellen aber an den Boden geringe Ansprüche und wachsen bevorzugt an trockenen, steinigen Hängen in voller Sonne. Die rosa, lila oder weißen Blüten stehen quirlig in den Achseln der Blätter.

Thymus doerfleri ist im Kaukasus zu Hause. Mit ihrem kriechenden Wuchs und den graugrünen, rauhbehaarten Blättchen ist die Staude ein hübscher Bodendecker. Ab Mai ist das Polster mit zahlreichen rosa Blüten überschüttet. Die bekannteste Sorte ist 'Bressingham Seedling'.

Thymus serpyllum, Quendel, Wilder Thymian, Feldthymian. Diese heimische Wildpflanze ist ein et- wa 30 cm hoch werdender Halbstrauch. Er kommt in fast ganz Europa an sonnigen, trockenen Plätzen bis in Höhe von 3000 m vor. Quendel kann je nach Standort runde oder vierkantige, behaarte oder glatte Stengel haben; die Blätter können eiförmig oder lanzettlich sein, die Blüten rosa oder lila. In jedem Fall sind die Blütenstände eiförmig-kugelig und die Blätter drüsig punktiert. Die ganze Pflanze duftet aromatisch. An Sorten sind der weißblühende 'Albus' sowie 'Coccineus' mit leuchtendkarmesinroten Blüten erhältlich.

Thymus vulgaris, der Gartenthymian oder Echte Thymian, ist eine Pflanze aus dem Mittelmeerraum, wo er an warmen, sonnigen Hängen wächst. Die stark verästelte Staude verholzt sowohl in ihrer kräftigen Pfahlwurzel als auch im unteren Bereich der Stengel und trägt viele kleine lanzettliche Blätter, die auf der Unterseite weißfilzig und am Rand leicht eingerollt sind. Ihre rosa oder weißen Blüten erscheinen den ganzen Sommer hindurch und stehen in Scheinquirlen. Normalerweise hat die sonnenverwöhnte Pflanze es etwas schwer mit unserem Winter. Doch gibt es vom Echten Thymian inzwischen eine Varietät, den Winterthymian, der sich für weniger sonnig-warmes Klima eignet und winterhart ist. Die Sorte 'Compactus' für die trocken-sonnige Freifläche mit dichtem, graugrünem Laub und zartlila Blüten wird nur etwa 20 cm hoch.

◼ VERBASCUM

Königskerze, Wollblume, Fackelblume

Standort: sonnig; sandig-magerer Boden
Wuchshöhe: 50 - 300 cm
Blütezeit: Mai - September
Vermehrung: durch Aussaat oder Wurzelschnittlinge

Die zur Familie der Rachenblütler *(Scrophulariaceae)* gehörende Königskerze ist eine Sonnenpflanze und bevorzugt magere, trockene Standorte, die ihr Schutz vor Wind und Kälte bieten. Man findet sie häufig auf Schuttplätzen, an Wald- und Wegrändern. Die zweijährigen Pflanzen bilden im ersten Jahr nur eine Blattrosette aus. Im zweiten Jahr entwickelt sich ein kräftiger, beblätterter Stengel, der in den dichtblütigen, fast ährenartigen Blütenstand übergeht. Schon im Altertum beschäftigten sich die Menschen mit dieser schönen und stattlichen Pflanze, die überall in Europa (außer im hohen Norden), in Vorderasien und Nordafrika verbreitet ist. Aus einer üppigen Blattrosette, die bei einigen Arten wollig behaart ist, treibt sie Blütenkerzen, die bis 300 cm hoch werden können. Diese manchmal verzweigten Blütenstände, die wollige Behaarung und der Brauch, die Pflanze mit Pech zu tränken und als Fackel zu benutzen, erklärt nur einige der

▽ *Thymus vulgaris*

▽ *Thymus serpyllum*

▽ *Verbascum* 'Cottswold Queen'

vielen deutschen Namen, die man ihr gab.

Artenübersicht. Für die Gartenkultur geeignete Arten sind *Verbascum bombyciferum, V. olympicum* und *V. pannosum,* die allesamt zwischen 150 und 200 cm hohe Blütenstände entwickeln und weißwollig behaart sind. Außerdem sollte noch *V. phoeniceum* erwähnt werden, eine 60 - 80 cm hoch wachsende Art mit glänzend-dunkelgrünen Blättern und zierlichen Blütentrauben, die in verschiedenen Violettönen variieren. Für die Gartenkultur gibt es Kreuzungen und Hybriden (*Verbascum* x *hybridum*), die mehrjährig sind. Königskerzen passen gut in den Heide- oder Wildgarten, zu Gräsern oder Wildrosen.

▽ **Verbascum olympicum**

■ VERONICA

Ehrenpreis, Veronika

Standort: sonnig; normaler Boden
Wuchshöhe: 10 - 180 cm
Blütezeit: Mai - September
Vermehrung: durch Teilung oder Stecklinge

Die Gattung *Veronica* besteht aus etwa 300 einjährigen und ausdauernden Arten, die überwiegend in den gemäßigten Zonen der nördlichen Halbkugel angesiedelt sind. Sie zählen zu den Braunwurzgewächsen *(Scrophulariaceae)* und treiben blaue, rosafarbene oder weiße Blütentrauben oder -kerzen.

▽ **Veronica longifolia**

Veronica incana hat silbergraues Laub und liebt trocken-warme Standorte. Die dunkelblauen, 30 cm hohen Blütenkerzen erscheinen im Juni bis Juli. Ein hübscher Begleiter für Rosen.

Veronica longifolia ist eine 80 cm hohe Art mit schlanken Blütenkerzen, die den Garten ab Ende Juni bis August ziert. Sie bildet zahlreiche Seitentriebe, die nach und nach aufblühen und so für eine lange Blütezeit sorgen. Schneidet man die verwelkten Blütenstiele bis zum Boden zurück, bringt ein neuer Austrieb im Spätsommer einen weiteren Flor. Empfehlenswerte Sorten sind 'Blauriesin' (leuchtenddunkelblau und starkwüchsig), 'Junifee' (etwas helleres, sehr schönes Blau; lange Blütezeit) und 'Schneeriesin' (weiß). Wichtig ist, daß *V. longifolia* nicht zu trocken steht.

Veronica spicata wird etwa 40 cm hoch und blüht etwas später, von Juli bis Anfang September. Die Blütenkerzen sind blau oder rötlich. Sorten: 'Blaufuchs' (blauviolett, 40 cm hoch), 'Heidekind' (nur 20 cm hoch mit leuchtend-weinroten Blüten über graugrünem Laub), 'Rotfuchs' (dunkelrosarot, 40 cm hoch).

Veronica teucrium schmückt sich im Mai bis Juni mit intensivblauen, pyramidenförmigen Blütentrauben und wird 25 cm hoch. Wertvolle Züchtungen sind die tief enzianblaue 'Knallblau' und die leuchtendblaue 'Shirley Blue'.

▽ **Veronica spicata**

Verbascum olympicum, eine Königskerzen-Art, kann man sehr gut in Einzelstellung verwenden. Oft ist sie nur zweijährig, samt sich aber dafür am artgerechten Standort reichlich aus.

Veronica longifolia, eine Ehrenpreis-Art, bevorzugt frische bis feuchte Standorte in der vollen Sonne und kann auch mit Beetstauden mit Wildpflanzencharakter kombiniert werden.

Veronica spicata sollte nur für durchlässige Böden, die eher etwas trockener sind, verwendet werden. Diese Ehrenpreis-Art schätzt auch die Verbindung zum Stein.

Beetstauden sind berühmt für ihre reiche und farbenprächtige Blüte. Man nennt sie deshalb auch Prachtstauden. Diese Staudengruppe ist meist züchterisch bearbeitet. Beetstauden stellen in der Regel höhere Ansprüche an die Bodenverhältnisse und die Pflege als Wildstauden. Eine Kombination der Beetstauden mit Vertretern anderer Staudengruppen ist meist nur schwer möglich, da letztere in Hinblick auf Farbenpracht und Wuchshöhe nicht konkurrenzstark genug sind oder sich der Wildstaudencharakter mit dem der Beetstauden nicht verträgt. Beetstauden lassen sich jedoch hervorragend mit einer Reihe von ebenfalls üppig blühenden Zwiebelgewächsen kombinieren.

BEETSTAUDEN

Eine Beetstaudenrabatte, die sich sehr schön in den Garten einfügt. Den Vordergrund bildet eine neutrale Rasenfläche. Die Höhenstaffelung innerhalb der Rabatte wird noch durch die dahinterliegende Hecke und die verschiedenen Laubbäume in nahezu idealer Weise ergänzt.

Achillea filipendulina, die Goldgarbe, liebt sonnige, warme und offene Staudenrabatten. Sie ist auch als Schnittblume zu verwenden.

Aconitum carmichaelii var. *wilsonii*, eine Eisenhut-Art, sollte man nicht in sonnigen, sondern eher halbschattigen Rabatten einsetzen. Die violette Blütenfarbe ist eine Bereicherung des vorwiegend dunkelblauen Eisenhut-Sortiments.

ACHILLEA FILIPENDULINA

Goldgarbe

Standort: sonnig; durchlässiger, warmer Boden
Wuchshöhe: 60 - 120 cm, je nach Sorte
Blütezeit: Juni - September
Vermehrung: durch Teilung

Die Schafgarbe zählt zur großen Familie der Korbblütengewächse (*Compositae*) und ist mit rund 100 Arten überwiegend in Europa und Kleinasien zu Hause. *Achillea filipendulina* ist ein Dauerblüher und eignet sich hervorragend als Beetstaude; weitere Arten finden Sie in den Kapiteln »Stauden für die Sonne« und »Stauden für den Steingarten«.

Achillea filipendulina, eine wärmeliebende Art für sonnige Plätze, hat farnartige, graugrüne Blätter und große gelbe Blütendolden. Die Pflanze wächst aufrecht und horstig und erreicht eine Höhe von bis zu 120 cm. Die Blätter sind gefiedert, graugrün behaart; sie duften aromatisch. Zu den wertvollsten Gartensorten zählen die etwa 70 cm hohe 'Coronation Gold', 'Altgold', 60 cm hoch, messinggelbe Blüte, sowie 'Parker' mit besonders großen Blütendolden und kräftigen, 120 cm hohen Stielen und 'Golden Plate', ebenfalls 120 cm hoch.

▽ **Achillea filipendulina**

ACONITUM

Eisenhut

Standort: halbschattig; feuchter, kräftiger Boden
Wuchshöhe: 80 - 180 cm
Blütezeit: Juli - Oktober
Vermehrung: durch Teilung

Der Eisenhut, ein Hahnenfußgewächs (*Ranunculaceae*), ist in den gemäßigten Zonen der nördlichen Halbkugel und hier vor allem an den Waldrändern der Gebirgsregionen anzutreffen. Sowohl die Blätter als auch die meist blauen, endständigen Blütentrauben und rübenartigen Wurzeln enthalten ein giftiges Alkaloid, das in entsprechender Menge tödlich wirken kann. Vorsicht also, wenn Kinder im Hause sind. Eisenhut liebt frischen, kühlen, humosen Boden und paßt sowohl in die halbschattige Rabatte als auch in naturnahe Pflanzungen am Gehölzrand.

▽ **A. carmichaelii** var. **wilsonii**

Aconitum x arendsii, der Oktober-Eisenhut, sollte schon wegen der späten Blütezeit in keinem Garten fehlen. Seine blauen Kerzen werden bis 120 cm hoch.

Aconitum carmichaelii var. **wilsonii** ist mit 180 cm Wuchshöhe die stattlichste Art.

Aconitum napellus, unser heimischer Eisenhut, schmückt schon seit Jahrhunderten die Bauerngärten mit seinen 120 cm hohen, blauen Blütenrispen. Eine besonders empfehlenswerte Sorte ist 'Newry Blue', die als Schnittblume sehr begehrt ist.

Pflegetips. Die Pflege ist recht anspruchslos: Außer normaler Düngung gelegentlich eine Handvoll Hornspäne oder anderen organischen Stickstoffdünger um jede Pflanze streuen. Weichtriebige und sehr hohe Arten und Sorten rechtzeitig anbinden. Vermehrung durch Aussaat von Dezember bis März oder durch Teilung im Herbst oder im Frühjahr.

ALCEA ROSEA

Stockrose, Stockmalve

Standort: sonnig; kräftiger Boden
Wuchshöhe: 180 - 200 cm
Blütezeit: Juli - September
Vermehrung: durch Aussaat

Die Stockrose ist eine beliebte, altbekannte Bauerngartenpflanze aus der Familie der Malvengewächse (*Malvaceae*) mit mannshohen Blütenkerzen und großen, rauhen, gelappten Blättern. Ihre Verwandtschaft besteht aus rund 25 Arten, die in den gemäßigten Zonen Europas und Asiens zu Hause sind. Obwohl es sich um eine mehrjährige Staude handelt, wird *Alcea rosea* meist nur zweijährig gezogen. Durch rechtzeitigen Rückschnitt nach der Blüte kann man sie zwar länger halten, bei älteren Pflanzen läßt aber die Widerstandskraft, insbesondere gegen den Malvenrost, nach. Die Farbpalette der ab Juli sich öffnenden, einfachen oder gefüllten, bis 10 cm großen Blüten umfaßt alle Schattierungen von Rot, Rosa, Purpur, Gelb und Weiß. Sorten: 'Puderquaste' (große, dichtgefüllte Blüten), 'Majorette' (Mischung von Pastelltönen, niedriger Wuchs), 'Chater's Double' (gefüllte, päonienblütige Mischung) und 'Summer Carnival'.

Pflegetips. Der Standort sollte sonnig, warm und windgeschützt sein; am besten vor einer Hauswand oder einem Zaun plazieren. Kräftige, nahrhafte Erde ist nötig. Blumenstiele rechtzeitig abstützen, bei trockenem Wetter durchdringend gießen. Bei mehrjähriger Kultur Stiele nach der Blüte kurz über dem Boden zurückschneiden. Ältere Pflanzen sind anfällig für Malvenrost und lassen auch in der Blüte nach. Aus dem Grund ist zweijährige Kultur zu empfehlen. Vermehrung durch Aussaat im Juni bis Juli, am besten in Torftöpfe. Im Herbst an den endgültigen Standort verpflanzen.

△ *Alcea rosea*

▽ *Alcea rosea* 'Chater's Double'

▽ *Anemone hupehensis*

▽ *Anemone* 'Honorine Jobert'

ANEMONE

Anemone

Standort: sonnig bis halbschattig
Wuchshöhe: 50 - 120 cm, je nach Art
Blütezeit: August - Oktober, je nach Art
Vermehrung: durch Teilung, Wurzelschnittlinge oder Aussaat

Eine aparte Pflanzengattung aus der Familie der Ranunkelgewächse (*Ranunculaceae*). Die im folgenden vorgestellten Arten eignen sich für Beetpflanzungen. Weitere Arten und Informationen zur Gattung finden Sie im Kapitel »Stauden für den Halbschatten«.

Anemone hupehensis stammt aus China, wird 50 - 90 cm hoch und bringt von August bis September Rispen mit bis zu 15 rosaroten Einzelblüten hervor. Bekannte Sorten sind die als erste blühende 'Praecox' (40 cm hoch) und 'Septembercharme' (große, hellrosa Blüten, 60 cm hoch). Nach der Blüte entwickelt sich ein hübscher, wolliger Fruchtstand. Blütezeit August bis September.

Anemone x hybrida umfaßt eine Gruppe von Hybriden, die aus Kreuzungen der oben beschriebenen Art mit *A. vitifolia* hervorgegangen sind. Man bezeichnet sie auch als *Japonica-Hybriden*, Japananemonen oder Herbstanemonen. Sie blühen von September bis Oktober und bringen im Herbst noch einmal Schwung in die Staudenrabatte. Die meisten Sorten entstanden bereits im letzten Jahrhundert, z.B. 'Honorine Jobert' (weiß, einfach, 120 cm), 'Königin Charlotte' (silbrigrosa, halbgefüllt, 100 cm), 'Prinz Heinrich' (purpurrot, halbgefüllt, 80 cm). Eine schöne moderne Sorte ist 'Rosenpokal'. Auch die wolligen Fruchtstände sehen sehr attraktiv aus. Gepflanzt wir im Herbst in nahrhaften, lehmig-humosen Boden. Ein leichter Winterschutz aus Laub ist nötig.

Alcea rosea, die Stockrose, vollbringt jedes Jahr wieder ganz beachtliche Wuchsleistungen, indem sie eine Höhe bis 200 cm erreicht. Besonders hübsch ist die Sorte 'Plena' mit ihren gefüllten Blüten.

Alcea rosea 'Chater's Double', eine Stockrosen-Sorte, kann interessante Farbakzente in der Staudenrabatte setzen.

Anemone hupehensis, eine Herbstanemone, zählt zu den vorzüglichen Stauden des Hauptsortiments und sollte eigentlich in keinem Garten fehlen.

Anemone 'Honorine Jobert', eine Anemonen-Hybride, verwendet man in der absonnigen bis halbschattigen Rabatte oder auch in einer Wildstaudenpflanzung am Gehölzsaum. Die weißen Blüten erscheinen in lockeren Rispen.

Aquilegia caerulea, eine Akeleiart, wartet mit vielen Sorten auf, die eher absonnige Standorte am Gehölzrand bevorzugen.

Aster novi-belgii 'Blauglut' ist eine Glattblattaster mit vorzüglichen Eigenschaften. Sie setzt im Herbst noch einmal Akzente in der Staudenrabatte.

◼ AQUILEGIA

Akelei

Standort: sonnig bis halbschattig; frischer, humoser Boden
Wuchshöhe: 15 - 90 cm
Blütezeit: Mai - Juni
Vermehrung: durch Aussaat

Die zu den Ranunkelgewächsen (*Ranunculaceae*) zählende Akelei kommt mit ungefähr 120 Arten auf der ganzen nördlichen Halbkugel vor und wird schon seit dem Mittelalter in unseren Gärten kultiviert. Das zartgliedrige Blattwerk und die graziös nickenden Blüten geben der winterharten Staude einen anmutigen Charakter. Ein weiteres typisches Kennzeichen sind die gespornten, rückwärts gerichteten äußeren Blütenblätter, die sich farblich oft von den inneren Blütenblättern unterscheiden. Die Akelei gibt eine vorzügliche Schnittblume ab.

Artenübersicht. Für das Beet eignen sich *Aquilegia alpina* 'Superba', 40 cm hoch, reinblau. Die wichtigste Rolle bei den für Rabatte und Schnitt bestimmten Arten spielt *A. caerulea* und die daraus hervorgegangenen Hybriden, die sich durch ungewöhnlich farbenfrohe Blüten auszeichnen. Die populärste Sorte ist 'McKana', eine Mischung, die alle Farbtöne von Weiß über Gelb, Rosa, Rot, Purpur, Braun und Blau umfaßt. Weitere nennenswerte Vertreter aus der Gruppe der Beet-Akeleien sind *A. chrysantha*, 90 cm hoch, mit reingelben Blumen, *A. 'Nora Barlow'*, eine spornlose, gefüllte Form, sowie *A. vulgaris*, unsere heimische Akelei, die außer in den üblichen Blautönen auch in einer weißen Form, 'Nivea', angeboten wird.

Pflegetips. Die Pflege ist einfach: Nach der Blütezeit zurückschneiden. Vermehrt wird im allgemeinen durch Aussaat, am besten gleich nach der Samenreife im Spätsommer. Ältere Horste auch durch Teilung.

◼ ASTER

Aster

Standort: sonnig; offener, warmer, nährstoffreicher Boden mittlerer Feuchte
Wuchshöhe: 25 - 150 cm, je nach Art und Sorte
Blütezeit: Juli - Oktober, je nach Art
Vermehrung: durch Teilung

Die Astern gehören zur Familie der Korbblütler (*Compositae*). Astern haben Sammelblüten, das heißt die Blüten setzen sich aus unzähligen Einzelblüten zusammen. Die senkrechten Röhrenblüten sitzen in der Mitte und sind von den waagrecht abstehenden Zungenblüten eingerahmt. Neben den bei uns vorkommenden Wildarten werden viele Arten aus Südeuropa, dem östlichen Nordamerika und Westchina in unseren Gärten kultiviert. Die Vertreter der Gattung *Aster* bevorzugen in der Regel offene, sonnige Lagen. Die Boden- und Nährstoffansprüche sind dagegen recht unterschiedlich. Weitere Arten und interessante Informationen finden Sie in den Kapiteln »Stauden für die Sonne« und »Stauden für den Steingarten«.

Aster amellus, die Bergaster, findet man in der Natur in Steppenheiden oder lichten Kiefernwäldern. Sie gehört zur Gruppe der Som-

▽ *Aquilegia caerulea*

▽ *Aster novi-belgii* 'Blauglut'

merastern (Blütezeit Juli bis September) und bevorzugt trockene bis frische, kalkreiche, sandige bis lehmige Böden. Die blaulila Blütenköpfchen erscheinen von Juli bis September. Die Stengelblätter sind unterseits leicht behaart und lanzettlich. Die Bergastern sind nicht so leicht zu vermehren. Von Herbstpflanzungen muß daher abgeraten werden. Im Frühjahr werden die Pflanzen durch Stecklinge vermehrt. Die Arten und Sorten lassen sich alle hervorragend als Schnittblumen verwenden. Zur Benachbarung eignen sich neben anderen Beetstauden auch Wildstauden aus dem Lebensbereich Freifläche, wie Schafgarbe, Blaustrahlhafer oder Federborstengras. Bewährte Sorten sind: 'Blütendecke', silberblau, 50 cm; 'Breslau', blauviolett, 40 cm; 'Dr. Otto Petscheck', lavendelblau, 60 cm; 'Lady Hindlip', rosa, 60 cm; 'Sternkugel', lavendelblau, 40 cm; 'Veilchenkönig', dunkelblau, 40 cm.

Aster-Dumosus-Hybriden, die Kissenastern, wurden aus der Wildform *A. dumosus* und verschiedenen Sorten von *A. novi-belgii* gezüchtet. Sie zählen zu den Herbstastern und bevorzugen nährstoffreiche, offene Böden in vollbesonnten Lagen. Je nach Sorte werden Höhen zwischen 20 und 40 cm erreicht. Die Blüten erscheinen von August bis Oktober. Die direkt am Stengel sitzenden Blätter sind linealisch bis lanzettlich, in der Regel unbehaart. Man verwendet die Kissenastern am besten in Rabatten, wo sie sich als verträgliche Flächendecker gut mit Grönland-Margerite, Mädchenauge, Prachtscharte oder Federborstengras kombinieren lassen. Bei ungünstigen Standortbedingungen und schlechter Witterung sind die Kissenastern-Hybriden empfindlich gegenüber Mehltau, besonders niedrige Sorten unter 25 cm Wuchshöhe. Der beste Schutz sind gute Standortbedingungen und Pflege.

Aster ericoides, die Myrtenaster, gehört ebenfalls zu den Herbstastern und ist besonders kleinblumig und zierlich im Wuchs. Ob-

△ **Aster-Dumosus-Hybriden**

Aster-Dumosus-Hybriden blühen unermüdlich im August und September, und viele Sorten gehören zu den vorzüglichen Stauden des Hauptsortiments. Als verträgliche Flächendecker eignen sie sich für offene, sonnige Rabatten und Einfassungen, wie etwa die abgebildete Sorte 'Lilac Time'.

Sortenübersicht Glattblattastern

Sorte	Höhe (cm)	Blütezeit	Blütenfarbe
'Autumn Glory'	120	Sept. - Oktober	blutrot
'Crimson Brocade'	80	Sept. - Oktober	rosarot
'Dauerblau'	150	Oktober - Nov.	lilablau
'Lady Frances'	90	Oktober - Nov.	tiefrosa
'Marie Ballard'	90	Sept. - Oktober	hellblau
'Royal Blue'	120	Sept. - Oktober	tiefblau
'Schöne von Dietlikon'	100	Oktober - Nov.	dunkelblau gelbe Mitte

Sortenübersicht Rauhblattastern

Sorte	Höhe (cm)	Blütezeit	Blütenfarbe
'Andenken an Alma Pötschke'	100	Sept. - Oktober	lachsrot
'Andenken an Paul Gerber'	140	Sept. - Oktober	karminrot
'Barr's Blue'	150	September	tiefblau
'Rudelsberg'	120	Sept. - Oktober	lachsrosa

Sortenübersicht Kissenastern

Sorte	Höhe (cm)	Blütezeit	Blütenfarbe/-form
'Herbstgruß vom Bresserhof'	50	September	rosa
'Jenny'	30	Sept. - Oktober	violettpurpurn/ gefüllt
'Kassel'	40	August - Sept.	karminrot/ halbgefüllt
'Lady in Blue'	25	August - Sept.	blau/halbgefüllt
'Nesthäkchen'	25	September	rosa
'Prof. A. Kippenberg'	40	September	reinblau
'Schneekissen'	30	September	reinweiß
'Wachsenburg'	50	Sept. - Okt.	rosa

Sortenübersicht Myrtenastern

Sorte	Höhe (cm)	Blütezeit	Blütenfarbe/-form
'Erlkönig'	120	Sept. - Oktober	blau/Rispen
'Ringdove'	90	Sept. - Oktober	rosa
'Schneetanne'	100	Sept. - Oktober	weiß

Astilben, wie die verschiedenen Sorten von *Astilbe* x *arendsii*, bevorzugen nährstoffreiche, humose, wenig durchwurzelte Böden im lichten Schatten von Gehölzen. Auf Rabatten in sonnigen Lagen muß für genügend Bodenfeuchte gesorgt sein.

wohl sie sich ein wildstaudenähnliches Erscheinungsbild bewahren konnte, brauchen die verschiedenen Sorten eine intensive Pflege. Hierzu gehören ausreichende Nährstoffversorgung und Wässern. Sie bevorzugen frische, nährstoff- und humusreiche Böden in vorwiegend sonnigen Lagen. Die intensiv duftenden Blüten erscheinen von September bis Oktober. Sie eignen sich neben ihrer Verwendung in Staudenrabatten gut als Schnittblumen. Als Nachbarn haben sich Gartenchrysanthemen, Sonnenbraut und Goldrute bewährt.

Aster novae-angliae, Rauhblattaster. Die Wildart stammt aus den feuchten Niederungen des östlichen Nordamerikas. Diese Vorliebe für frische und nährstoffreiche Böden haben auch die im Handel angebotenen Sorten. Die Blätter sind lanzettlich und behaart. Je nach Sorte erreichen Rauhblattastern eine Wuchshöhe von 80 bis 150 cm. Die Blüten erscheinen von September bis Oktober. Sie sitzen in endständigen Doldentrauben. Man verwendet die Pflanze bevorzugt als Leitstaude in kleinen Gruppen für offene, sonnige Rabatten. Zur Benachbarung eignen sich Gartenchrysanthemen, Sonnenbraut oder Sonnenauge.

Aster novi-belgii, die Glattblattaster, stammt ebenfalls aus dem östlichen Nordamerika und hat, wie der Name bereits vermuten läßt, unbehaarte Blätter, die den ganzen Stengel bedecken. Die in locker verzweigten Rispen erscheinenden Blüten zeigen sich von September bis in den November hinein. Bevorzugt werden nährstoffreiche, offene, frische Böden in vollbesonnten Lagen. Die Pflanzen sind schwach ausläufertreibend und erreichen Höhen von 90 bis 140 cm. Verglichen mit den Rauhblattastern sind sie nicht ganz so robust und erkranken leichter an Mehltau und Asternwelke. Ein leichter Rückschnitt im Juni-Juli sorgt für Standfestigkeit, besonders bei den sehr hohen Sorten. Verwendung wie bei den Rauhblattastern.

ASTILBE

Prachtspiere

Standort: halbschattig; frischer, humoser Boden
Wuchshöhe: 15 - 120 cm
Blütezeit: Juni - September
Vermehrung: durch Teilung

30 bis 35 Arten dieses Steinbrechgewächses (*Saxifragaceae*) kommen im östlichen Asien vor. Mehr als die Arten spielen die verschiedenen Hybrid-Gruppen eine Rolle. Weitere Arten und Informationen finden Sie im Kapitel »Stauden für den Halbschatten«.

***Astilbe-Arendsii*-Hybriden** bieten die größte Farbenvielfalt. Sie werden 40-80 cm hoch und spielen in den Farben Weiß, Rosa, Purpur und Rot. Blütezeit je nach Sorte Juli bis September.

***Astilbe-Japonica*-Hybriden** bleiben mit einer Wuchshöhe von 30 - 40 cm deutlich niedriger als die *Arendsii*-Hybriden. Sie eröffnen den Blütenreigen im Juni bis Juli.

***Astilbe-Simplicifolia*-Hybriden** werden auch 30 - 40 cm hoch. Von anderen Arten sind sie leicht durch ihr größeres Laub zu unterscheiden. Ihre Blütezeit ist Juli.

***Astilbe-Thunbergii*-Hybriden** sind mit einer Wuchshöhe von 90 bis 120 cm die stattlichste Gruppe. Dennoch wirken sie mit ihren elegant überhängenden, weißen oder rosafarbenen Rispen sehr grazil. Ihre Blütezeit ist Juli bis August.

Pflegetips. Astilben sind sehr langlebig, wachsen aber mit der Zeit aus dem Boden heraus. In diesem Fall die Pflanzen im Frühjahr herausnehmen, teilen und wieder einpflanzen oder seitlich etwas Erde auffüllen. Vermehrung durch Teilung der Wurzelstöcke im Frühjahr oder Herbst.

▷ Astilben

Sortenübersicht Astilben		
Frühe Blüte (Juni/Juli)		
Sorte	**Blütenfarbe**	**Wuchshöhe (cm)**
'Diamant' (arend.)	weiß	80
'Deutschland' (japon.)	weiß	40
'Praecox Alba' (simpl.)	weiß	50
'Irrlicht' (arend.)	weiß	40
'Europa' (japon.)	rosa	50
'Grete Püngel' (arend.)	rosa	80
'Lilipt' (chin.)	rosa	15
'Mainz' (japon.)	rosa	60
'Fanal' (arend.)	rot	60 - 80
'Montgomery' (japon.)	rot	60 - 70
Mittelfrühe Blüte (Juli/August)		
'Bergkristall' (arend.)	weiß	100
'Moerheimii' (thun.)	weiß	120
'Van der Wielen' (thun.)	weiß	120
'Anita Pfeifer' (arend.)	rosa	70
'Bressingham's Beauty' (arend.)	rosa	100
'Purpurlanze' (chin.)	rosa	120
'Aphrodite' (simpl.)	rot	40
'Else Schluck' (arend.)	rot	60
'Red Sentinel' (japon.)	rot	60
Späte Blüte (August/September)		
'Alba' (simp.)	weiß	40
'Weiße Gloria' (arend.)	weiß	60
'Cattleya' (arend.)	rosa	100
'Finale' (chin.)	rosa	40
'Sprite'N (simpl.)	rosa	40
'Straußenfeder' (thun.)	rosa	100
'Augustleuchten' (arend.)	rot	40 - 80
'Feuer' (arend.)	rot	80

Campanula latifolia, die Glockenblume, erreicht eine Höhe bis 100 cm. Die lockeren Blütentrauben erscheinen von Juni bis Juli. Sie eignet sich für eher schattige Rabatten.

■ CAMPANULA

Glockenblume

Standort: absonnig bis halbschattig; frischer, nährstoffreicher Boden
Wuchshöhe: 50 - 100 cm
Blütezeit: Mai - September
Vermehrung: durch Teilung

Bei uns gibt es etwa 20 heimische Glockenblumenarten. Sie gehören zur Pflanzenfamilie der Glockenblumengewächse (*Campanulaceae*). Ihre Verbreitung ist vielfältig und reicht von den Alpen über Wiese und Trockenrasen bis hin zu schattigen Standorten in Mischwäldern. Auffallendes Kennzeichen sind die glockenähnlichen Einzelblüten, die in Ähren, Trauben oder Büscheln zusammenstehen oder auch einzeln vorkommen. Die Blätter sind wechselständig und nach der Blüte bildet sich eine Kapselfrucht. Im folgen-

den werden die Glockenblumen vorgestellt, die sich als Beetstauden eignen. Weitere Arten finden Sie in den Kapiteln »Stauden für den Halbschatten« und »Stauden für den Steingarten«.

Campanula lactiflora, die Riesendoldenglockenblume, ist eine Wildstaude mit Beetstaudencharakter. Sie erreicht eine Höhe von 150 cm und läßt sich gut als Solitär verwenden. Beheimatet im Kaukasus und Westasien; bei uns erscheinen die blaulila Blüten an den verzweigten Rispen im Juni bis Juli. Der Feuchtigkeitsbedarf der Riesendoldenglockenblume ist hoch. Die Sorten 'Loddon Anne' (90 cm) und 'Prichard' (60 cm) eignen sich gut als Beetstauden für absonnige Anlagen.

Campanula macrantha hat behaarte, breitovale Blätter und wird etwa 100 cm hoch. Die dunkelvioletten Blüten erscheinen von Juni bis Juli. Sie wird im Halbschatten in Staudenrabatten mit frischen bis feuchten Böden verwendet.

▽ *Campanula latifolia*

■ CHRYSANTHEMUM

Chrysantheme, Wucherblume, Margerite

Standort: sonnig; nährstoffreicher, humoser Boden
Wuchshöhe: 50 - 100 cm, je nach Art
Blütezeit: Mai - September
Vermehrung: durch Teilung

Die Gattung *Chrysanthemum* aus der Familie der Korbblütler (*Compositae*) umfaßt zahlreiche Arten in den verschiedensten Farben und Formen. Die Pflanzen stammen ursprünglich aus Japan und China, wo sie bereits vor 2000 Jahren gezüchtet wurden. Es gibt aber auch heimische Vertreter der Gattung. Hierzu gehören die Wiesenmargerite (*Chrysanthemum leucanthemum*) oder der Rainfarn (*Chrysanthemum vulgare*). 1789 kamen die ersten ostasiatischen Chrysanthemen nach England. Mitte des 19. Jahrhunderts traten sie dann ihren Siegeszug in die europäischen Gärten an. Heute sind sie aus unseren Gärten nicht mehr wegzudenken. Weitere Arten werden im Kapitel »Stauden für die Sonne« beschrieben.

Chrysanthemum coccineum, die Bunte Margerite, ist in den sommertrockenen Gebirgen Kleinasiens und des Kaukasus zu Hause. Früher war sie auch unter dem Namen *Pyrethrum* bekannt. Die 40 - 60 cm hohe Wildstaude blüht von Mai bis Juni. Sie bevorzugt lehmigen, nicht zu trockenen, leicht sauren Boden in voller Sonne. Läßt sich sehr gut in Rabatten verwenden und eignet sich als Schnittblume. Die Farbenvielfalt der Blüten umfaßt weiße, rosa und Rottöne. Ältere Pflanzen fallen leicht auseinander und sollten deshalb alle 2 - 3 Jahre geteilt werden. Benachbart werden sie gern mit Wiesenmargerite und Feinstrahl (*Erigeron* spec.). In langjähriger Gartenpraxis bewährte Sorten von *Chrysanthemum coccineum* finden Sie in der folgenden Übersicht.

Rotblühende C. coccineum	
C. coccineum 'Alfred'	60 cm, karminrot, gefüllt
C. coccineum 'Dolly'	60 cm, dunkelrot, einfach
C. coccineum 'Regent'	80 cm, leuchtend-rot, einfach
C. coccineum 'Robinsons Rot'	90 cm, karminrot, einfach, Vermeh-rung über Samen

Rosablühende C. coccineum	
C. coccineum 'Robinsons Rosa'	90 cm, rosa, einfach, Vermeh-rung über Samen
C. coccineum 'Strahlenkrone'	50 cm, hellrosa, einfach
C. coccineum 'Rosabella'	70 cm, dunkelrosa, gefüllt

Frühblühende C.x hortorum (August bis September)	
C. x hortorum 'Anastasia'	50 cm, rosa Pomponblüten
C. x hortorum 'Orchid Helen'	40 cm, rosa-lila, gefüllt
C. x hortorum 'Altgold'	50 cm, kupfrig, Pomponblüten
C. x hortorum 'Citrus'	80 cm, hellgelb, halbgefüllt

Mittelblühende C. x hortorum (September bis Oktober)	
C. x hortorum 'Fellbacher Wein'	70 cm, rot, halbgefüllt
C. x hortorum 'Schwabenstolz'	70 cm, rot, gefüllt
C. x hortorum 'Red Velvet'	60 cm, dunkel-karminrot, gefüllt
C. x hortorum 'Hebe'	70 cm, rosa, einfach
C. x hortorum 'Isabellrosa'	70 cm, rosa einfach
C. x hortorum 'Goldmarianne'	70 cm, goldgelb, einfach
C. x hortorum 'Edelweiß'	70 cm, weiß, halbgefüllt
C. x hortorum 'Schneewolke'	35 cm, weiß, halbgefüllt

Spätblühende C.x hortorum (Oktober bis November)	
C. x hortorum 'Herbströschen'	100 cm, rosa, gefüllt
C. x hortorum 'Nebelrose'	80 cm, rosa-lila, halbgefüllt
C. x hortorum 'Vreneli'	90 cm, kupfrig, gefüllt
C. x hortorum 'November-sonne'	80 cm, goldgelb, gefüllt
C. x hortorum 'Edelgard'	80 cm, hellgelb, halbgefüllt

Chrysanthemum x hortorum, die Gartenchrysantheme. Unter diesem Begriff faßt man die meisten Gartenchrysanthemen oder Winterastern zusammen. Die wichtigsten bei der Züchtung eingekreuzten Wildarten sind wahrscheinlich *C. indicum, C. morifolium, C. satsumense* sowie die japanischen Arten *C. japonense* und *C. ornatum.* Dadurch erklärt sich die große Fülle an Formen. Charakteristisch für die Gartenchrysanthemen sind die gestielten, schlaff ledrigen, eingeschnittenen, graugrünen Blätter sowie die in Trauben oder Köpfchen angeordneten Blüten. Zu den über 5000 zur Zeit bekannten Sorten gehören viele nicht winterharte Schnittblumen, die hauptsächlich im Erwerbsgartenbau verwendet werden. Freilandchrysanthemen bevorzugen nährstoffreiche, kalkhaltige Böden, die nicht zu Staunässe neigen. Ein sonniger, warmer Standort sorgt für eine schöne und lange Blüte. Geteilt und gepflanzt wird ausschließlich im Frühjahr. Die meisten Sorten brauchen neben einem geschützten Platz im Garten auch einen leichten Winterschutz. Bewährte Sorten von *Chrysanthemum* x *hortorum* finden Sie in der Übersicht.

Chrysanthemum leucanthemum, die Wiesenmargerite, wächst bevorzugt auf frischen bis mäßig trockenen Wiesen. Die verschiedenen Unterarten blühen im Mai und Juni und eignen sich im Garten besonders für die Blumenwiese, die allerdings nicht zu oft gemäht werden darf. Man sät sie aus oder pflanzt vorkultivierte Sämlinge. Ein Standort in voller Sonne wird bevorzugt. An den Boden stellt sie keine besonderen Ansprüche, nur Staunässe soll vermieden werden. Die im Handel befindlichen Sorten eignen sich gut für Staudenrabatten und als Schnittblumen. Die Wiesenmargerite steht gut in unmittelbarer Nachbarschaft von Pflanzen wie Wolfsmilch, Mohn, Jakobsleiter und Salbei. Bewährte Sorten von *Chrysanthemum leucanthemum*:

Chrysanthemum rubellum 'Clara Curtis', eine Gartenchrysantheme, verlangt einen nährstoffreichen und vollbesonnten Platz in der Rabatte.

▽ *Chrysanthemum rubellum* 'Clara Curtis'

Chrysanthemum x hortorum 'Kleiner Bernstein', eine Gartenchrysantheme, wirkt am besten, wenn man sie in größeren Gruppen auspflanzt. Das hat auch den Vorteil, daß man sich keine Gedanken mehr über seine Schnittblumen zu machen braucht.

C. leucanthemum 'Maistern'	50 cm, reinweiß, großblumig
C. leucanthemum 'Maikönigin'	70 cm, weiß, besonders früh
C. leucanthemum 'Rheinblick'	90 cm, weiß, besonders standfest

Chrysanthemum maximum, die Sommermargerite, stammt aus den Pyrenäen und erreicht eine Höhe von 60-90 cm. Die großblütigen Sorten sind gute Schnittblumen, die lange halten und in der Vase wunderschön aussehen. Sie bevorzugen normalen Gartenboden und volle Sonne. Die einfachen oder gefüllten weißen Blüten erscheinen von Juni bis September am Ende der kantigen, aufrechten Stengel. Alle 2-3 Jahre sollten die Stauden geteilt werden. Eine Nachzucht aus Samen führt nicht immer zu einem gleichmäßigen Ergebnis. Deshalb ist es besser, auf das Sortiment guter Samenfirmen zurückzugreifen. Bewährte Sorten der Sommermargerite sind:

Einfachblühende C. maximum	
C. maximum 'Beethoven'	80 cm, großblumig
C. maximum 'Gruppenstolz'	70 cm, kompakter Wuchs
C. maximum 'Harry Pötschke'	100 cm, standfest
Gefülltblühende C. maximum	
C. maximum 'Christine Hagemann'	80 cm, dichtgefüllt
C. maximum 'Julischnee'	90 cm, halbgefüllt
C. maximum 'Schwabengruß'	90 cm, halbgefüllt
C. maximum 'Wirral Supreme'	90 cm, dichtgefüllt

Chrysanthemum rubellum, die Gartenchrysantheme, verlangt nährstoffreichen, tiefgründigen Boden in voller Sonne. Mehrmalige Kopfdüngungen während der Vegetationsperiode sowie leichter Winterschutz sind ratsam. Die sehr wüchsigen, buschigen Stauden haben tief eingeschnittene, graugrüne Blätter und erreichen eine Höhe von 60-80 cm. Die einfachen oder halbgefüllten rosa Blüten erscheinen schon im August und September. Gute Sorten sind:

C. rubellum 'Clara Curtis'	70 cm, rosa, einfach
C. rubellum 'Duchess of Edinburgh'	60 cm, weinrot, halbgefüllt
C. rubellum 'Paul Boissier'	70 cm, kupfrigbraun, halbgefüllt

Die Gartenchrysantheme wirkt sehr gut in Nachbarschaft mit Astern, Bartblume, mit Wildem Wein und Nadelgehölzen im Hintergrund.

Pflegetips. Chrysanthemen bevorzugen vollbesonnte Standorte im gemäßigten Klima. Die Böden sollten durchlässig und nährstoffreich sein und nicht zur Staunässe neigen. Gerade die Gartenchrysanthemen machen teilweise bei der Überwinterung Probleme.

Deshalb wird besser im Frühjahr gepflanzt und das Düngen sollte rechtzeitig eingestellt werden. In ungünstigen Lagen verzichtet man auf spätblühende Sorten. Sie sind besonders gefährdet. In schneearmen Wintern kann man die Chrysanthemen mit etwas Reisig abdecken. Bei der Wahl der Begleitpflanzen sollte man darauf achten, daß diese auch mit geringeren Düngermengen auskommen. Es bieten sich beispielsweise die Prachtscharte (*Liatris spicata*) oder die Kaukasus-Skabiose (*Scabiosa caucasica*) an.

▽ *Chrysanthemum* x *hortorum* 'Kleiner Bernstein'

▪ COREOPSIS

Mädchenauge

Standort: sonnig; nährstoffreicher, sandig-humoser, frischer bis trockener Boden
Wuchshöhe: 25 - 80 cm, je nach Art
Blütezeit: Juni - September
Vermehrung: durch Teilung, grundständige Stecklinge und Aussaat

Die Gattung *Coreopsis* stammt aus Nordamerika und gehört zur Familie der Korbblütler (*Compositae*). Die einzelnen Arten haben in ihrer Heimat recht unterschiedliche Standortansprüche. Bei uns im Handel befindliche Arten und Sorten bevorzugen frische, nährstoffreiche Böden in voller Sonne. Als Beet- und Freilandstaude haben Mädchenaugen mit ihren gelben Blüten große gärtnerische Bedeutung als Hochsommer- und Herbstblüher.

Coreopsis grandiflora 'Badengold' erreicht eine Höhe bis 70 cm und hat frischgrüne, fiederteilige Blätter. Die goldgelben Blüten sitzen auf langen Stielen, haben einen Durchmesser bis 10 cm und erscheinen von August bis September. *C. grandiflora* eignet sich als Schnittblume. Weitere Sorten im Angebot sind 'Sunray' (60 cm, gefüllt) und 'Domino' (70 cm, einfach), beide gelb.

Coreopsis verticillata 'Grandiflora' ist in Nordamerika beheimatet. Dieses Mädchenauge wird 60 - 70 cm hoch. Die Blüten, die von Juni bis August erscheinen, sind gelb und sitzen zu mehreren auf den verzweigten Stengeln. Die Blätter sind linealisch gefiedert. Die Pflanze zeichnet sich durch lockerhorstigen, aufrechten Wuchs aus. Bevorzugt werden offene, sonnige Rabatten oder lichte Gehölzschatten. Die Pflanze ist an passenden Standorten sehr ausdauernd. Niedrige Sorten sind 'Zagret' (25 cm, goldgelb) und 'Moonbeam' (40 cm, fahlgelb).

△ *Coreopsis grandiflorum*

▽ *Coreopsis lanceolata*

▽ *D. x cultorum* 'Morgentau'

▽ *Delphinium x cultorum*

▪ DELPHINIUM

Rittersporn

Standort: sonnig; durchlässiger, mäßig trockener Boden
Wuchshöhe: bis 200 cm
Blütezeit: Juni - Juli
Vermehrung: durch Aussaat

Rittersporn ist eine der wichtigsten und schönsten Stauden für unsere Gärten. Er gehört zur Familie der Hahnenfußgewächse (*Ranunculaceae*). Eine Gattung mit etwa 400 ein- und mehrjährigen Arten. Die Wurzelstöcke können faserig oder auch verdickt sein; die Blätter mehr oder weniger fein handförmig gelappt oder tief geteilt. Auffallend die am Grund verwachsene Blüte, von der ein Blütenhüllblatt zu einem Sporn umgewandelt ist. Blütenstand traubig bis rispig, Blütenfarbe überwiegend blau. Allerdings ist es gelungen, aus einigen Wildarten, bei denen es auch rote und gelbe Blüten gibt, diese Farben in die Kultursorten einzukreuzen. Als Gartenstauden haben eigentlich nur diese Kultursorten Bedeutung; sie bilden die Gruppe der bekannten, prächtigen Beetstauden. Weitere Arten werden im Kapitel »Stauden für den Steingarten« vorgestellt.

Delphinium x cultorum, auffallend durch straffe, kerzenartige Blütenstände, ist die wichtigste Leitstaude in Staudenbeeten. Einige bewährte Sorten, die vegetativ vermehrt werden: 'Abgesang', leuchtendblau, bis 180 cm; 'Berghimmel', hellblau, Auge weiß, bis 180 cm; 'Fernzünder', mittelblau, Auge weiß, bis 140 cm; 'Lanzenträger', enzianblau, Auge weiß, bis 200 cm; 'Ouvertüre', mittelblau mit rosa, Auge braun, bis 160 cm.

Pflegetips. Gartenrittersporne brauchen zum Gedeihen nährstoffreichen, aber nicht überdüngten Boden und genügend Platz in voller Sonne, da sie sonst leicht umfallen. Sie sollten frei stehen, d.h. nicht von anderen gleichho-

Coreopsis grandiflorum 'Domino', eine Mädchenaugensorte, kommt am besten auf nährstoffreichen, sandig bis humosen und durchlässigen Böden in der sonnigen Rabatte zurecht.

Coreopsis lanceolata stammt aus dem südlichen Nordamerika und wächst kompakt bzw. horstartig. Vorteilhaft wirkt sich ein starker Rückschnitt nach der Blüte aus.

Delphinium x cultorum 'Morgentau', ein Gartenrittersporn, blüht nach einem starken Rückschnitt im Frühsommer in der Regel im Herbst noch einmal.

Delphinium x cultorum, hier eine weiß blühende Sorte des Gartenrittersporns. Allen gemeinsam ist, daß die schweren Blütenstengel oft etwas gestützt werden müssen.

Delphinium-Hybriden gehören zu den wichtigsten Leitstauden. Insbesondere die Kombination mit Gräsern und rotblühenden Stauden schafft interessante Bereiche. Beim Rittersporn besteht allerdings die Gefahr, daß er während seiner Blütezeit derart dominiert, daß andere Stauden daneben praktisch nicht mehr wahrgenommen werden. Wichtig ist, daß nach der Blüte keine zu großen Lücken entstehen.

Delphinium x *cultorum* kann man nicht nur mit anderen Stauden, sondern auch mit ausgesuchten Gehölzen, wie etwa verschiedenen Rosen, kombinieren. Die Stiele der Pflanzen werden durch einen Metallring zusammengehalten.

hen oder höheren Pflanzen bedrängt werden, dann sind sie auch standfest und gesund (Mehltaubefall ist meist die Folge eines ungünstigen Standorts). Rittersporn blüht zweimal im Jahr, wenn man ihn sofort nach der Blüte bis auf etwa 10 cm über dem Boden zurückschneidet und zugleich mit einer Volldüngergabe von 50g/qm nachdüngt. Der frische Austrieb, der nach kurzer Ruhepause erfolgt, ist durch Schneckenfraß gefährdet. Besonders gut läßt sich der Rittersporn mit gelbblühenden Stauden wie dem Mädchenauge, dem Sonnenhut, dem Sonnenauge, Taglilien und Rudbeckien kombinieren. Er kann aber ebenso gut in Solitärstellung stehen oder mit roten Rosen kombiniert werden.

▷ *Delphinium* x *cultorum*

△ ▽ *Delphinium*-Hybriden

Bewährte Sorten der Belladonna-Hybriden		
Sorte	Blütenfarbe	Höhe (cm)
'Bellamosum'	dunkelenzianblau	120
'Capri'	azurblau, weißes Auge	80
'Casa Blanca'	weiß	120
'Piccolo'	enzianblau	80
'Völkerfrieden'	enzianblau, weißes Auge	100

Bewährte Sorten der Elatum-Hybriden			
Sorte	Blütenfarbe	Höhe (cm)	Blütezeit
'Abgesang'	leuchtendblau	180	spät
'Berghimmel'	hellblau, Auge weiß	180	früh
'Fernzünder'	mittelblau, Auge weiß	140	mittel
'Lanzenträger'	enzianblau, Auge weiß	200	mittel
'Ouvertüre'	mittelblau mit Rosa, Auge braun	160	früh
'Perlmutterbaum'	hellblau, Auge rosa	170	mittel
'Schildknappe'	dunkelblauviolett, Auge weiß	170	mittel
'Sommernachtstraum'	tiefenzianblau, Auge dunkel	150	mittel
'Zauberflöte'	blau mit Rosa, Auge weiß	180	spät

Bewährte Sorten der Pacific-Hybriden		
Sorte	Blütenfarbe	Höhe (cm)
'Black Knight'	dunkelviolett, Auge schwarz	180
'Galahad'	reinweiß	180
'Guinivere'	rosa-lavendel, Auge weiß	180
'Summer Skies'	hellblau	180

Doronicum orientale, die Gemswurz, ist eine typische Staude für die eher halbschattige Rabatte. Besonders geeignet sind beispielsweise Plätze, die nur Morgensonne bekommen.

Erigeron 'Dunkelste Aller', eine Feinstrahl-Hybride, blüht sehr lange und eignet sich für die sonnige, offene Rabatte. Die meisten Sorten gehören zu den vorzüglichen Stauden des Hauptsortiments.

DORONICUM

Gemswurz

Standort: sonnig bis halbschattig; sandig-lehmiger Boden
Wuchshöhe: 40 - 80 cm
Blütezeit: April - Mai
Vermehrung: durch Teilung oder Aussaat

Etwa 30 Arten des Korbblütengewächses *(Compositae)* findet man in Asien und Europa. Es sind dankbare, ausdauernde Frühlingsstauden mit frischgrünen, herzförmigen Blättern und leuchtendgelben Margeritenblüten.

Doronicum orientale (frühere Bezeichnung *D. caucasicum*). Die etwa 45 cm hohe Staude blüht schon im April und ist in verschiedenen Züchtungen im Handel; sie unterscheiden sich überwiegend durch die Wuchshöhe und die Füllung der Blüten.

Doronicum plantagineum zeigt sich erst Ende Mai und wird etwa doppelt so hoch wie *D. orientale*. Besonders prächtige, bis 10 cm große Blüten bringt die Sorte 'Excelsum'. Ein Nachteil dieser westeuropäischen Art: Die Blätter ziehen nach der Blüte ein.

Pflegetips. Besonders nach der Blüte auf Mehltaubefall achten, bei zu feuchtem Boden Gefahr von Rhizomfäule. Pflanzen alle 3 bis 4 Jahre durch Teilung verjüngen.

▽ *Doronicum orientale*

ERIGERON

Feinstrahl, Berufkraut

Standort: sonnig; nährstoffreicher Boden
Wuchshöhe: 60 - 80 cm
Blütezeit: Juni - August
Vermehrung: durch Teilung oder Stecklinge

Einjährige, zweijährige oder ausdauernde krautige Pflanzen aus der Familie der Korbblütler *(Compositae)*, die mit rund 150 Arten in Nord- und Mittelamerika, Europa und dem Vorderen Orient verbreitet sind. Bei Feinstrahl in unseren Gärten handelt es sich fast ausschließlich um Hybriden, die aus der ausdauernden amerikanischen Art *Erigeron speciosus* hervorgegangen sind. Sie haben spatel- bis lanzettförmige, grundständige Blätter und bringen zwischen Juni und August an 60 - 80 cm hohen Stielen asternartige Blüten in Violett, Rosa und Weiß hervor, die je nach Sorte einfach, halbgefüllt oder gefüllt sind. Blühfreudigkeit und Leuchtkraft der Blüten machen den Feinstrahl zu einer idealen Rabattenstaude und beliebten Schnittblume. Sehr schön kommt er in Kombination mit Schafgarbe, Katzenminze, Mädchenauge, Sonnenbraut, Schleierkraut, Salbei und der hohen Nachtkerze zur Geltung.

Pflegetips. Wie die meisten züchterisch veredelten Prachtstauden bevorzugt Feinstrahl einen sonnigen Standort und frischen, nährstoffreichen, lehmig-humosen Boden. Nach dem ersten Flor die Blütenstiele bis zum Boden zurückschneiden und die Stauden alle drei, spätestens alle fünf Jahre im April bis Mai durch Teilung verjüngen; nur so ist eine zweite üppige Blüte im Spätsommer zu erwarten. Mit Sicherheit werden die Sorten 'Adria', 'Foersters Liebling' und 'Wuppertal' im September eine zweite Blüte hervorbringen. Die Vermehrung erfolgt ebenfalls durch Teilung oder durch Stecklinge im zeitigen Frühjahr, bei samenvermehrbaren Sorten Aussaat im März.

Erigeron-Sortenübersicht nach Farben:
weiß
'Sommerneuschnee'
rosa
'Foersters Liebling' (halbgefüllt)
'Märchenland (halbgefüllt)
'Rosenballett' (halbgefüllt)
'Rosa Triumph' (halbgefüllt, großblumig)
rot
'Rotes Meer'
hellviolett
'Strahlenmeer'
dunkelviolett
'Adria' (halbgefüllt)
'Blaue Grotte' (halbgefüllt)
'Dunkelste Aller'
'Lilofee' (halbgefüllt)
'Schwarzes Meer'
'Violetta' (gefüllt)
'Wuppertal'

▽ *Erigeron* 'Dunkelste Aller'

GAILLARDIA x GRANDIFLORA

Kokardenblume

Standort: sonnig; durchlässiger, humoser und nährstoffreicher Boden
Wuchshöhe: 15 - 70 cm, je nach Sorte
Blütezeit: Juni - September
Vermehrung: durch Aussaat oder Wurzelschnittlinge

Die im Handel angebotenen Sorten von *Gaillardia* x *grandiflora* lassen sich meist auf die beiden Elternarten *G. grandiflora* (*G. aristata*) und *G. pulchella* zurückführen. Sie sind in den Prärien Nordamerikas beheimatet und gehören zur Familie der Korbblütler (*Compositae*). Die margeritenähnlichen Blüten erscheinen von Juni bis September. Bei den meisten Sorten sind die Röhrenblüten purpurfarben, die Zungenblüten gelb und am Grund rot gefärbt. Die Blätter sind lanzettlich bis spatelförmig und beidseitig rauh behaart. Man verwendet Kokardenblumen gerne mit anderen Beetstauden, wie etwa Bergaster (*Aster amellus*), Mädchenauge (*Coreopsis grandiflora*) oder Sonnenhut (*Rudbeckia purpurea*). Die hohen Sorten eignen sich alle hervorragend als Schnittblumen. Die Haltbarkeit in der Vase erhöht man dadurch, daß man die verblühten Teile sofort abschneidet und wieder neue Knospen zum Blühen bringt. Die niedrigen Sorten lassen sich auch gut im Steingarten verwenden.

Pflegetips. Die Kokardenblumen verlangen vor allem durchlässige Böden in voller Sonne. Die an und für sich kurzlebigen Beetstauden können sich bei guten Standortbedingungen einige Jahre halten. Dabei spielt auch der pflegende Rückschnitt im September eine wichtige Rolle. Ohne ihn verausgaben sich die Pflanzen durch ihre unermüdliche Blüte so sehr, daß sie nicht genügend Reserven in den Überdauerungsorganen bilden, und somit im Frühjahr nicht mehr austreiben. Zur Vermehrung wird ab März unter Glas ausgesät. Nach dem Pikieren können sie ab Ende Mai ins Freiland gesetzt werden. Auch die staudigen Vertreter lassen sich sortenecht durch Aussaat vermehren. Wenn die Pflanzen noch im selben Jahr zur Blüte kommen sollen, beginnt man mit der Aussaat bereits im Februar.

▽ *Gaillardia pulchella*

Sortenübersicht der Kokardenblume – nach Wuchshöhe geordnet		
Sorte	**Höhe (cm)**	**Blütenfarbe**
Hohe Sorten		
'Bremen'	70	dunkelscharlachrot mit gelben Spitzen
'Burgunder'	50	braunrot
'Fackelschein'	70	dunkelrot mit gelbem Rand
'Sonne'	70	goldgelb
Niedrige Sorten		
'Kobold'	35	rot mit Gelb
'Zwerg Kobold'	30	rot mit Gelb

GEUM

Nelkenwurz

Standort: sonnig bis halbschattig; frischer Boden
Wuchshöhe: 25 - 50 cm
Blütezeit: Juni - August
Vermehrung: durch Teilung

Die Nelkenwurz ist eine hübsche, ausdauernde Staude aus der Familie der Rosengewächse (*Rosaceae*). Etwa 50 Arten sind in den gemäßigten Klimazonen der ganzen Erde beheimatet. Die anemonenförmigen Blüten entfalten sich von Juni bis August.

Geum chiloense kommt, wie der Name bereits verrät, aus Chile. Scharlachrote, 2,5 cm große Blüten sitzen im Juli bis August auf den 45 - 60 cm hohen Stielen.

Geum coccineum, in Kleinasien und auf den Balkaninseln zu Hause, wird 30 - 50 cm hoch. Die zinnoberroten Blüten erscheinen von Mai bis Juli.

Pflegetips. Die genannten Arten sind dankbare, winterharte Stauden. Am üppigsten entwickeln sie sich in frischen, lehmig-humosen Böden. Damit die kurzlebigen Stauden nicht mit der Zeit abbauen, ist es wichtig, sie alle 2 - 3 Jahre durch Teilung zu verjüngen. Dabei können die Pflanzen gleich vermehrt werden.

▽ *G.* x *hybridum* 'Miss Bradshaw'

Gaillardia pulchella, die Kokardenblume, blüht gefüllt und wird in der Regel als Farbmischung angeboten. Sie eignet sich für die sonnige, offene Rabatte.

Geum x hybridum 'Miss Bradshaw', eine Nelkenwurz-Sorte, darf nicht zu trocken stehen. Frische Böden in der Rabatte bei sonnigen bis halbschattigen Lagen werden besonders bevorzugt.

Helenium x hybridum 'Kanaria', eine Sonnenbraut-Sorte, gehört zu den besonders wertvollen Stauden des Hauptsortiments. Die Pflanzen wachsen horstartig aufrecht und verholzen am Grunde etwas.

Helenium x hybridum 'Moerheim Beauty' mit seinen samtigrotbraunen Blüten ist eine wichtige Staude in der Rabatte für den Hochsommer, da die Blütezeit in den Juli und August fällt.

Helianthus decapetalus, die Nichtwuchernde Sonnenblume, wächst buschig aufrecht und erreicht eine Höhe um 120 cm. Neben einfach blühenden Sorten werden auch gefüllt blühende angeboten.

HELENIUM

Sonnenbraut

Standort: sonnig; frischer, nahrhafter Boden
Wuchshöhe: 60 - 180 cm
Blütezeit: Mai - September
Vermehrung: durch Teilung oder Stecklinge

Die dekorative, ausdauernde Spätsommerstaude aus der Familie der Korbblütengewächse (*Compositae*) kommt mit rund 40 Arten in Nord- und Mittelamerika vor. Die mittelhohen bis hohen, aufrechten Pflanzen haben lanzettförmige, frischgrüne Blätter und doldenartig angeordnete Korbblüten, deren Scheiben halbkugelförmig hervortreten. Als Gartenpflanzen spielen vor allen Dingen die aus *Helenium autumnale* hervorgegangenen Züchtungen, die in der folgenden Übersicht vorgestellt werden, eine Rolle. Die Palette der Farben umfaßt Gelb- und Orangetöne bis hin zu Weinrot und Braunrot. Die *Helenium*-Hybriden haben einen starken Ausdehnungsdrang – der Abstand zum nächsten Nachbar muß einen guten halben Meter betragen. Man sollte zwei hübsche Wildarten nicht vergessen, die das Sortiment hinsichtlich der Blütezeit ergänzen. Sie werden im Kapitel »Stauden für die Sonne« vorgestellt.

▽ *Helenium* x *hybridum* 'Kanaria'

▽ *H.* x *hybridum* 'Moerheim Beauty'

Sortenübersicht von Helenium-Hybriden		
Sorte	**Farbe**	**Höhe (cm)**
Blütezeit Juni/Juli		
'Goldene Jugend'	gelb, gelbe Mitte	80
'Crimson Beauty'	hellbraun	50
'Moerheim Beauty'	rotbraun	80
'Waltraut'	goldbraun	100
Blütezeit Juli/August		
'Blütentisch'	goldgelb, braune Mitte	100
'Bressingham Gold'	dunkelgelb, schwarze Mitte	100
'Flammenrad'	gelb, rot geflammt	130
'Kanaria'	gelb, gelbe Mitte	110
'Königstiger'	goldgelb, roter Rand	120
'Kupferzwerg'	rotbraun	60
'Kupfersprudel'	kupferbraun	110
'Margot'	rotbraun, gelber Rand	80
Blütezeit August/September		
'Baudirektor Linne'	rot, braune Mitte	110
'Goldrausch'	goldgelb, braune Mitte	140

HELIANTHUS

Sonnenblume

Standort: sonnig; nährstoffreicher, trockener bis frischer Boden
Wuchshöhe: 120 - 180 cm, je nach Art
Blütezeit: Juli - Oktober
Vermehrung: durch Teilung

Neben der bekannten einjährigen Sonnenblume werden auch einige Beetstauden der Gattung *Helianthus* bei uns kultiviert. Sie lassen sich auf Grund ihrer Größe gut in Einzelstellung verwenden. Sie brauchen nährstoffreiche Böden und sind, wenn sie gelegentlich geteilt werden, sehr langlebig.

Helianthus atrorubens, die Schwarzaugen-Sonnenblume, erreicht eine Wuchshöhe von 180 bis 200 cm. Die vielen gelben Einzelblüten mit dunkler Mitte sind in Trauben angeordnet. Leider sind die Pflanzen bei uns nicht winterhart. Die Rhizome im Herbst ausgraben und in einer mit Sand gefüllten Kiste im Keller überwintern. In wintermilden Gebieten genügt auch eine dicke Laubschicht als Winterschutz.

Helianthus decapetalus, die Nichtwuchernde Sonnenblume, zeichnet sich durch aufrechten, buschigen Wuchs aus. Die gelben Blüten, die zu mehreren von August bis September erscheinen, haben einen Durchmesser bis 12 cm.

▽ *Helianthus decapetalus*

HELIOPSIS SCABRA

Sonnenauge

Standort: sonnig; nährstoffreicher, frischer Boden
Wuchshöhe: 100 - 170 cm
Blütezeit: Juli - September
Vermehrung: durch Teilung oder Stecklinge

Von den straff aufrecht wachsenden, ausdauernden Sommerstauden der Gattung *Heliopsis* mit den gelben Korbblüten und eiförmigen bis lanzettlichen Blättern sind etwa 7 Arten in den USA beheimatet. Eine Bedeutung als Zierpflanze hat aber nur die aus dem Süden und Osten des Landes stammende *Heliopsis scabra* (syn. *Heliopsis helianthoides* var. *scabra*). Im Garten findet das Sonnenauge, es gehört zur Pflanzenfamilie der Korbblütler *(Compositae)*, als hohe und mittelhohe Sommerstaude in der Rabatte Verwendung. Daneben eignet sie sich aber auch als Schnittblume und sogar zum Trocknen.

Pflegetips. Der Standort für das Sonnenauge sollte überwiegend sonnig, der Boden nährstoffreich und frisch sein. Die Pflege beschränkt sich im wesentlichen auf das regelmäßige Entfernen der verwelkten Blüten und die für Beetstauden üblichen Düngemaßnahmen. Die Teilung der Stauden alle 3-4 Jahre hält die Pflanzen bei Blühlaune und guter Gesundheit.

▽ *Heliopsis scabra*

HEMEROCALLIS

Taglilie

Standort: sonnig bis halbschattig; nährstoffreicher Boden
Wuchshöhe: 30 - 120 cm
Blütezeit: Mai - September, je nach Art und Sorte
Vermehrung: durch Teilung

Neben den botanischen Arten, die im Kapitel »Stauden für die Sonne« vorgestellt werden, sind es vor allem die Gartenhybriden *(Hemerocallis* x *hybridum)*, die die Taglilien so beliebt machen. Die Gartenhybriden eignen sich besonders für die Staudenrabatte in sonnigen bis absonnigen Lagen. Besonders beliebt sind die Gartenhybriden in Nordamerika, wo in den letzten Jahrzehnten zahllose Neuzüchtungen erfolgt sind; gegenwärtig schätzt man die Anzahl der vorhandenen Sorten auf etwa 500. Dabei sind viele neue Formen, darunter auch solche mit zweifarbigen und gefüllten Blüten und unterschiedlichen Blütengrößen (die größten bis zu 10 cm Durchmesser) entstanden. Die Farbpalette wurde beträchtlich erweitert, so beispielsweise um rosa und bläuliche Töne.

Pflegetips. Obwohl die Taglilien robust sind, können sie doch von Krankheiten befallen werden, zum Beispiel von der Herz oder Kronenfäule. In diesem Fall müssen die erkrankten Teile entfernt und vernichtet werden. Wenn die Knospen von einer Gallmücke angesaugt werden, können sich die Blüten nicht voll entwickeln.

Die schönsten Hemerocallis-Hybriden			
Sorte	**Farbe**	**Wuchshöhe (cm)**	**Blütezeit**
'Athlone'	goldgelb, bräunlich getönt	90	mittel/spät
'Atlas'	hellgelb	100	mittel
'Bonanza'	gelb mit Braun	50	spät
'Corky'	zitronengelb	45	früh
'Burning Daylight'	tieforange-gelb	60	spät
'Crimson Glory'	rot	100	früh
'Hyperion'	rein zitronengelb	80	mittel
'Kwanso Flore Pleno'	goldgelb-bräunlich	75	mittel/spät
'Lady Inara'	reinrosa	60	früh/mittel
'Luxury Lace'	lavendelrosa	80	mittel
'Marion Vaughn'	zitronengelb	60	mittel
'Pink damask'	feinrosa	90	mittel
'Powder Pink'	rosa	90	mittel/spät
'Revolute'	hellgrün-gelb	100	mittel
'Sammy Russel'	ziegelrot	70	mittel/spät
'Satin Glass'	pastellrosa	90	mittel/spät
'White Jade'	cremeweiß/zartrosa	70	mittel

▽ *Hemerocallis*-Hybriden

Heliopsis scabra, das Sonnenauge, mit seinen goldgelben Blütenköpfchen bevorzugt humose, nährstoffreiche Böden in der vollen Sonne.

Hemerocallis-Hybriden eignen sich sehr gut für die sonnige Staudenrabatte. Die Nähe zum Wasser paßt optisch hervorragend zu den linealischen, überhängenden Blätter, die etwas an die Schwertlilien erinnern.

Die hohe Bartiris, *Barbata-Elatior*-Gruppe, setzt sich aus den verschiedensten Sorten zusammen, die sich alle sehr gut für die trockene, offene und sonnige Staudenrabatte eignen. Schwertlilien werden wegen ihrer besondere Blüten auch die 'Orchidee des kleinen Mannes' genannt.

Schwertlilien-Arrangement. Verschiedene Sorten der Batiris lassen sich auch durchaus gemeinsam verwenden, wie hier beispielsweise 'Ship Shape', 'Vanity' und 'Lorenzo de Medicis'.

IRIS

Schwertlilie, Iris

Standort: volle Sonne; durchlässiger, warmer, kalkhaltiger Boden
Wuchshöhe: 30 - 100 cm, je nach Art
Blütezeit: Mai - Juni
Vermehrung: durch Teilung der Rhizome

Die Gattung Schwertlilie gehört zur gleichnamigen Familie der Schwertliliengewächse *(Iridaceae)* und umfaßt etwa 200 Arten, die in der gemäßigten Klimazone der nördlichen Halbkugel beheimatet sind. Jede Einzelblüte ist aus 6 Blütenkronblättern zusammengesetzt. Jeweils 3 davon stehen aufrecht und bilden den sogenannten Dom; die anderen hängen herunter. Die Blätter sind schwertförmig bis grasartig.

Als Beetstaude bietet die Bartiris *(Iris germanica)* mit ihren beiden Sortengruppen Barbata-Elatior und Barbata-Media ein unvergleichliches Sortiment. Wegen ihrer Blütenvielfalt und ihres ungewöhnlichen Duftes wird die Bartiris oft mit den Orchideen auf eine Stufe gestellt. Die Blüten erscheinen je nach Sorte von Mai bis Juni. Die hohen Sorten eignen sich als Schnittblumen. Die einfarbig blühenden Bartiris verwendet man gerne in kleinen Gruppen, die mehrfarbigen Sorten dagegen besser einzeln. Zur Benachbarung eignen sich etwa Blaustrahlhafer *(Avena sempervirens)*, Büschelhaargras *(Stipa capillata)*, Edelraute *(Artemisia albula)*, Flaschenborstengras *(Hystrix patula)*, Fuchsrote Segge *(Carex buchananii)*, Junkerlilie *(Asphodeline lutea)*, Lein *(Linum flavum)*, Steppenkerze *(Eremurus robustus)* oder Wimperperlgras *(Melica capillata)*. Weitere Informationen und Arten finden Sie in den Kapiteln »Stauden für die Sonne« und »Stauden für den Wassergarten«.

▷ **Schwertlilien-Arrangement**

△ *I. barbata-elatior* 'Tulip Festival'

△ *I. barbata-elatior* 'Orange Gem'

▽ *I. barbata-elatior* 'Swiss Delight'

▽ *I. barbata-elatior* 'Matinata'

Sortenübersicht der Bartiris

Barbata-Elatior-Gruppe (Blütezeit: Mai bis Juni)

Sorte	Höhe (cm)	Blütenfarbe
'Airy Dream'	90	zartrosa, weißer Rand
'Amethyst Flame'	80	lila mit braunem Schlund
'Bang'	90	braunrot
'Blue Sapphire'	100	lavendelblau
'Crispette'	80	lila mit bräunlichem Ton
'Goldfackel'	90	goldgelb
'Harbor Blue'	100	hellblau mit weißlichem Rand
'Lady Ilse'	100	leuchtend hellblau
'New Snow'	100	weiß mit gelbem Rand
'Rosenquarz'	90	rosa mit orangefarbenem Rand
'Sharkskin'	70	seidig weiß
'Starshine'	100	Dom naturfarben, Hängeblätter (waagerecht) bläulich weiß
'Violet Harmony'	100	violett
'White Knight'	60	alabasterweiß

Barbata-Media-Gruppe (Blütezeit: Mai)

Sorte	Höhe (cm)	Blütenfarbe
'Findelkind'	30	goldgelb
'Glycilla'	30	hellblau
'Lichtelfe'	50	lavendelblau
'Nachtmahr'	40	dunkelviolett
'Schwanensee'	30	reinweiß
'Spring Glow'	30	braunrot

Kniphofia x *hybrida* '**J.W. Kerr'**, eine Fackellilie, liebt humose, frische bis feuchte Böden in voller Sonne. Sie dürfen jedoch nicht staunaß sein.

◼ KNIPHOFIA

Fackellilie

Standort: sonnig; durchlässiger Boden
Blütezeit: Juni - Oktober
Wuchshöhe: 60 - 150 cm
Vermehrung: durch Teilung und Aussaat

Außerhalb der Blütezeit kann man die winterharte Staude aus der Familie der Liliengewächse (*Liliaceae*) fast mit einem Gras verwechseln: Sie bildet dichte Horste aus schmalen, langen Blättern, die bis in den Winter hinein grün bleiben. Etwa 60 Arten sind bekannt, nur wenige davon eignen sich allerdings als Gartenpflanzen. Die höheren *Kniphofia*-Hybriden verwendet man in der Rabatte, als Solitärstaude oder auch als Schnittblume. Am schönsten wirken sie im Kreis von weiß- oder blaublühenden Nachbarn wie der Schmucklilie, Blauraute (*Perovskia*), Säckelblume, Palmlilie, Schleierkraut oder Sommerhyazinthe sowie in Verbindung mit dekorativen Gräsern. Die Wildform *K. galpinii* paßt gut zu zierlichen Staudenastern, Skabiosen, Rutenhirse (*Panicum*) und Bartfaden.

Kniphofia galpinii (syn. *K. triangularis*) ist eine zierliche, nur 60 cm hohe Wildform mit feinen, grasartigen Blättern, deren hellorangefarbene Blütentrauben erst im September/Oktober erscheinen. Hiervon gibt es einige Sorten, die vor allem in England verbreitet sind.

Kniphofia uvaria hat grobe Blätter und bis zu 20 cm lange, dicke, im unteren Bereich gelbe und an der Spitze orangerote Blütenkerzen. Sie ist wohl die wichtigste Art. Aus Kreuzungen dieser und einiger anderer Wildarten entstanden die heutigen Garten-Hybriden. Ihre Blütezeit erstreckt sich insgesamt von Juni bis September, die Farbpalette reicht von Weiß über Gelb bis zu leuchtendem Orangerot.

Pflegetips. In Südafrika und Madagaskar zu Hause, lieben Fackellilien warme, geschützte Standorte in voller Sonne. Der Boden sollte gut mit Nährstoffen versorgt, aber nicht zu schwer und feucht sein. Wichtig ist ein guter Winterschutz, denn die Pflanzen sind etwas frostempfindlich. Die Blätter nur geringfügig zurückschneiden und zu einem Schopf zusammenbinden, so daß das empfindliche Herz vor Winternässe geschützt ist. Um die Staude 20 - 30 cm hoch trockenes Laub anhäufen und alles mit Tannenreisig abdecken. Im Frühjahr, nach dem Abnehmen des Winterschutzes, können die Blätter dann bis eine Handbreit über dem Boden abgeschnitten werden. Vermehrt wird die Fackellilie durch Teilung der fleischigen Wurzelstöcke im Frühjahr oder gleich nach der Blüte. *K. galpinii* kann auch aus Samen gezogen werden. Um eine interessante Wirkung zu erzielen, sollten etwa fünf Fackellilien pro Quadratmeter gepflanzt werden.

Sortenübersicht der Fackellilien – Garten-Hybriden			
Farbe	**Sorte**	**Höhe (cm)**	**Blütezeit**
orange/rot	'Abendsonne'	120	Juli - September
	'Evered'	100	Juni - September
	'Fyrverkeri'	80	Juli - September
	'John Benary'	150	Juni - September
	'The Cardinal'	120	August
	K galpinii 'Bressingham Flame'	75	Juli - September
zweifarbig rot/gelb	'Herbstglut'	120	August - September
	'Royal Standard'	90	Juni - August
	K galpinii 'Bressingham Comet'	50	August - Oktober
bronzefarben	'Bronzeleuchter'	60	Juni - September
gelb	'Canary'	60	Juni - August
	'Comet'	80	Juni - September
	'Goldelse'	70	Juli - September
	'Lemon Ice'	100	August - September
	'Luna'	150	Juli - August
weiß	'Little Maid'	60	Juli - August
rosa	'Safranvogel'	80	Juli - September

▽ *Kniphofia* x *hybrida* '**J.W. Kerr'**

MOLINIA CAERULEA

Pfeifengras

Standort: sonnig bis halbschattig; humoser Boden
Wuchshöhe: 30 - 250 cm (Blütenstand)
Blütezeit: Juli bis September
Vermehrung: durch Teilung

Das zu den Süßgräsern *(Poaceae)* zählende heimische Gras hat eine je nach Sorte auffällige, gelbe, gelbbraune bis rötlichbraune Herbstfärbung. Die Art hat es auch den Züchtern angetan, so daß einige recht unterschiedliche Formen entstanden sind. Von *M. caerulea* ssp. *arundinacea* mit 250 cm hohen Blütenrispen gibt es die Auslese 'Karl Foerster', die 50 cm (Laubhöhe) - 200 cm (Blütenhöhe) hoch wird und sich im Herbst gut ausfärbt. Mit 60 - 250 cm wird die Sorte 'Windspiel' noch um einiges höher, die dichten, straff wachsenden Halme färben sich im Herbst hellgelb. Die Sorte 'Transparent' ist kleiner und graziler. Noch zierlicher sind die Sorten von *M. caerulea* ssp. *caerulea*, die nicht höher als 90 cm werden.

Pflegetips. Das Pfeifengras braucht einen einigermaßen trockenen Standort. Es läßt sich sowohl für Einzelstellung als auch im Staudenbeet und zum Schnitt verwenden. Gut macht es sich in der Randbepflanzung eines naturnah angelegten Gartenteichs.

▽ *Molinia caerulea*

MONARDA DIDYMA

Indianernessel, Pferdeminze

Standort: sonnig bis halbschattig
Wuchshöhe: 80 - 100 cm
Blütezeit: Juni - Oktober
Vermehrung: durch Aussaat, Stecklinge oder Stockteilung

Aus ihrer Heimat Nordamerika gelangte die anspruchslose Pflanze im 17. Jahrhundert nach Europa. Hier wird sie seither als Gartenpflanze kultiviert. Ihren botanischen Namen *Monarda* erhielt die Indianernessel von dem spanischen Arzt Nicolas Monardes, der sich mit den Heilkräften verschiedener Pflanzen beschäftigte.
Als Mitglied der Familie der Lippenblütler *(Labiatae)* hat sie deren vierkantigen Stengel und kreuzweise angeordnete, gegenständige Blätter, die am Rande leicht gezähnt sind. Ihre Blütenstände sind sehr eigenartig aufgebaut: über mehrere Etagen verteilt stehen die roten Lippenblüten in Quirlen zusammen. Die sie umgebenden Deckblätter sind ebenfalls rot überhaucht. Die Blütezeit erstreckt sich über 4 - 5 Monate. Sie ist aber nicht nur blühwillig, sondern auch recht wüchsig. Durch sich schnell bewurzelnde Seitentriebe dehnt sich der Stock ziemlich rasch aus. Ein zu üppiges Wachstum kann durch häufiges Verpflanzen und Teilen der Staude in Grenzen gehalten werden. An den Boden stellt sie keine besonderen Ansprüche, nur zu naß und schwer sollte er nicht sein. An einem sonnigen Platz kann sich ihr typischer Duft am besten entfalten.

Sortenübersicht. *Monarda didyma*-Sorten sind 'Cambridge Scarlet' (weinrot) und 'Melissa' (kräftig rosa); *Monarda* x *hybrida*-Sorten 'Adam' (karminrot), 'Croftway Pink' (lachsrosa), 'Präriebrand' (tieflachsrot), 'Prärienacht' (purpurlila) und 'Schneewittchen' (weiß).

Molinia caerulea, das Pfeifengras, stammt aus den feuchteren Wiesen Mitteleuropas und eignet sich in der Staudenrabatte zur Auflockerung und Neutralisierung unterschiedlicher Blütenfarben.

Monarda x *hybrida* 'Präriebrand', eine Indianernessel, duftet sehr aromatisch und bevorzugt neben sonnigen auch die absonnigen bis halbschattigen Lagen in der Rabatte.

▽ *Monarda* x *hybrida* 'Präriebrand'

Paeonien, auch Pfingstrosen genannt, entwickeln sich mit den Jahren zu breitwüchsigen, individuellen Stauden und haben vor allem im Bauerngarten eine lange Tradition.

PAEONIA

Pfingstrose, Päonie

Standort: sonnig bis halbschattig; nährstoffreicher, durchlässiger, kräftiger Boden
Wuchshöhe: 60 - 100 cm
Blütezeit: April - Juni
Vermehrung: durch Teilung oder Aussaat

Die 33 bekannten Arten der Gattung aus der Familie der Pfingstrosengewächse *(Paeoniaceae)* sind in Europa, in den gemäßigten Zonen Asiens und in Kleinasien zu Hause, die schönsten Sorten kommen heute allerdings aus den Vereinigten Staaten. Seit mehr als 1000 Jahren werden die prächtigen Blütenstauden in China und Japan kultiviert, den Einzug in europäische Gärten schafften sie vor etwa 400 Jahren, vorzugsweise die europäische Art *Paeonia officinalis*, die klassische Bauern-

pfingstrose. Die meisten Päonien haben einen knollenartigen Wurzelstock. Die doppelt-dreizähligen, dreizähligen oder fiedrigen Blätter sitzen an kräftigen Stengeln, die Blüten sind von auffallender Schönheit, einfach oder gefüllt, bei manchen Arten bis 15 cm breit, weiß, gelblich oder in verschiedenen Rosa- und Rottönen. Je nach Art und Sorte werden Pfingstrosen etwa 60 bis 100 cm hoch. Pfingstrosen brauchen nährstoffreichen, schweren, aber durchlässigen, leicht sauren Boden, der vor der Pflanzung mit reifem Kompost verbessert wird. Frischer Stallmist und sehr stickstoffhaltiger Dünger bekommen den Pflanzen gar nicht, auch Kalk vertragen sie nur schlecht. Am besten verteilt man im Frühjahr vor dem Austrieb einen stickstoffarmen Volldünger und im Frühherbst eine Vorratsdüngung (Kali und Thomasmehl) um die Pflanze und arbeitet ihn leicht in den Boden ein. Wer gut verrotteten Rindermist bekommen kann, sollte ihn im Herbst ein wenig entfernt von der

Pflanze auf den Boden legen und im Frühjahr unterharken.

Die schönsten Stauden bleiben dem Gärtner Jahrzehnte treu, man sollte den Standort deshalb sorgfältig auswählen – Ortswechsel mögen Päonien nicht. Sie erreichen manchmal erst nach zehn Jahren ihre volle Blühkraft. Die gängigen Garten-Arten *P. officinalis* und *P. lactiflora* mit ihren Sorten verlangen einen vollsonnigen bis leicht halbschattigen Platz. Auf einen Quadratmeter passen 3 *P. officinalis* oder 1 *P. lactiflora*.

Pflegetips. Pfingstrosen soll man unbedingt in der Zeit von September bis Oktober pflanzen. Viele Staudengärtnereien liefern auch nur zu dieser Zeit Jungpflanzen. Günstig ist es, den Boden einige Wochen zuvor tiefgründig zu lockern, damit er sich bis zum Pflanztermin wieder setzen kann. Die Augen der Päonie sollen an ihrer Basis nur etwa 3 cm unter der Erde liegen. Eine tiefere Pflanzung beeinträchtigt die Entwicklung. Pfingstrosen lassen sich Zeit, es kann durchaus 1 - 2 Jahre dauern, bis sie überhaupt blühen, und zu richtigen Schönheiten werden sie erst nach einigen Jahren. Im Winter nach der Pflanzung freut sich die Pfingstrose über einen leichten Kälteschutz aus Laub, danach ist sie völlig winterhart. Viel Pflege brauchen die Pflanzen nicht. Wer große Blüten haben will, muß einige Seitenknospen entfernen. Wem es auf die Blütenfülle ankommt, der läßt alle Knospen aufgehen. Den hochwüchsigen Arten sollte man eine Stütze geben, damit die schweren Blüten bei Wind und Wetter nicht umknicken. Nach der Blüte werden die Stäbe wieder entfernt. Normalerweise muß man Päonien nicht gießen, sie überstehen auch Trockenperioden gut. Nur wenn es vor der Blüte nicht genügend regnet, muß gründlich gewässert werden. Wassermangel kann der Knospenbildung abträglich sein. Im Herbst schneidet man das Kraut der Pfingstrosen kurz über dem Boden ab. Häufig wird empfohlen, Pfingstrosen (im Herbst) durch Teilung zu vermehren. Das sollte jedoch nur bei alten Pflan-

▽ *P.* 'Sarah Bernhardt'

▽ *P.* 'D. de Nemours'

▽ *P. off.* 'China Rose'

▽ 'Rock's Variety'

▽ 'Reine Elizabeth'

▽ *P. off.* 'Rubra Plena'

zen, die bereits an Blühfreudigkeit verloren haben, gemacht werden. Denn nach der Teilung dauert es wieder einige Jahre, bis die Pflanzen richtig blühen. Außerdem ist es oftmals schwierig zu erkennen, welcher Stockteil zu welchem Austrieb gehört, da die Wurzelstöcke sehr verschlungen sind. Die weichen Austriebe können abbrechen. Setzen Sie die Teile keineswegs an den gleichen Standort, sondern an einen anderen Sonnenplatz in Ihrem Garten. Leider werden die Päonien auch manchmal von Krankheiten oder Schädlingen heimgesucht. Grauschimmel hat meistens seine Ursache in zu starker Stickstoffdüngung. Auch Rost und die Septoria-Blattfleckenkrankheit können auftreten. Ergreifen Sie bei den ersten Anzeichen umweltfreundliche Gegenmaßnahmen.

PAPAVER

Mohn

Standort: sonnig; nährstoffreicher, durchlässiger, lockerer Boden
Wuchshöhe: 10 - 100 cm, je nach Art
Blütezeit: Mai - September, je nach Art
Vermehrung: durch Aussaat oder Teilung

Die Gattung *Papaver* mit ihren ca. 50 Arten wird in einer eigenen Familie, den Mohngewächsen *(Papaveraceae)*, zusammengefaßt. Diese haben jedoch nicht alle gärtnerische Bedeutung. Das umfangreiche Sortiment teilt man am besten in Verwendungsbereiche und Lebensformen ein. Man unterscheidet bei den Stauden Mohn für Beete und Steinanlagen. Weitere Arten finden Sie im Kapitel »Stauden für den Steingarten«.

Papaver orientale, der Türkische Mohn, gehört zu den Stauden. Er stammt aus Persien, Armenien und dem Kaukasus. Die großen Blüten, vorwiegend in leuchtenden Rottönen, aber auch in Rosa oder Weiß, erscheinen von Anfang Mai bis Juni. Die Pflanzen ziehen nach der Blüte völlig ein; die Blätter zeigen sich dann wieder im Herbst. Bevorzugt werden durchlässige, tiefgründige Böden in voller Sonne. Man verwendet ihn gerne in Beetanlagen in Kombination mit Rittersporn oder Salbei.

▽ *Papaver orientale*

Papaver orientale, der Türkische Mohn, weist eine Reihe von Sorten mit unterschiedlichen Blütenfarben und -formen auf, die sich allesamt für die Staudenrabatte eignen.

Gefüllte Sorten der Chinesischen und Japanischen Päonien (Paeonia-Lactiflora-Hybriden)		
Sorte	**Blüte**	**Bemerkungen**
'Avalanche'	elfenbeinweiß	bereits seit 1886 im Handel
'Better Time'	kräftig karminrot	blüht sehr reich, gute Schnittsorte
'Felix Crousse'	hell weinrot	blüht sehr reich
'Duchesse de Nemours'	elfenbeinweiß	besonders wertvolle Sorte
'Festiva Maxima'	weiß mit roten Flecken	duftend
'Karl Rosenfield'	dunkelrot	duftend
'Inspecteur Lavergne'	dunkelrot	blüht verhältnismäßig spät
'Lady Alexander Duff'	zartrosa	die Blüten sind halbgefüllt
'Modeste Guerin'	rosakarmin	nach Rosen duftend; 1845 gezüchtet
'Sarah Bernhardt'	rosenrosa mit silbrigem Schein	gute Schnittsorte

Einfache Sorten der Chinesischen und Japanischen Päonien (Paeonia-Lactiflora-Hybriden)		
'Angelika Kaufmann'	weiß, leichter lila Schimmer	wirkt sehr zart
'Bowl of Beauty'	fuchsienrosa	große Blüten
'Fairbanks'	erst zartrosa, später weiß	starkwüchsig
'Faust'	zart lilarosa	Blüten erinnern an Anemonen
'Hogarth'	purpurrosa	wird sehr hoch
'Holbein'	hellrosa	besonders wertvolle Sorte
'Neon'	intensiv lilarosa mit roten Staubfäden	besonders apart
'Sitka'	schneeweiß	Blüten mit langen Stielen über niedrigem Laub
'Thoma'	rosa	kräftige Blütenschäfte; blüht im Juni

Gefüllte Sorten der Europäischen Pfingstrosen (Paeonia offincinalis und P. peregrina)		
'Alba Plena'	reinweiß	blüht sehr früh
'Mutabilis Plena'	zart lachsrosa	blüht sehr reich
'Rubra Plena'	rot	die bekannteste Bauernrose

Einfache Sorten der Europäischen Pfingstrosen (Paeonia offincinalis und P. peregrina)		
'China Rose'	leuchtend lachsrot	wird sehr hoch
'Crimson Globe'	leuchtend karminrot	duftend
'J. C. Weguelin'	leuchtend karminrot	große Blüten
'Mollis'	dunkelrosa	blüht sehr früh

Phlox paniculata, der Beetstauden-Phlox, bevorzugt frische Plätze in der offenen, sonnigen Rabatte. Den Vordergrund bestimmt die dunkelrot blühende Sorte 'Herbstglut', den Mittelgrund die purpurrötliche Sorte 'Harlekin'und im Hintergrund ist noch die weißblühende Sorte 'Pax' zu erkennen.

■ PHLOX

Phlox, Flammenblume

Standort: sonnig; humoser, nährstoffreicher, warmer, durchlässiger Boden
Wuchshöhe: 10 - 140 cm, je nach Art und Sorte
Blütezeit: Mai - September
Vermehrung: durch Teilung, Wurzelschnittlinge oder Aussaat

Der Phlox stammt aus Nordamerika und gehört zur Familie der Himmelsleitergewächse *(Polemoniaceae).* Die Pflanzen erreichen eine Höhe von 10 bis 140 cm und überraschen immer wieder durch die reichhaltige und schönfarbige Blüte. Die ersten Phloxe kamen im 18. Jahrhundert nach Europa. Seit dem 19. Jahrhundert hat dann der Züchterfleiß ein fast nicht mehr überschaubares Sortiment geschaffen. Weitere Arten werden im Kapitel »Stauden für den Steingarten« vorgestellt.

Phlox paniculata mit seinen unzähligen Hybriden zählt zu den wichtigen Beetstauden. Die Art selbst stammt aus den niederschlagsreichen Waldgebieten Nordamerikas. Auch die Sorten bevorzugen gute Bodenfeuchte und Nährstoffreichtum, dazu aber vollsonnige Lagen. An trockenen Standorten überzeugen die Pflanzen weniger. Im lichten Schatten kommen sie dagegen noch gut zurecht. Die farbenprächtigen Einzelblüten sitzen in breitgewölbten Dolden. Die Blätter sind eirund bis lanzettlich und glänzend. Die Blütezeit variiert etwas. Man unterscheidet frühblühende (mit der Hauptblüte ab Anfang Juli), mittelblühende (mit Hauptblüte ab Mitte Juli) und spätblühende Sorten (mit Hauptblüte ab Mitte August). Außerdem kann man die *Phlox-Paniculata-*Hybriden ergänzend mit noch früher blühenden Arten kombinieren. Die Blüten geben, besonders gegen Abend, einen betörenden Duft ab, der in der Dämmerung zahlreiche Nachtschwärmer anzieht.

Arten- und Sortenübersicht von Beetstauden-Phlox

Hybriden/Sorte	Höhe (cm)	Farbe
Phlox paniculata. Hoher Sommerphlox **Frühblühende Sorten (Juni - August)**		
'Aida'	80	rotviolett
'Düsterlohe'	80	dunkelviolett
'Frauenlob'	100	hellrosa
'Mia Ruys'	50	reinweiß
'Norah Leigh'	100	hellila
'Sommerkleid'	90	weiß mit roter Mitte
'Wilhelm Kesselring'	80	violettpurpur
'Württembergia'	60	karminrosa
Mittelblühende Sorten (Juli - August)		
'Brigadier'	120	hellviolett
'Frau A. v. Mauthner'	90	ziegelrot
'Furioso'	100	dunkellila
'Landhochzeit'	120	leuchtendrosa
'Orange'	80	orangerot
'Sommerfreude'	80	rosa
'Starfire'	90	leuchtendrot
'Sternhimmel'	80	hellviolett mit weißem Auge
Spätblühende Sorten (August - September)		
'Abenddämmerung'	80	dunkelviolett
'Bornimer Nachsommer'	90	lachsrosa
'Dorffreude'	140	rosalila
'Harlekin'	100	purpurrötlich
'Herbstglut'	100	dunkelrot
'Le Mahdi'	90	dunkelblau
'Nymphenburg'	140	reinweiß
'Pax'	90	reinweiß
'Spätrot'	100	orange-scharlachrot
Phlox-Maculata-Hybriden, Wiesenphlox **Blütezeit (Juni - August)**		
'Alpha'	100	lilarosa
'Mrs. Lingard'	80	weiß
'Omega'	100	weiß mit lila Auge
'Rosalinde'	90	rosa
'Schneelawine'	100	reinweiß
Phlox-Arendsii-Hybriden, Frühsommerphlox **Blütezeit (Juni - Juli)**		
'Anja'	60	purpurrot
'Hilda'	40	hellviolett mit rosa Auge
'Susanne'	50	weiß mit rotem Auge

▽ *Phlox paniculata*

PRIMULA

Primel

Standort: sonnig bis halbschattig, je nach Art
Wuchshöhe: 10 - 40 cm, je nach Art
Blütezeit: März - April
Vermehrung: durch Aussaat oder Teilung

Die Gattung gehört zur großen Familie der Primelgewächse (*Primulaceae*). Sie umfaßt etwa 550 Arten, die vorwiegend in den Gebirgsregionen Europas und den gemäßigten Zonen Asiens heimisch sind. Nur einige kommen in Arabien, Afrika, Java und Südamerika vor. Es handelt sich fast durchwegs um Stauden, selten um ein- oder zweijährige Kräuter oder Halbsträucher. Die Blätter stehen in grundständigen Rosetten und sind einfach, ganzrandig, gezähnt oder gelappt, bei manchen Arten weich behaart, bei anderen weiß bemehlt. Die Blüten sind glocken- oder tellerförmig, fast immer verschiedengriffelig und sitzen auf einem unbeblätterten Schaft. Sie erscheinen zu wenigen bis vielen in Dolden, Trauben, Rispen, Ähren oder entspringen einzeln den Blattachseln. Um eine Übersicht über die große Zahl von Arten zu bekommen, wurden die zur Gattung *Primula* gehörenden Arten in Sektionen eingeteilt. Zur Zeit umfaßt die Gattung 30 Sektionen. In einer Sektion werden Arten zusammengefaßt, die nahezu den gleichen Blatt- und Blütenaufbau haben sowie die gleichen Ansprüche an die Umweltverhältnisse stellen. Die Arten der Sektion Vernalis eignen sich für Beetpflanzungen. Weitere Sektionen und Arten werden im Kapitel »Stauden für den Halbschatten« vorgestellt.

Sektion Vernalis - Himmelschlüssel
Hierzu gehören 4 Arten, die unsere bekanntesten Gartenprimeln sind. Die meisten von ihnen sind europäischen Ursprungs und in Europa, Kleinasien, im Ural, Kaukasus, in Armenien, im Iran bis zum Altai und in Algerien heimisch. Sie sind schon lange in Kultur; viele Hybriden und Sorten sind bekannt. Die Blüten sind trichterförmig und unbemehlt. Der Boden für ihre Kultur soll locker und gut mit Nährstoffen versorgt sein. Die Blütezeit dauert von März bis Mai. Vermehrung durch Aussaat oder Teilung. Alle in Deutschland heimischen Arten stehen unter Naturschutz.

Primula juliae, die Kissenprimel, hat violette bis rote, nur 5 cm hohe Blüten und blüht von März bis April.

Primula veris, die Schlüsselblume, besitzt kleine dottergelbe Blüten, die im Schlund 5 orangefarbene Flecken haben. Bütezeit April bis Mai.

Primula vulgaris (syn. *P.acaulis*), Kissenprimel, Blüten grundständig zu mehreren aus der Blattrosette entspringend. Blüten einzeln auf 5 - 10 cm langen Stielen, duftlos, schwefelgelb. Blütezeit ist März bis April. Für halbschattige Lagen, Gehölzstreifen, naturnahe Pflanzungen.

Primula-Vulgaris-Hybriden, durch Kreuzungsarbeit entstandene Hybriden, von denen es viele Rassen und Sorten in nahezu allen Farben gibt. Für die Kultur als Topfpflanzen wurden besonders großblumige Sorten entwickelt. Als Gartenpflanzen werden kleinblumige Sorten bevorzugt.

Primula vulgaris, die Kissenprimel, wird gerne in verschiedenen Farbsorten am gleichen Standort ausgebracht und bevorzugt nährstoffreiche, humose, bodenfrische Standorte in besonnten Rabatten.

▽ *Primula vulgaris*

Rudbeckia purpurea, die Purpur-Rudbeckie, erreicht eine Wuchshöhe bis 100 cm und harmonisiert hier sehr schön mit dem zartlila blühenden *Hibiscus syriacus*.

Rudbeckia laciniata '<u>Goldquelle</u>' hat gefüllte, zitronengelbe Blüten und ist in der offenen, warmen und sonnigen Rabatte zu finden. Die Pflanzen eignen sich auch für den Schnitt.

■ RUDBECKIA

Sonnenhut

Standort: sonnig; normaler, frischer Gartenboden
Wuchshöhe: 60 - 200 cm
Blütezeit: Juni - Oktober
Vermehrung: durch Teilung

Die Gattung aus der Familie der Korbblütengewächse *(Compositae)* ist mit etwa 30 Arten in Nordamerika beheimatet. Bei den meisten handelt es sich um mehrjährige Stauden, einige wachsen aber auch nur einjährig. Sie haben überwiegend goldgelbe Blüten mit einem hochgewölbten, häufig dunklen Blütenboden. Einige Arten bilden Ausläufer, mit denen sie sich rasch ausbreiten. Der Sonnenhut sollte mit seinem leuchtenden Gelb in keinem Staudengarten fehlen. Außerdem eignet sich der Sonnenhut auch hervorragend zum Schnitt.

Rudbeckia laciniata wird in ihrer Wildform bis 200 cm hoch und hat gelbe, einfache Blüten. Im Garten verwendet man jedoch meist die wesentlich niedrigeren und gefüllten Zuchtformen wie 'Goldkugel' (130 cm hoch) oder die nur 60 cm hohe 'Goldquelle'.

Rudbeckia nitida ist in den Gärten meist durch die übermannshohe Sorte 'Juligold' vertreten, die sich sehr gut in den Hintergrund einer Staudenrabatte einfügen läßt. Die Blüten sind einfach, goldgelb und erscheinen bereits ab Anfang Juli. Empfehlenswert ist ebenfalls die Sorte 'Herbstsonne', die mit ihrem schlanken Wuchs eine Höhe von bis zu 200 cm erreichen kann. Diese übermannshohen Pflanzen brauchen in der Regel eine Stütze.

Rudbeckia purpurea (heute auch unter dem Namen *Echinacea purpurea* geführt) unterscheidet sich von den vorhergehenden Arten vor allem durch die purpurroten Blüten mit dem sehr großen, hochgewölbten Blütenknopf, die von Juli bis September auf straffen, 100 cm hohen Stielen erscheinen. Im Handel sind verschiedene Sorten wie 'Rubinstern', rot mit waagerecht ausgebreiteten Blütenblättern; 'The King', rot, großblumig, beliebte Schnittsorte; 'Nana', kleinblütige Zwergform, 30 cm hoch; 'White Lustre', 90 cm hoch, cremeweiße Blüten.

Rudbeckia speciosa hat eirunde bis lanzettliche Blätter und erreicht eine Höhe bis 60 cm. Die reichblühende Art gehört zu den wertvollen Beetstauden. Die Blüten sind goldgelb und erscheinen ab Juli.

Rudbeckia sullivantii 'Goldsturm' ist besonders langblühend und wird 60 cm hoch. Zur Benachbarung eignen sich Kissenaster (*Aster dumosus*), Salbei (*Salvia nemorosa*) oder Kugeldistel (*Echinops ritro*).

Pflegetips. Rudbeckien sind recht anspruchslose Pflanzen. Sie gedeihen in jedem nicht zu trockenen, normalen Gartenboden in der Sonne oder auch im leichten Halbschatten. Um eine beeindruckende Wirkung zu erzielen, sollte man zwischen 3 und 5 Rudbeckien pro Quadratmeter pflanzen. Die hohen Formen sollten, damit sie nicht umfallen, rechtzeitig abgestützt werden. Nach der Blüte sollte man den Sonnenhut bis zum Boden zurückschneiden. Die Vermehrung erfolgt durch Teilung oder bewurzelte Ausläufer im Frühjahr oder Herbst.

▽ *Rudbeckia purpurea*

▽ *Rudbeckia lanciniata* 'Goldquelle'

TROLLIUS

Trollblume

Standort: sonnig bis halbschattig; feucht-humoser Boden
Wuchshöhe: 20 - 100 cm
Blütezeit: Mai - Juli
Vermehrung: durch Teilung oder Aussaat

Die Trollblume aus der Familie der Hahnenfußgewächse *(Ranunculaceae)* ist in vielen Arten über die nördliche Erdhalbkugel verteilt. Ihr heimischer Lebensbereich liegt in den quellfeuchten oder niederschlagsreichen Gebirgsregionen, wo man sie vereinzelt noch in 2800 m Höhe findet. Sie ist eine typische Pflanze der üppigen und moorigen Bergwiesen, in tieferen Lagen wird man sie kaum antreffen. Die Trollblume enthält giftige Substanzen, die allerdings nur in frischen Pflanzen wirksam sind und sich beim Trocknen verlieren. Die Kugelblüten in leuchtenden Gelbtönen setzen sich aus zahlreichen, nach innen geneigten Kelch- und Kronblättern zusammen, in deren Mitte die ebenso zahlreichen Staubbeutel stehen. Die Pflanzen haben einen faserigen Wurzelstock, verzweigte, aufrechte Stengel und handförmig geteilte Blätter mit dreispaltigen Zipfeln. Im Beet sind Anemonen, Astilben und Eisenhut geeignete Nachbarn.

Trollius chinensis, eine aus China stammende Art, hat schalenförmige, große Blüten, die sich allerdings erst ab Juni öffnen. Sie können bis zu 100 cm hoch werden. Die Sorte 'Golden Queen' trägt goldgelbe Blüten.

Trollius x cultorum oder *T.*-Hybriden. Die züchterisch entwickelten Kulturformen der Trollblume sind Stauden für Beete, die häufiger bearbeitet und gepflegt werden. Die Hybriden sind samenvermehrbar. Aussat im Februar.

▽ **Trollius chinensis**

VIOLA

Veilchen

Standort: sonnig bis halbschattig; humoser, frischer Boden
Wuchshöhe: 15 - 20 cm
Blütezeit: Mai - September, je nach Art
Vermehrung: durch Aussaat oder Teilung

Die verschiedenen Arten dieser Gattung sind fast auf dem gesamten Erdball zu finden. Die niedrigen Kräuter sind bewährte Kulturpflanzen und gehören zur Familie der Veilchengewächse *(Violaceae)*, deren einzige Vertreter sie sind. Weitere Arten, Informationen und Pflegetips finden Sie im Kapitel »Stauden für den Halbschatten«.

Viola cornuta, Hornveilchen. Diese großblumigen Veilchen sind den Stiefmütterchen sehr ähnlich, blühen ab Mai bis in den Herbst in wunderschönen Farben und sind für Rabatten geeignet. Die frischgrünen Blätter sind oval und gezähnt. Die Blüten bestehen aus 5 Kronblättern. Sie lieben sonnige bis halbschattige Standorte und frischen Boden in der Staudenrabatte. Einige interessante Sorten: 'Blaue Schönheit' (leuchtend blau), 'Bouillon' (dunkelzitronengelb), 'Famos' (weinrot), 'Germania' (dunkelpurpurviolett), 'Hansa' (dunkelblau) oder 'White Perfection' (reinweiß).

▽ **Viola cornuta**

Trollius chinensis, eine Trollblumen-Art, und insbesondere die Sorte 'Golden Queen', gehört zu den vorzüglichen Stauden des Hauptsortiments. Neben der sonnigen Rabatte kann man sie auch in Gewässernähe verwenden.

Viola cornuta, das Hornveilchen, benötigt in rauheren Lagen einen entsprechenden Winterschutz. Die Blüten sind ziemlich lang gespornt und erscheinen von Juni bis Juli.

Die für den Steingarten geeigneten Stauden zeigen oft Verwandtschaft mit den Stauden für die Sonne, zeichnen sich aber durch besonders geringe Ansprüche an den Boden aus und brauchen in jedem Fall die Verbindung mit dem Stein. Neben der Verwendung im klassischen Steingarten in der vollen Sonne gibt jedoch auch Pflanzen, die noch im Halbschatten oder sogar Vollschatten gedeihen. Die natürlichen Vorbilder dieser Stauden findet man oft in den Felssteppen der Alpen, Karpaten oder Pyrenäen. Da die meisten dieser seltenen Pflanzen unter Naturschutz stehen, sollte man sich auf keinen Fall dazu verleiten lassen, sie von ihrem natürlichen Standort zu entfernen, zumal es sie durchweg in Gärtnereien zu kaufen gibt.

Die Hauptblütezeit im Steingarten gestaltet sich meist sehr farbenfroh. Hier rosafarbenes Seifenkraut (*Saponaria ocymoides*), gelber Ginster (*Genista lydia*) und purpurfarbener Lauch (*Allium rosenbachianum*), der zuweilen einen leichten Winterschutz benötigt.

STAUDEN FÜR DEN STEINGARTEN

Acaena microphylla, das Stachelnüßchen, findet man sehr häufig auf sommertrockenen, warmen, sonnigen Plätzen. Zuweilen brauchen die Pflanzen einen Winterschutz. Das Stachelnüßchen zählt zu den wertvollen Wildstauden.

Achillea serbica, die Serbische Polstergarbe, ist eine niedrige, weißblühende Art und eignet sich sowohl zur Verwendung in der trockenen Freifläche als auch im Steingarten.

Alchemilla hoppeana, eine Frauenmantel-Art, ist relativ anspruchslos an Boden und Standort und somit vielseitig verwendbar. Die Pflanze erreicht eine Wuchshöhe bis 15 cm.

ACAENA

Stachelnüßchen

Standort: sonnig; durchlässiger Boden
Wuchshöhe: 5 cm
Blütezeit: Juni - Juli
Vermehrung: durch Teilung

Mit rund 100 Arten ist das Stachelnüßchen aus der Familie der Rosengewächse *(Rosaceae)* vorwiegend in den Gebirgen der südlichen Hemisphäre verbreitet. Sein Name bezieht sich auf die hübschen, stacheligen Samenstände, die sich im Spätsommer ausbilden und wie Kletten an der Kleidung hängenbleiben. Im Garten gedeiht es am besten in sonnigen Lagen auf durchlässigen Böden, zum Beispiel im Steingarten oder als Bodendecker unter höheren Stauden; gut geeignet ist es zum Begrünen von Plattenfugen oder zum Überpflanzen von Blumenzwiebeln.

Acaena buchananii, eine aus Neuseeland stammende Art, hat hellgrüne Blätter und bildet mit ihren bis zu 50 cm langen Trieben dichte Teppiche. Die Pflanze ist sehr ausdauernd. Die Blüten im Juni bis Juli sind unscheinbar.

Acaena microphylla, die am häufigsten kultivierte Art, besitzt bräunlich-grünes Laub, bei der Sorte 'Kupferstich' ist es rostrot. Die Fruchtstände sind leuchtendrot.

▽ *Acaena microphylla*

ACHILLEA SERBICA

Serbische Polstergarbe

Standort: sonnig bis absonnig; mäßig trockener bis frischer Boden
Wuchshöhe: 15 cm
Blütezeit: Mai - Juli
Vermehrung: durch Aussaat oder Teilung

Die Gattung *Achillea* gehört zur Familie der Korbblütengewächse *(Compositae)* und ist mit rund 100 Arten in Europa und Kleinasien zu Hause. Weitere Arten der Gattung finden Sie im Kapitel »Stauden für die Sonne«. *Alchemilla serbica,* die Serbische Polstergarbe, erreicht eine Wuchshöhe um 15 cm. Die weißen Blütenköpfchen, die bis zu dreien an einem Stengel sitzen, erscheinen von Mai bis Juli. Die Pflanze gehört zu den wertvollen Wildstauden. Als weitere Art für den Steingarten ist *Achillea conjunta* zu erwähnen, die von Mai bis Juli große weiße Blüten hervorbringt. Ebenfalls geeignet sind die niedrigeren Arten *A. tomentosa* mit gelben Blütendolden und *A. umbellata,* die ein weißes Polster bildet.

Pflegetips. Die an sich anspruchslosen, robusten Sommerblüher bevorzugen mäßig trockene bis frische Böden im Steingarten. An unsere klimatischen Verhältnisse sind sie bestens angepaßt. Zur Benachbarung eignen sich Heiligenkraut oder Lavendel.

▽ *Achillea serbica*

ALCHEMILLA

Frauenmantel

Standort: sonnig; frischer, durchlässiger Boden
Wuchshöhe: 10 - 15 cm
Blütezeit: Juni - Juli
Vermehrung: durch Aussaat oder Teilung

Der Frauenmantel ist eine anspruchslose, mehrjährige Staude aus der Familie der Rosengewächse *(Rosaceae)* mit bis 10 cm großen, ornamentalen, graugrünen Blättern, auf deren samtiger Oberfläche am Morgen die Tautropfen glitzern. Die über 250 Arten sind in Europa, Asien und Nordamerika verbreitet.

Alchemilla erythropoda hat graugrüne Blätter und zählt zu den sehr wertvollen Wildstauden. Die grünlichgelben Blüten erscheinen von Juni bis Juli. Die Pflanzen erreichen eine Wuchshöhe von 10 cm.

Alchemilla hoppeana zeichnet sich durch in Knäueln sitzende gelblichgrüne Blüten aus, die ebenfalls im Juni/Juli erscheinen. Die Blätter sind dunkelgrün und unterseits silbrig behaart. Sie gehört zu den wertvollen Wildstauden.

Pflegetips. Bevorzugt werden vollsonnige, bodenfrische bis trockene Kalkschotterflächen oder Steinfugen.

▽ *Alchemilla hoppeana*

ALLIUM

Zierlauch

Standort: sonnig; leichter, sandiger Boden
Wuchshöhe: 15 - 170 cm
Blütezeit: Mai - Juli
Vermehrung: durch Brutzwiebeln oder Aussaat

Etwa 280 Arten des winterharten Liliengewächses (*Liliaceae*) sind in der nördlichen Hemisphäre verbreitet. Die als Zierpflanzen kultivierten Arten haben üppige Blütendolden in vielen leuchtenden Farben.

Allium christophii, der Sternkugellauch, hat breite, lange Blätter und kugelrunde Dolden, die aus zahllosen lilafarbenen Sternblüten zusammengesetzt sind. Höhe 30 - 40 cm, Blütezeit Juni bis Juli.

Allium flavum, wegen seiner hellgelben, etwas zerzaust wirkenden Blütendolden auch Schwefellauch genannt, wird 30 cm hoch und blüht von Juni bis August.

Allium karataviense, den Blauzungenlauch, erkennt man an seinen breiten, graublauen Blättern. Im Mai bis Juni schieben sich aus ihrer Mitte große, weißliche Blütenkugeln an 25 cm hohen Stielen heraus. Wer sie nach dem Abblühen stehen läßt, kann sich später an den dekorativen Fruchtständen erfreuen.

Allium moly, der Goldlauch, ist eine zierliche, 20 - 30 cm hohe Art mit fingerbreiten, blaugrünen Blättern und goldgelben Blütendolden im Mai bis Juni.

Allium oreophilum trägt in Anspielung auf die lockeren, karminrosafarbenen Blütendolden den Namen »Rosenlauch«. Die Art wird knapp 15 cm hoch und erscheint im Juni bis Juli.

Allium rosenbachianum zählt mit 100 cm Wuchshöhe zu den stattlicheren Zierlauchformen. Die hellpurpurvioletten Blütenkugeln erscheinen im Juni.

Allium sphaerocephalon ist in den südlichen Breiten Mitteleuropas, im Mittelmeergebiet und im Kaukasus heimisch und wird mehr als 70 cm hoch. Schöne purpurfarbene Blütenstände, oval oder in Kugelform, zieren die Pflanzen im Juli und August.

Pflegetips. Die meisten Laucharten brauchen viel Sonne und warme, durchlässige Böden. Hohe Arten wirken gut neben Gräsern, graulaubigen Stauden und Sommerblumen in Verbindung mit Stein oder Steppenheiden, niedrige Formen im Steingarten. Pflanzzeit ist der Frühherbst. Nur in Topfballen angezogene Pflanzen sind für eine Frühjahrspflanzung geeignet. Man setzt kleinere Zwiebeln etwa 4 - 5 cm und größere 8 - 10 cm tief. Vor dem Winter deckt man sie mit Fichtenreisern ab. Vermehrung durch Brutzwiebeln oder Aussaat im Oktober.

ALYSSUM

Steinkraut

Standort: sonnig; mäßig trockener Platz auf steinigem, schuttreichem Boden
Wuchshöhe: 5 - 25 cm
Blütezeit: März - Mai, je nach Art
Vermehrung: durch Aussaat

Die über 100 bekannten Steinkrautarten gehören zur Familie der Kreuzblütler (*Cruciferae*).

Alyssum montanum, das 10 - 20 cm hohe Bergsteinkraut, gedeiht am besten in voller Sonne. Blätter schmal, grau. Blüten hellgelb, zunächst doldig, später traubig. Blüht von April bis Mai.

Alyssum saxatile, das Felsensteinkraut, ist eine wüchsige, große, polsterbildende Staude. Triebe können bis 100 cm lang werden, Höhe 20 - 35 cm. Blätter hellgrau, filzig, rosettenartig angeordnet. Blütentrauben goldgelb, duftend von April bis Mai. 'Citrinum' (hellgelb, 25 cm hoch), 'Compactum' (reingelb, 20 cm hoch), 'Plenum' (goldgelb, gefüllt, 25 cm hoch) und 'Variegatum' (Blätter mit weißlichem Rand).

Pflegetips. Die am häufigsten auftretenden Krankheiten sind der Falsche Mehltau, der Weiße Rost und die Stengelgrundfäule; letztere tritt leicht bei zu feuchtem und dunklem Stand auf.

Allium karataviense, der Blauzungenlauch, wird nicht sehr hoch und eignet sehr gut zur Ergänzung im Hangsteingarten. Auch nach der Blüte wirken die Fruchtstände sehr dekorativ.

Allium oreophilum, der Rosenlauch, erinnert aus einer gewissen Entfernung an eine Rosenblüte – daher der deutsche Name.

Alyssum saxatile, das Felsensteinkraut, rechnet man zu den besonders wertvollen Wildstauden. Neben dem Hangsteingarten findet man es auch in Geröllfeldern, in Trögen oder im Bereich von Platten, Stufen und Wegen.

▽ **Allium karataviense**

▽ **Allium oreophilum**

▽ **Alyssum saxatile**

Arabis caucasica, die Gänsekresse, findet man in jeglicher Verbindung mit Stein. Die Sorte 'Variegata' blüht reinweiß und zeichnet sich durch ihre marmorierten Blätter aus.

Armeria maritima 'Vindictive', eine Sorte der Grasnelke, bevorzugt durchlässige, sandige Böden in voller Sonne. Die relativ anspruchslosen Pflanzen lassen sich neben dem Steingarten auch in sehr kleinen Trögen verwenden.

Asphodeline lutea, die Junkerlilie, gehört zu den besonders wertvollen Wildstauden und fühlt sich als Steppenpflanzen insbesondere auf Kiesflächen besonders wohl.

ARABIS

Gänsekresse

Standort: sonnig; durchlässiger Boden
Wuchshöhe: 10 - 20 cm
Blütezeit: April - Mai
Vermehrung: durch Teilung, Stecklinge oder Aussaat

Etwa 100 Arten des Kreuzblütengewächses *(Cruciferae)* sind in den Gebirgen Nord- und Mitteleuropas, Nordafrikas, Nordamerikas und Asiens zu Hause. Mit ihrem kriechenden Wuchs bilden sie dichte Polster. Die immergrünen, behaarten Blätter sind in Rosetten angeordnet.

Arabis x arendsii hat sich vor allem durch die wunderschöne rosarote Sorte 'Rosabella' einen Namen gemacht.

Arabis caucasica ist die am meisten verbreitete Art. Sie hat graufilzige Blätter und blüht rosa oder weiß. Empfehlenswerte Sorten sind 'Plena' (gefüllt, weiß), 'Monte Rosa' (rosarot), 'Schneehaube' (großblütig, weiß) und 'Variegata', eine Besonderheit mit marmorierten Blättern.

Pflegetips. Nach der Blüte zurückschneiden, damit die Polster schön dicht bleiben. Vermehrt wird durch Teilung oder mit Stecklingen im Herbst oder durch Aussaat im Frühjahr.

▽ *Arabis caucasica*

ARMERIA

Grasnelke

Standort: sonnig; durchlässiger Boden
Wuchshöhe: 10 - 25 cm
Blütezeit: Mai - Juni
Vermehrung: durch Teilung oder Aussaat

Die Grasnelke, aus der Familie der Bleiwurzgewächse *(Plumbaginaceae)*, kommt mit etwa 50 Arten in der nördlichen Hemisphäre und in Südamerika vor. Sie bildet dichte, geschlossene Polster aus immergrünen, grasartigen Blättern, von denen sich die purpurroten oder weißen Blütenköpfe effektvoll abheben.

Armeria maritima, die Seegrasnelke, wird 10 bis 25 cm hoch und blüht von Mai bis Juni karminrosa. Die schönste Gartenzüchtung dieser Art ist 'Düsseldorfer Stolz'; weitere besonders empfehlenswerte Sorten sind 'Alba' (weiß), 'Frühlingszauber' (karminrosa) und 'Rotfeuer' (leuchtendrot).

Pflegetips. Die Pflege ist einfach: Verwelkte Blüten entfernen und die Pflanze im Winter vor Nässe schützen. Verwendung finden sie in Stein- und Heidegärten, Trockenmauern und zur Einfassung von Beeten und Wegen. Die Vermehrung geschieht durch Teilung oder Aussaat im Frühjahr oder Rißlinge im Spätsommer.

▽ *Armeria maritima* 'Vindictive'

ASPHODELINE

Junkerlilie

Standort: durchlässiger, nährstoffreicher Boden
Wuchshöhe: 60 - 120 cm
Blütezeit: April - Mai
Vermehrung: durch Aussaat

Etwa 14 Arten dieses Liliengewächses *(Liliaceae)* findet man im östlichen Mittelmeergebiet und in Kleinasien. Nur wenige haben den Weg in unsere Gärten gefunden.

Asphodeline liburnica hat einen verzweigten Blütenstand aus gelben, schlanken Trauben. Die Pflanze wird 60 - 120 cm hoch. Blütezeit Mai bis Juni.

Asphodeline lutea wird 80 - 100 cm hoch. Die schmalen Blütentrauben setzen sich aus unzähligen gelben Sternen zusammen. Blütezeit April bis Mai.

Pflegetips. Die Junkerlilien brauchen volle Sonne und durchlässigen, nahrhaften Boden. Die fleischigen Wurzeln kommen im Herbst etwa 15 cm tief in den Boden. Eine leichte Abdeckung im Winter ist empfehlenswert. Vermehrung durch Aussaat im Spätherbst. Da es sich um Kalt- und Lichtkeimer handelt, den Samen nicht mit Erde bedecken. Die Junkerlilie paßt gut in einen naturnahen Garten.

▽ *Asphodeline lutea*

ASTER

Aster

Standort: sonnig; normaler, sandig bis lehmiger, kalkhaltiger Boden mittlerer bis geringer Bodenfeuchte
Wuchshöhe: 15 - 50 cm, je nach Art
Blütezeit: Mai - Juni
Vermehrung: durch Aussaat oder Teilung

Die Astern gehören zur Familie der Korbblütler *(Compositae).* Die Gattung ist recht vielgestaltig. Neben den bei uns vorkommenden Wildarten werden viele Arten aus Südeuropa, dem östlichen Nordamerika und Westchina in unseren Gärten kultiviert. Die Vertreter der Gattung *Aster* bevorzugen in der Regel offene, sonnige Lagen. Die Boden- und Nährstoffansprüche sind dagegen recht unterschiedlich. So findet man die verschiedenen Astern sowohl auf der Freifläche, in Beeten und Rabatten als auch in Steinanlagen. Im folgenden werden die für den Steingarten geeigneten Arten vorgestellt. Weitere Arten und Informationen über die Gattung finden Sie in den Kapiteln »Stauden für die Sonne« und »Beetstauden«.

Aster alpinus, die Frühlingsaster oder Alpenaster, findet man in den Alpen und Mittelgebirgen bis zu einer Höhe von 2800 m. Dort ist sie Bestandteil von Triften, Magerrasen und Felsenvegetationen. In Anlehnung an ihr natürliches Verbreitungsgebiet verwendet man die Frühlingsastern im Garten in Steinanlagen, zwischen Platten, in Mauerfugen oder besonnten Böschungen. Die violettblauen Blütenköpfchen erscheinen im Mai - Juni. Sie sitzen einzeln auf langen Stielen. Die Pflanzen wachsen gedrungen, horstig und erreichen eine Höhe um 15 cm. Die behaarten Blätter sind am Grund spatelförmig und gehen weiter oben in eine lineal-lanzettliche Form über. Die Frühlingsaster bevorzugt kalkhaltige, sandige Böden in voll besonnten Lagen. Die Pflanzen sind relativ kurzlebig und eignen sich daher gut für Neupflanzungen. Das Entwicklungsoptimum der Frühlingsaster liegt ungefähr im 2. - 3. Jahr. An geeigneten Standorten samt sich die Art, im Gegensatz zu den Sorten, reichlich aus.

Aster tongolensis ist eine Frühsommeraster. Sie ist in Westchina beheimatet und kann in unseren Gärten sowohl in Wildstauden- als auch in Beetstaudenpflanzungen verwendet werden. Die lilablauen Blüten mit orangegelber Mitte sind langgestielt und erscheinen im Juni. Die dichtstehenden, dunkelgrünen Blätter bilden hierzu einen schönen Untergrund. Die Frühsommeraster gedeiht auf Böden mittleren Nährstoffgehalts in besonnten Lagen. Die Pflanzen sind allerdings relativ kurzlebig. Es empfiehlt sich, die Astern alle 3 - 4 Jahre durch Teilung zu verjüngen.

▽ *Aster alpinus*

AUBRIETA

Blaukissen

Standort: sonnig; durchlässiger Boden
Wuchshöhe: 10 cm
Blütezeit: April - Mai
Vermehrung: durch Teilung, Rißlinge und Stecklinge

Von den rund 15 Arten aus der Familie der Kreuzblütengewächse *(Cruciferae)* sind gärtnerisch wichtig nur die Hybriden, die überwiegend aus *Aubrieta deltoidea* hervorgegangen sind. Ihre kriechenden Triebe verschwinden im April/ Mai unter Massen von Blüten.

Sortenübersicht. Blaue oder blauviolette Sorten: 'Dr. Mules', 'Tauricolor', 'Blue Emperor', 'Neuling', 'Schloß Eckberg' und 'Joy'. Rote Sorten: 'Bordeaux', 'Red Carpet' und 'Rotkäppchen'. Rosa: 'Rosengarten', 'Bressingham Pink' und 'Daybreak'. Interessant sind auch einige treu aus Samen fallende Sorten, die besonders große Blüten hervorbringen, wie 'Blaue Cascade', 'Rote Cascade', 'Purpur Cascade'.

Pflegetips. Nach der Blüte leicht zurückschneiden; im März und nach der Blüte braucht die Pflanze eine Volldüngergabe. Vermehrt wird durch Teilung der Polster, durch bewurzelte Rißlinge oder Stecklinge im Frühherbst.

▽ *Aubrieta* x *cultorum* 'Joy'

Aster alpinus, die Frühlingsaster, erreicht in der Regel im zweiten bis dritten Jahr nach der Pflanzung ihre optimale Entwicklung. Bei nachlassender Wuchs- und Blühkraft wird sie am besten geteilt.

Aubrieta x *cultorum* **'Joy'**, eine Sorte des Blaukissens, sollte in keiner Steinanlage fehlen. Wenn es allerdings zu großflächig verwendet wird, wirkt es leicht aufdringlich.

Campanula cochleariifolia, die Zwergglockenblume, bevorzugt durchlässige, kalkhaltige, warme Böden in voller Sonne. Während der Hauptblüte im Juli sind die Blätter kaum noch zu erkennen.

Campanula portenschlagiana, die Dalmatiner Glockenblume, liebt eher etwas frischere Böden in absonnigen bis halbschattigen Lagen. Die zahlreichen Blüten erscheinen in kurz gestielten Trauben.

Campanula poscharskyana, die Hängepolster-Glockenblume, findet man in absonnigen bis halbschattigen Lagen, wie etwa zwischen Steinfugen, auf Mauerkronen oder hinter größeren Steinen im Hangsteingarten.

Campanula carpatica 'Bressingham White', eine Sorte der Karpatenglockenblume, ist zwar eher den frischen Böden zuzuordnen, diese können aber durchaus in der vollen Sonne liegen. Daneben gibt es eine Reihe von blau blühenden Sorten.

■ CAMPANULA

Glockenblume

Standort: sonnig; normaler, sandiger bis lehmiger, kalkhaltiger Boden
Wuchshöhe: 15 - 30 cm
Blütezeit: Mai - August
Vermehrung: durch Teilung

Bei uns gibt es etwa 20 heimische Glockenblumenarten. Sie gehören zur Pflanzenfamilie der Glockenblumengewächse *(Campanulaceae)*. Hier werden die niedrigen Arten vorgestellt, die sich für den Steingarten eignen. Weitere Arten finden Sie in den Kapiteln »Stauden für den Halbschatten« und »Beetstauden«.

Campanula carpatica, die Karpatenglockenblume, stammt aus den Karpaten und Siebenbürgen. Die großen, breitglockigen, hellvioletten bis blauen Blüten sitzen einzeln an langen, kahlen Stielen. Die Blütezeit reicht von Juni bis Juli. Karpatenglockenblumen zeichnen sich durch buschigen Wuchs aus und erreichen eine Höhe bis 25 cm. Die Pflanze bevorzugt kalkhaltige, lehmige, frische Böden in Verbindung mit Steinanlagen, insbesondere Kiesflächen, Platten- oder Mauerfugen, in voller Sonne. Als Nachbarn eignen sich Grasnelke, Pfingstnelke, das kriechende Schleierkraut sowie der Goldflachs.

Campanula cochleariifolia (syn. *C. pusilla*), die Zwergglockenblume, ist beheimatet in den europäischen Gebirgen und wird nur 10 cm hoch. Die zierlichen, hängenden, hellblauen Blütenglöckchen erscheinen von Juni bis August. Die Zwergglockenblume wächst polsterförmig und breitet sich durch unterirdische Ausläufer flächig aus. Die Grundblätter sind eiförmig, die Stengelblätter länglicher. Bevorzugt werden kalkhaltige, durchlässige Böden in voller Sonne. Verwendung finden sie in Trockenmauern oder Schotterflächen. Als Nachbarn eignen sich

△ *Campanula cochleariifolia*

▽ *Campanula portenschlagiana*

▽ *Campanula poscharskyana*

▽ *C. carpatica* 'Bressingham White'

Goldflachs oder Hainkraut. Im Handel wird oft *C. cochleariifolia* 'Alba' angeboten, eine Sorte mit weißen Blütenglöckchen.

Campanula gargancia, beheimatet in Südostitalien und Westgriechenland, erreicht eine Höhe von 10 - 15 cm und wächst polsterförmig bis buschig ohne zu wuchern. Sternförmige lila Blüten mit weißer Mitte öffnen sich im Juni und Juli. Die Pflanzen fühlen sich wohl in Stein- und Mauerfugen sowie zwischen Plattenbelägen. Sie benötigen kalkhaltige, sandige Böden in sonnigen bis halbschattigen Lagen. Zur Benachbarung eignen sich Strahlensame oder Mauermiere. Bewährte Sorten sind 'Erinus Major' (violett bis blau, wüchsig), 'Blue Diamond' (lila, reichblühend) und 'Hirsuta' (blauviolett, grau behaart).

Campanula portenschlagiana, die in Dalmatien beheimatete Dalmatiner Glockenblume, wächst dichtbuschig, polsterförmig, treibt Ausläufer und erreicht eine Höhe bis 15 cm. Die Hauptblütezeit ist Juni bis Juli. Zuweilen gibt es im Herbst noch eine zweite Blüte. Mit ihren zahlreichen violetten, breitzipfeligen Blüten, die in kurzen Trauben sitzen, ist die Dalmatiner Glockenblume eine wertvolle Wildstaude für Mauerkronen, Steinfugen und Plattenbeläge absonniger bis halbschattiger Lagen. Sie bevorzugt kalkhaltige, sandig bis lehmige Böden, die nicht austrocknen. Zur Benachbarung eignen sich Frauenmantel, Flockenblume oder Johanniskraut.

Campanula poscharskyana, die aus Dalmatien stammende Hängepolster-Glockenblume, erreicht eine Höhe von 10 - 15 cm. Die hellila Blüten erscheinen von Juni bis September an den verzweigten Stengelenden. Die sehr wüchsige Staude breitet sich durch Ausläufer aus und eignet sich besonders für Steinfugen und Mauerkronen in absonnigen bis halbschattigen Lagen. Die Böden sollten kalkhaltig und durchlässig sein. Für die Benachbarung eignen sich dieselben Pflanzen wie bei der Dalmatiner Glockenblume.

CAREX

Segge

Standort: sonnig; nährstoffreicher, frischer Boden
Wuchshöhe: 50 cm
Blüte: Juli
Vermehrung: durch Teilung

Die Gattung umfaßt an die 350 Arten mit den unterschiedlichsten Erscheinungsformen und Standortansprüchen. Hier wird eine für den Steingarten geeignete Art vorgestellt. Weitere Arten und Informationen finden Sie in den Kapiteln »Stauden für den Schatten« und »Stauden für den Wassergarten«.

Carex buchananii, die Rote Segge, stammt ursprünglich aus Neuseeland. In unseren Gärten erreicht sie eine mittlere Höhe von 50 cm. Blätter und Halme dünn, rotbraun gefärbt, überhängend. Sie bildet lockere Büsche, die besonders im Winter, bereift, gut zur Geltung kommen; ihre Blütenähren sind gärtnerisch unbedeutend. Im Handel werden noch angeboten: *C. buchananii* 'Viridis'. Sie hat im Gegensatz zu *C. buchananii* grünlichgelbe Blätter.

Pflegetips. Die Rote Segge bevorzugt nährstoffreiche, frische, nicht zu trockene Böden. Man verwendet sie am besten in der Freifläche in Verbindung mit Stein oder auch in Trögen und auf Dachgärten.

▽ *Carex buchananii*

CERASTIUM TOMENTOSUM

Hornkraut

Standort: sonnig; kalkhaltiger, sandig-lehmiger, durchlässiger Boden
Wuchshöhe: 15 cm
Blütezeit: Mai - Juni
Vermehrung: durch Teilung und Ausläufer

Das Hornkraut gehört zur Familie der Nelkengewächse *(Caryophyllaceae)*. Die rund 110 Arten sind in der nördlichen Hemisphäre beheimatet. Einige Arten sind in Gartenkultur verbreitet.

▽ *Cerastium tomentosum*

Cerastium tomentosum, das Silberhornkraut, stammt aus Süditalien und ist ein 15 - 30 cm hohes, dichtwachsendes Kraut. Die Blätter sind lanzettlich und weißfilzig. Die Blüten haben einen Durchmesser von etwa 15 mm, sitzen in lockeren Trugdolden und lassen die Pflanzen von Mai bis Juni wie Schnee im Sommer erscheinen. Die Pflanzen bevorzugen normale, sandiglehmige, kalkhaltige Böden in voller Sonne. Als wüchsiger Bodendecker nehmen die Polster oft große Flächen ein und lassen sich nur schwer mit anderen Pflanzen kombinieren. Steinanlagen, Mauerfugen oder Mauerkronen sagen dem Silberhornkraut besonders zu. Als weitere Art wäre *C. biebersteinii*, die bis 20 cm hoch wird, zu erwähnen.

Carex buchananii, die Rote Segge, gehört zum Liebhabersortiment und wird gerne in Verbindung mit Platten, Pflaster, Stufen oder auf Dachgärten verwendet.

Cerastium tomentosum, das Hornkraut, ist eine besonders wertvolle Wildstaude und ein wenig verträglicher Flächendecker. Dem manchmal zu großen Ausbreitungsdrang sollte man rechtzeitig Einhalt gebieten.

Delphinium nudicaule, der Rote Zwergrittersporn, eignet sich insbesondere zur Verwendung im Steingarten. Er ist zwar nicht immer winterhart, aber die einmalige Blüte ist mehr als nur Ersatz für die entstandenen Mühen.

Dianthus gratianopolitanus, die Pfingstnelke, bildet dichtrasig Polster aus und eignet sich für alle voll besonnten Steinanlagen, Tröge und Dachgärten.

Dianthus plumarius, die Federnelke, schätzt besonders die kalkhaltigen, sandig bis lehmigen, durchlässigen Böden in voller Sonne. Sie bilden kräftige Polster aus, die gerne am Grunde verholzen.

DELPHINIUM

Rittersporn

Standort: sonnig; durchlässiger, mäßig trockener Boden
Wuchshöhe: 20 - 80 cm
Blütezeit: Juni - Juli
Vermehrung: durch Aussaat

Rittersporn ist eine der wichtigsten und schönsten Stauden für unsere Gärten. Er gehört zur Familie der Hahnenfußgewächse (*Ranunculaceae*). Die Wildformen, relativ selten angeboten, gehören ihrer Herkunft nach an den Gehölzrand, in Steinanlagen oder ins Alpinum, wo sie, locker eingestreut, durch ihre teilweise leuchtenden Blütenfarben sehr reizvoll sein können. Weitere Arten werden im Kapitel »Beetstauden« vorgestellt.

Delphinium grandiflorum (syn. *D. grandiflorum* var. *chinense*), der Zwergritterssporn, wächst aufrecht, locker, mehrfach verzweigt. Blätter sehr tief geteilt, schmal, Blüten groß, leuchtend blau.

Delphinium nudicaule, der Rote Zwergritterssporn, hat fleischig verdickte Blätter und knollenartige Wurzeln; man sollte sie im Herbst herausnehmen und frostfrei überwintern. Die einzigartige Blüte wäre die Mühe wert. Große, orangerote Einzelblüten mit langem, geradem Sporn an einem traubig verästelten Blütenstand.

▽ *Delphinium nudicaule*

DIANTHUS

Nelke

Standort: sonnig; durchlässiger, kräftiger Boden
Wuchshöhe: 15 - 30 cm
Blütezeit: Mai - Juni
Vermehrung: durch Aussaat oder Sommerstecklinge im Gewächshaus

Die Gattung aus der Familie der Nelkengewächse (*Caryophyllaceae*) ist mit etwa 250 Arten besonders auf der Nordhalbkugel verbreitet. Die meisten sind Stauden, einige Halbsträucher. Ihre schmalen, graublauen oder grünen Blätter bilden mehr oder weniger dichte Polster oder Rasen. Die Blüten stehen einzeln, in Dolden oder Rispen an aufrechten Stengeln. Die Gattung ist recht vielgestaltig. Im folgenden werden die für den Steingarten geeigneten Arten vorgestellt. Weitere Arten und Informationen zur Gattung finden Sie im Kapitel »Stauden für die Sonne«.

Dianthus banaticus, die Banater Nelke, stammt aus Rumänien und gehört zu den Wildnelken. Die Pflanzen erreichen eine Höhe bis 30 cm. Die Blätter sind nicht so grasartig wie bei den meisten anderen Arten, sondern am Grund deutlich breiter. Die dunkelroten Blüten erscheinen den ganzen Juni hindurch, wobei jeweils 6 Einzelblüten ein Blütenköpfchen bilden. Wie viele Wildnelken verwendet man auch die Banater Nelke gerne in Fugen von Trockenmauern, in Steinritzen oder auf Steinhügeln.

Dianthus gratianopolitanus (syn. *D. caesius*), die Pfingstnelke, ist in West- und Mitteleuropa heimisch. Bildet dichte, rasige, große, blaugrüne Polster (besonders die Sorte 'Nordstjernen'). Blüten meist einzeln, aber in großer Zahl auf 10 bis 20 cm hohen Stengeln. Zahlreiche Sorten dieser Polsternelke sind im Handel. Verwendung am besten zusammen mit Steinen oder Trockenmauern, die sie überwachsen können.

Dianthus plumarius, die Federnelke, ist im östlichen Mitteleuropa zu Hause. Sie wächst polsterförmig, die Grundstengel verholzen. Blätter blaugrün und zugespitzt, Stengel verzweigt, 25 - 30 cm hoch mit je 5 - 8 Blüten. Die Einzelblüten duften stark, die Blütenblätter sind fedrig geschlitzt. Neben den zahlreichen Sorten werden Saatgutmischungen für gefüllte, duftende Nelken angeboten. Sie eignen sich als Beet- und Rabattenstauden sowie für den Steingarten und zur Beeteinfassung. Bewährte Sorten sind: 'Altrosa' mit gefüllten, rosafarbenen Blüten, wertvolle Sorte; 'Delicata' mit gefüllten, zartrosa Blüten, wertvolle Sorte; 'Diademe' mit gefüllten, karminroten Blüten mit dunkler Mitte, etwas niedriger als die Art; 'Diamant' mit gefüllten, weißen Blüten, wertvolle Sorte.

▽ *Dianthus gratianopolitanus*

▽ *Dianthus plumarius*

■ EREMURUS

Steppenkerze

Standort: sonnig; durchlässiger, nährstoffreicher Boden
Wuchshöhe: 100 - 300 cm
Blütezeit: Juni - Juli
Vermehrung: durch Teilung

Die Steppenkerze zählt zur edlen Familie der Liliengewächse (*Liliaceae*) und ist mit etwa 20 Arten im mittleren und westlichen Asien verbreitet. Der Name deutet bereits auf die majestätischen Blütenkerzen hin, die im Frühjahr und Hochsommer eine Attraktion in jedem Staudengarten darstellen. Charakteristische Merkmale der Pflanzen sind neben den sternförmig verdickten Wurzeln die grundständigen Blattschöpfe, die allerdings schon während der Blüte gelbe Spitzen einziehen.

Eremurus himalaicus wird über 150 cm hoch und hat schneeweiße, außen braun gestreifte Blüten, die an einem 60 cm langen Schaft sitzen. Blütezeit Mai.

Eremurus robustus ist der auffallendste Vertreter der Gattung. Bis drei Meter hoch wachsen die Blütenstände, zusammengesetzt aus zahllosen hellrosa Sternen. Die graugrünen, bandförmigen, bis 80 cm langen Blätter bilden kräftige Büschel. Da sie schon während der Blüte vergilben und einziehen, sollten entsprechend ausgleichende Nachbarpflanzen gewählt werden, zum Beispiel üppige Gräser oder andere Stauden mit dichtem Blattwerk, um diesen Makel etwas zu kaschieren. Blütezeit Juni bis Juli.

Eremurus spectabilis erreicht auch oft stolze drei Meter. Die hell- oder dunkelgelben Blütenkerzen werden 50 - 80 cm hoch, die riemenförmigen, blaugrünen Blätter etwa 40 cm lang. Blütezeit Juni.

Eremurus stenophyllus ist im Vergleich zu seinen Artgenossen regelrecht zierlich mit 60 - 80 cm Wuchshöhe. Der dichte, goldgelbe Blütenstand wird etwa 25 cm hoch, der Blattschopf ist hellgrün. Blütezeit Juni.

Eremurus-Shelford-Hybriden (oder *Eremurus* x *isabellinus*) entstanden aus der Kreuzung von *E. stenophyllus* mit dem sehr schönen, aber wenig verbreiteten *E. olgae*. An 150 - 200 cm hohen Stielen sitzen schlanke Blütenkerzen in leuchtenden Farben, in Weiß, Gelb, Rotgelb, Orange und Rosa. In neuerer Zeit ist unter der Bezeichnung 'Ruiter's Hybriden' eine Mischung mit besonders leuchtenden Farben im Handel. Blütezeit Juni bis Juli.

Pflegetips. Steppenkerzen lieben vollsonnige, warme Plätze. Gepflanzt werden sie im September in lockeren, durchlässigen Boden 15 - 20 cm tief. Bei schweren Böden die Pflanzgrube tiefer ausheben und eine Handbreit Sand einfüllen. Breiten Sie die Wurzeln flach aus, doch Vorsicht – die Rhizome sind sehr spröde und brechen leicht. Bedecken Sie die Pflanzstelle mit Kompost oder verrottetem Stallmist. Im Winter und Sommer vor zu viel Nässe schützen, während des Austriebs reichlich wässern und einmal düngen. In rauhen Lagen ist leichter Winterschutz erforderlich. Vermehrung durch Teilung im August/ September oder durch Aussaat nach der Samenreife. *Eremurus* ist ein Frostkeimer. Die Anzucht aus Samen ist leider recht langwierig.

▽ *Eremurus himalaicus*

Eremurus himalaicus, die Steppenkerze, kann bis zu drei Meter hoch werden. Die langen Blütenähren dieser Gattung blühen von unten nach oben auf und sehen vor einem dunklen Hintergrund am schönsten aus.

Gentiana acaulis, der Stengellose Enzian, gehört in den klassischen Hangsteingarten. Er bevorzugt dabei einen kalkhaltigen, lehmig-humosen, frischen Boden in der vollen Sonne.

Helianthemum-Hybriden. Von den Sonnenröschen werden viele Hybriden im Handel angeboten. Streng genommen handelt es sich um Zwergsträucher, die zum Teil in rauhen Lagen einen leichten Winterschutz benötigen. Man kann sie auf durchlässigen Böden und in voller Sonne in jeder Steinanlage verwenden.

◼ GENTIANA

Enzian

Standort: sonnig bis halbschattig
Wuchshöhe: 10 - 30 cm
Blütezeit: Mai - Oktober
Vermehrung: durch Aussaat, Teilung oder Stecklinge

Über 800 Arten, Einjährige und ausdauernde Stauden, gehören zur großen Familie der Enziangewächse *(Gentianaceae)*. Bei den Gartenenzianen handelt es sich durchweg um ausdauernde, winterharte Formen.

Gentiana acaulis, der bekannte stengellose Alpenenzian, bildet flache Blattpolster, in denen von Mai bis Juni die großen, dunkelblauen Blütenbecher sitzen.

Gentiana cruciata, der Kreuzenzian, ist eine blühfreudige, anspruchslose Art, die auf sonnigen, trockenen, alpinen Rasen in kalkhaltigem Boden wächst. Wird etwa 30 cm hoch und bringt im Hoch- und Spätsommer kleine, blaue Blüten hervor.

Gentiana septemfida var. *lagodechiana* mit 30 cm langen, niederliegenden Trieben, an denen im Juli bis August die leuchtendblauen Blüten erscheinen. Eine der am leichtesten zu kultivierenden, aparten Arten für den Steingarten und den Vordergrund des Staudenbeets.

▽ **Gentiana acaulis**

◼ HELIANTHEMUM

Sonnenröschen

Standort: sonnig; durchlässiger Boden
Blütezeit: Juni - August
Wuchshöhe: 10 - 30 cm
Vermehrung: durch Stecklinge

   ❄

Die kleinen, polsterförmig wachsenden Sträucher oder Halbsträucher aus der Familie der Zistrosengewächse *(Cistaceae)* kommen mit rund 80 Arten in Europa, im mittleren Asien und rund ums Mittelmeer vor. Von Juni bis August sind die Zwergsträucher von markstückgroßen, wildrosenähnlichen Blüten übersät.

Helianthemum lunulatum, nur 10 cm hoch, mit graugrünen Blättchen und goldgelben Blüten ist eine besonders liebenswerte Wildart. Gut geeignet für die Bepflan-

▽ *H.* 'Wisley Pink'

▽ *H.* 'Raspberry Ripple'

zung von Trögen und Trockenmauern.

Garten-Hybriden, die aus den Wildarten *H. nummularium* und *H. apenninum* gezüchtet wurden, spielen jedoch eine weitaus größere Rolle. Sie blühen einfach oder gefüllt in vielen Farben und bilden 15 - 30 cm hohe Polster.

Pflegetips. Leider sind viele Sorten, insbesondere aus England stammende Züchtungen, bei uns nur mäßig winterhart. Abhilfe schafft eine gute Abdeckung mit Tannen- oder Fichtenzweigen, denn die Pflanzen leiden vor allem unter praller Wintersonne und gleichzeitig frostigen Temperaturen. Eine weitere wichtige Pflegemaßnahme ist der regelmäßige Rückschnitt alle ein bis zwei Jahre gleich nach der Blüte im August. Nur so bleiben die Polster schön dicht und gedrungen und wird die Blühfreudigkeit erhalten. Zum Vermehren schneidet man im August Stecklinge.

▽ *H.* 'Wisley Primrose'

▽ *H.* 'Wisley White'

IBERIS

Schleifenblume

Standort: sonnig; sandig-humoser, durchlässiger, trockener, warmer Boden
Wuchshöhe: 10 - 30 cm, je nach Art
Blütezeit: April - September, je nach Art
Vermehrung: durch Teilung oder Aussaat

Die Vertreter der Gattung *Iberis* stammen aus Südeuropa und Kleinasien und gehören zur Familie der Kreuzblütler *(Cruciferae)*. Sie eignen sich besonders gut zur Bepflanzung von Steinanlagen, wie etwa Mauerkronen, Fels-, Stein- oder Plattenfugen. Gelungene Kombinationen lassen sich mit Steinkraut *(Alyssum montanum)*, Blaukissen *(Aubrieta x cultorum)*, Iris *(Iris barbatana)*, Teppichphlox *(Phlox subulata)* oder Hornveilchen *(Viola cornuta)* erreichen.

Iberis saxatilis, die Felsen-Schleifenblume, erreicht eine Höhe von bis zu 10 cm und zeichnet sich durch überreiche Blüte sowie niederliegenden Wuchs aus. Die unzähligen weißen Blüten erscheinen von April bis Mai und sitzen in endständigen Trugdolden. Im September folgt dann eine etwas schwächere Nachblüte. Die kleinen, linealischen Blätter sind immergrün und bilden dunkelgrüne Polster.

Iberis sempervirens, die Schleifenblume, wird bis 30 cm hoch und zeigt sich im Mai in voller Blüte. Die vielen kleinen, weißen Blüten sitzen in endständigen, flachen Trugdolden. Die Blätter ähneln denen der Felsen-Schleifenblume, sind jedoch während der Blütezeit fast vollständig unter dem Flor verborgen.

Pflegetips. Zur Vermehrung sät man im März bis April direkt an Ort und Stelle breitwürfig aus. Später werden die Sämlinge auf einen Abstand von 25 cm ausgedünnt. Möglich ist auch eine Herbstaussaat im September. Dadurch wird die Blütezeit auf den Mai vorverlegt. Auf leichten Winterschutz sollte nicht verzichtet werden. Die Schleifenblume bevorzugt durchlässige Böden.

Bewährte Sorten der Schleifenblume Iberis sempervirens		
Sorte	**Blütenfarbe/-form**	**Höhe (cm)**
'Elfenreigen'	weiß, großblumig	30
'Findel'	weiß, starkwüchsig	20
'Schneeflocke'	weiß, großblumig	25
'Zwergschneeflocke'	weiß, zierlich	15

▽ **Iberis saxatilis**

LINARIA

Leinkraut

Standort: sonnig bis halbschattig; trockener bis frischer Boden
Wuchshöhe: 3 - 10 cm, je nach Art
Blütezeit: Juni - September
Vermehrung: durch Teilung oder Aussaat

Das Leinkraut gehört zur Familie der Rachenblütler *(Scrophulariaceae)* und stammt überwiegend aus Mittel- und Südeuropa. Einige heimische Vertreter wie das Zwergleinkraut haben auch gärtnerische Bedeutung. Man verwendet Leinkraut am besten in Steinanlagen, wo es sich in Mauerfugen und Steinritzen besonders wohl fühlt.

Linaria cymbalaria, das Zimbelkraut, hat rundliche, herzförmige Blätter. Die Blüten sitzen in den Blattwinkeln und sind lilablau mit gelber Lippe. Sie erscheinen von Juni bis September. Die Pflanzen erreichen eine Höhe bis 10 cm und bevorzugen halbschattige bis absonnige Lagen.

Linaria pallida erreicht nur eine Wuchshöhe von 3-5 cm. Die rundlichen, dunkelgrünen Blätter bilden dichte Polster, auf denen die blauvioletten Blüten gut zur Geltung kommen. Diese erscheinen von Juni bis September. Mehr oder weniger absonnige Plätze in Steinanalgen eignen sich besonders gut für diese Art.

Iberis saxatilis, die Felsen-Schleifenblume, ist eine besonders wertvolle Wildstaude. Sie überspielt mit ihren weißen Blüten auch größere Steine. Werden die Polster zu groß, sind die Stauden eventuell zu teilen oder zurückzuschneiden.

Linaria cymbalaria, das Zimbelkraut, überspinnt mit den Jahren Mauern, Steine oder Platten in vorwiegend absonnigen bis halbschattigen Lagen.

▽ **Linaria cymbalaria**

Melica ciliata, das Wimperperlgras, trägt beeindruckende Blütenstände. Sie wirken am schönsten, wenn das Gras in Gruppen verwendet wird.

Papaver alpinum, der Alpenmohn, erreicht eine Höhe bis 15 cm. Im Handel wird er meist nur als Hybride in den verschiedenen Unterarten angeboten.

Papaver nudicaule, der Islandmohn, schätzt die Verbindung zum Stein – sei es im Hangsteingarten, auf dem Kiesfeld, zwischen Platten oder auf dem begrünten Dachgarten.

◾ MELICA

Perlgras

Standort: sonnig
Wuchshöhe: 30 - 70 cm
Blütezeit: Mai - Juni
Vermehrung: durch Teilung oder Samen

Von den 30 Arten dieser Süßgräser *(Gramineae)* kommen nur 2 als Zierpflanzen für den Steingarten in Frage, wo sie mit ihren silbergrauen oder bräunlichen Ährenrispen im Frühling und Frühsommer recht apart wirken. 2 andere Arten bevorzugen den lichten Schatten von Gehölzen.

▽ *Melica ciliata*

Melica ciliata, das Wimperperlgras, hat hellbraune bis fahlgelbe, walzenförmige Blütenstände, es ist horstbildend und erreicht eine Höhe von 30 - 70 cm. Blütezeit ist Mai bis Juni.

Melica transsilvanica, das Siebenbürger Perlgras, ist dem Wimperperlgras sehr ähnlich. Es ist hierzulande in der freien Natur selten zu finden. Wegen seiner dichten, walzenförmigen Ähren wird es zunehmend in Steingärten an sonnigen Plätzen angepflanzt.

Pflegetips. Die vorgestellten Perlgräser für den Steingarten brauchen einen warmen und trockensonnigen Standort. Ansonsten sind keine besonderen Pflegemaßnahmen notwendig.

◾ PAPAVER

Mohn

Standort: sonnig; nährstoffreicher, durchlässiger, lockerer Boden
Wuchshöhe: 10 - 40 cm, je nach Art
Blütezeit: Mai - September, je nach Art
Vermehrung: durch Aussaat oder Teilung

Die Gattung *Papaver* mit ihren ca. 50 Arten wird in einer eigenen Familie, den Mohngewächsen *(Papaveraceae),* zusammengefaßt. Im folgenden werden für den Steingarten geeignete Arten vorgestellt. Weitere Arten finden Sie im Kapitel »Beetstauden«.

Papaver nudicaule, der Islandmohn, und *Papaver alpium,* der Alpenmohn, gehören zu den Stauden für den Steingarten. Bevorzugte Standorte sind besonnte Böschungen, Dachgärten oder andere sonnige Plätze in Verbindung mit Stein. Die Wuchshöhen sind deutlich niedriger als bei den Gartenmohn-Arten und schwanken zwischen 10 und 40 cm. Die Blätter sind meist blaugrün, fiederspaltig und behaart. Die zarten Blüten zeigen sich bereits im Mai und halten bis in den September. Zur Benachbarung in der Steinanlage eignen sich Alpen- und Schafschwingel, Fingerkraut und Lein.

▷ *Papaver nudicaule*

▽ *Papaver alpinum*

Phlox subulata **'Majory'**, eine Sorte des Teppichphlox, breitet sich polsterförmig aus. Dabei steigen die einzelnen Triebe etwas nach oben. Auch mit zunehmender Größe bleiben die Polster relativ kompakt.

Phlox douglasii **'Crackerjack'**, eine Sorte des Douglas-Teppichphlox, bildet wintergrüne, eher zierliche Polster aus. Er bevorzugt kieshaltige bzw. schotterreiche Böden. Die karminroten Blüten erreichen eine Höhe bis 10 cm.

Phlox douglasii **'Boothman's Variety'** wird etwas höher und zeichnet sich durch die gleichmäßigen, runden, hell-lilafarbenen Einzelblüten aus.

Santolina chamaecyparissus, die Heiligenblume, ist eigentlich ein dicht verzweigter Halbstrauch. Wenn man ihn regelmäßig im Abstand von einigen Jahren zurückschneidet, verhindert man dauerhaft ein frühzeitiges Verkahlen und Vergreisen und fördert somit den Neuaustrieb.

■ PHLOX

Phlox, Flammenblume

Standort: sonnig; humoser, nährstoffreicher, warmer, durchlässiger Boden
Wuchshöhe: 5 - 15 cm, je nach Art und Sorte
Blütezeit: Mai - Juni
Vermehrung: durch Teilung, Wurzelschnittlinge oder Aussaat

Der Phlox stammt aus Nordamerika und gehört zur Familie der Himmelsleitergewächse (*Polemoniaceae*). Die Arten für den Steingarten zeichnen sich durch niedrige Wuchshöhe und meist polsterförmigen Wuchs aus. Man verwendet sie gerne in Steinfugen, auf Mauerkronen oder in Verbindung mit Kiesflächen, Plattenbelägen und Stufen. Sie eignen sich auch für Trog- und Dachgartenbepflanzungen. Bei der Benachbarung greift man auf andere Pflanzenarten aus dem Lebensbereich Stein zurück. Weitere Arten werden im Kapitel »Beetstauden« vorgestellt.

Phlox douglasii **'Georg Arends'** bildet rundliche Polster aus, die winter- bis immergrün sind. Die Blüten sind rosa bis lila gefärbt und erscheinen im Mai bis Juni. Die Pflanzen erreichen lediglich eine Höhe bis 5 cm.

Phlox subulata, der Teppichflox, eignet sich besonders für den Steingarten. Er erreicht eine Höhe von 10 - 15 cm und hat nadelartige, leicht rundliche Blätter. Er bevorzugt sandig-durchlässige Böden. Das große Sortiment bereichert jeden Steingarten von Mai bis Juni. 'G.F. Wilson', schieferblau; 'Samson', rosa; 'Temiscaming', magentarot; 'Nivalis' und 'Maischnee', weiß; 'White Delight', reinweiß. Besonders geeignete Orte für den Teppichphlox sind Trockenmauern, Steinspalten und senkrechte Wände. Farblich interessante Nachbarn sind das Felsensteinkraut, die Gänsekresse und die Schleifenblume.

△ *Phlox subulata* **'Majory'**

▽ *Phlox douglasii* **'Crackerjack'**

▽ *P. douglasii* **'Boothman's Variety'**

▽ *Santolina chamaecyparissus*

■ SANTOLINA

Heiligenblume

Standort: sonnig
Wuchshöhe: 30 - 50 cm
Blütezeit: Juli - August
Vermehrung: durch Aussaat oder Stecklinge

Mit 10 Arten ist die Gattung aus der Familie der Korbblütler (*Compositae*) im westlichen Mittelmeergebiet verbreitet. Die kleinen, aromatischen Sträucher oder Halbsträucher haben wechselständige, einfache oder gezähnte bis fiedrig gelappte Blätter. Kleine, röhrenförmige, gelbliche bis weiße Blüten sitzen in kleinen bis mittelgroßen Köpfen zusammen, die einzeln auf langen Stielen stehen.

Santolina chamaecyparissus, bis 50 cm hoher, würzig duftender, dichtverzweigter Zwergstrauch mit niederliegend-ansteigenden Sprossen. Blätter 2 - 4 cm lang, dicht gedrängt, fein fiederschnittig geteilt, wie die Triebe silbergrau filzig. Blüten in tiefgelben Köpfchen, die auf 15 cm langen Stielen über dem Strauch stehen, im Juli - August. Heimisch von den Pyrenäen bis Nordwestitalien, an trockenen, steinigen Standorten. In Kultur die wichtigste und am häufigsten gepflanzte Art neben *Santolina virens* mit ihren dunkelgrünen Blättern. Sie erreicht eine Höhe bis 40 cm und gehört ebenfalls zu den sehr wertvollen Stauden.

Pflegetips. Die wenigen kultivierten Arten sind im mitteleuropäischen Klima nur bedingt winterhart. Sie brauchen warme, geschützte Standorte und im Winter Schutz durch eine Reisig- oder Laubabdeckung. Im Garten wünschen sie sich einen sonnigen Platz auf durchlässigem, gerölligem, lehmig-humosem Boden. Sie lassen sich völlig problemlos zurückschneiden und sind deshalb auch gut als Einfassungspflanzen geeignet.

 SAPONARIA

Seifenkraut

Standort: sonnig; durchlässiger, kalkhaltiger Boden
Wuchshöhe: 3 - 30 cm, je nach Art
Blütezeit: Mai - August, je nach Art
Vermehrung: durch Aussaat oder Teilung

Die Gattung *Saponaria* gehört zur Familie der Nelkengewächse *(Caryophyllaceae)* und ist vor allem im europäischen Raum beheimatet. Die relativ kleinen Einzelblüten sitzen in lockeren Trugdolden. Die meisten Arten gehören zu den Stauden, doch hat auch eine Einjährige gärtnerische Bedeutung.

Saponaria x *lempergii* 'Frei' hat lanzettliche, dunkelgrüne Blätter und erreicht eine Höhe bis 30 cm. In den Blattachseln sitzen die hell-

rosa Blüten, die im Juli und August den Steingarten verzaubern.

Saponaria ocymoides wächst polsterförmig und hat bis 15 cm hohe Triebe. Die zahlreichen karminroten Blüten zeigen sich von Mai bis Juli. Die Pflanzen gehören zu den sehr wertvollen Wildstauden und entwickeln ihr Optimum im 2. und 3. Jahr. Danach sollten sie geteilt werden.

Saponaria x *olivana* wird nur 5 cm hoch. Über dem festen Polster erscheinen die rosaroten Blüten von Juni bis Juli. Dieses Seifenkraut ist ein sehr dankbarer Blüher und gehört ebenfalls zu den sehr wertvollen Wildstauden.

Pflegetips. Die Pflanzen brauchen kalkhaltige, sandige bis lehmige Böden, die mäßig trocken bis frisch sein und in der vollen Sonne liegen sollten. Sie eignen sich zur Bepflanzung von Steinfugen und Mauerkronen und machen sich gut zwischen Platten sowie in Trögen und auf Dachgärten.

▽ *Saponaria ocymoides*

 SAXIFRAGA

Steinbrech

Standort: sonnig bis halbschattig; frischer, humoser bis trockener, kalkhaltiger Boden
Wuchshöhe: bis 50 cm
Blütezeit: April - September
Vermehrung: durch Aussaat, Ausläufer oder Teilung

Die meisten der über 300 Arten des Steinbrechs wachsen in den Gebirgsregionen der nördlichen Erdhalbkugel. Viele haben sich den kalten und unwirtlichen Bedingungen derart gut angepaßt, daß man sie noch in großen Höhen und an Plätzen findet, die für pflanzliches Leben ganz ungeeignet scheinen. So gibt es Arten, die beispielsweise noch im Norden Grönlands wachsen können (Schnee- oder Arktischer Steinbrech - *Saxifraga nivalis*); der Moor-Steinbrech *(S. hirculus)* wurde im Himalaya noch in über 5000 m Höhe entdeckt. Inzwischen stehen die meisten Arten unter Naturschutz.
Der Steinbrech aus der Familie der Steinbrechgewächse *(Saxifragaceae)* wächst häufig in Felsritzen oder Gesteinsspalten. Mit Ausnahme der wenigen einjährigen Arten, die eine vergleichsweise zarte Wurzel haben, ist er mit kräftigem Wurzelwerk bzw. einem kriechenden Wurzelstock im größtenteils steinigen Boden verankert. Seine meist immergrünen Blätter sind vielgestaltig, häufig grundständig und rosetten- oder polsterbildend. Die Einzelblüten stehen in zumeist rispigen Blütenständen, tragen 5 Kronblätter, 5 - 10 Staubblätter und 2 Griffel.
Für die Freilandkultur im Alpinum sind in gut sortierten Gärtnereien diverse Arten und Sorten erhältlich. Es sollte allerdings darauf geachtet werden, daß den recht unterschiedlichen Bedürfnissen der einzelnen Arten am Standort im eigenen Garten weitestgehend entsprochen wird. Nur so werden sich die Pflanzen ihrer Art gemäß entfalten und gedei-

Saponaria ocymoides, das Seifenkraut, eignet sich zur Begrünung von Mauerkronen, Hangsteingärten sowie zum Auspflanzen zwischen Stufen, Platten und Wegen. Diese besonders wertvolle Wildstaude kann auch im Trog verwendet werden.

Saxifraga cotyledon, der Rosettensteinbrech, eignet sich zur Bepflanzung von schattigen Mauerkronen, Steinfugen und Trögen. Dabei werden steinig-humose, durchlässige, eher frische Böden bevorzugt.

Saxifraga x geum, der Schattensteinbrech, erreicht eine Höhe bis 25 cm und eignet sich auch für die flächige Verwendung.

Saxifraga granulata, der Körnersteinbrech, überzeugt durch seine besonders auffallenden weißen Blüten, die in lockeren Rispen angeordnet sind.

Saxifraga aizoon bildet kleine, unempfindliche Rasen aus und eignet sich insbesondere für absonnige Lagen in Verbindung mit Steinen.

hen. Vermehrt wird der Steinbrech durch Aussaat oder Teilung jeweils nach der Samenreife.

Aufgrund bestimmter Gemeinsamkeiten hat man die Steinbrecharten in botanischen Gruppen zusammengefaßt. Die unterschiedlichen Verwendungsmöglichkeiten und die Standortansprüche sind bei den einzelnen Sektionen benannt:

Moossteinbrech

Sehr reich blühende Arten und Sorten für flächige Pflanzungen; sie bilden moosartige, immergrüne Polster, gedeihen auf frischem, sandig-humosem Boden, halbschattig; sind auch für Steingärten und Einfassungen geeignet.

Saxifraga muscoides bildet dunkelgrüne Polster; wächst noch in 4000 m Höhe. Die Sorte 'Findling' wird 10 cm hoch und hat große, weiße Blüten; blüht im Mai - Juni.

Saxifraga hypnoides wächst rasenförmig und locker, wird 10 - 15 cm hoch; hat dreilappige Blätter und kleine, weiße Sternblüten.

Rosetten-, Rispen- oder Trauben-Steinbrech

Seine rispenartigen Blüten erheben sich über mehr oder weniger großen Blattrosetten; Blätter an den Rändern oft mit Kalkverkrustungen; gedeihen auf Steinschutt und in Felsspalten; vollsonnig, auf kalkhaltigem Boden.

Saxifraga cotyledon 'Pyramidalis' mit großen Blattrosetten aus breitlinealischen Blättern; pyramidenartig aufgebaute, auffallend große Blütenrispe, weiß, 50 cm hoch; braucht absonnige Lage. Gute Schnittblume.

Saxifraga paniculata (früher *S. aizoon*). Halbkugelige Rosettenpolster aus schmalen, eiförmigen Blättern; knorpelig gezähnte Blattränder mit Kalkabsonderungen; liebt sonnige bis halbschattige Lagen, bevorzugt kalkhaltiges Gestein; leicht verzweigte, drüsige Stengel tragen weiße, oft rot punktierte Blüten; 10 - 40 cm hoch. Die Sorte 'Rosea' hat rötliche Blätter und rosa Blüten; 20 cm hoch.

△ *Saxifraga cotyledon*

▽ *Saxifraga x geum*

▽ *Saxifraga granulata*

▽ *Saxifraga aizoon*

Schattensteinbrech

Dichte, immergrüne Polster aus trichterförmigen Rosetten; als Einfassung und Flächenbegrünung in halbschattiger bis absonniger Lage; bevorzugen frischen Boden.

Saxifraga x geum hat dunkelgrüne, gestielte Blätter, weiße Blütenrispen von Juni bis Juli; wächst bis 25 cm hoch.

Saxifraga umbrosa hat dunkelgrüne, große Blattrosetten, hohe, weiße Blütenrispen im Mai bis Juni; wird 30 cm hoch. Die Sorte 'Elliott' ist insgesamt zierlicher als die Art, hat rosa Blüten auf rötlichem Blütenstiel; 20 cm hoch.

Verschiedene Steinbrecharten

Saxifraga aizoides, der Gewimperte Steinbrech, wächst natürlicherweise auf Kalkgestein im Hochgebirge oder auf Quellfluren. Bei dieser Art sind auch die aufrechten Blütenstengel mit zahlreichen dicken, borstig bewimperten Blättern besetzt. Die lockeren Blütenstände tragen von Juni bis September goldgelbe bis rotbraune Blüten.

Saxifraga granulata, der Körner- oder Knöllchen-Steinbrech, ist eine der wenigen Arten, die überwiegend in den Niederungen vorkommen, in den Alpen und in den arktischen Gebieten fast gar nicht. Er bevorzugt kalkarme Böden, wächst vor allem auf feuchten Wiesen, an Böschungen und Dämmen. Die zwei- bis mehrjährige Pflanze trägt langgestielte, nierenförmige, lappig-gekerbte Blätter und ist drüsig-klebrig behaart; von April bis Juli erscheinen die weißen Blüten in lockeren Rispen. An der Blattbasis entwickelt die Pflanze zahlreiche knöllchenförmige Brutzwiebeln (Bulbillen).

Saxifraga rotundifolia, der Rundblättrige Steinbrech, wächst fast strauchartig, trägt langgestielte, runde, behaarte Blätter und ab Mai eine schöne Rispe aus weißen, gelb- oder rotpunktierten Blütchen. Er gedeiht hauptsächlich auf frischem, humosem Boden in schattiger Lage.

SEDUM

Fetthenne

Standort: sonnig
Wuchshöhe: 20 - 40 cm
Blütezeit: August - Februar
Vermehrung: durch Kopf- oder Triebstecklinge

Sedum ist die umfangreichste Gattung (über 500 Arten) der Familie der Dickblattgewächse *(Crassulaceae)*. Ihre Vertreter sind fast auf der ganzen Welt zu finden; Hauptverbreitungsgebiet aber ist die nördliche Halbkugel.

Sedum acre, der Scharfe Mauerpfeffer, 8 - 10 cm hoch, breitet sich in Mauerfugen und im Steingarten mit zahlreichen, in Trugdolden stehenden, gelben Blüten teppichartig aus.

Sedum album, der Weiße Mauerpfeffer, bringt ab Juli an seinen über den Boden kriechenden Zweigen mit dicklichen Blättern zierliche, weiße Blüten hervor.

Sedum floriferum 'Weihenstephaner Gold' hat dunkelgrüne, spatelig bis lanzettliche Blätter und die goldgelben, in dichtverzweigten Doldentrauben sitzenden Blüten erscheinen im Juli. Die sehr wertvolle Wildstaude eignet sich als Bodendecker im Dachgarten sowie in Steinanlagen.

Sedum spurium 'Album Superbum', der Teppichsedum, bildet dichte Polster aus. Die weißen Blüten sitzen in flachen Trugdolden und erscheinen vereinzelt im Juli bis August. Weitere wertvolle Sorten sind 'Purpurteppich' mit dunkelkarminroten Blüten und 'Schorbuser Blut' mit roten Blüten und bräunlichen Blättern. In Stein- und Plattenfugen fühlen sich die Pflanzen am wohlsten.

Sedum x telephium, das Purpurrote Sedum, wird bis 60 cm hoch; hat aufrechte Triebe und purpurne Blüten in Trugdolden sowie ungestielte, dicke Blätter.

△ **Sedum acre 'Aureum'**

▽ **Sedum acre**

▽ **Sedum x telephium**

▽ **Sempervivum tectorum**

SEMPERVIVUM

Hauswurz, Heilblatt, Dachwurz, Donnerpflanze

Standort: sonnig
Wuchshöhe: 10 cm
Blütezeit: Juli - September
Vermehrung: durch Samen oder Teilung

Heimat dieser rund 30 Arten umfassenden Gattung aus der Familie der Dickblattgewächse *(Crassulaceae)* sind die Gebirge des Mittelmeergebietes und Vorderasiens. Die Pflanzen bilden meist dichte Polster aus Rosetten mit fleischigen, grünen, rötlichen oder bläulichen Blättern. Die Blüten in aufrechten, gabelig verzweigten Blütenständen sind rot, gelb, in wenigen Fällen auch weiß. Viele *Sempervivum*-Arten wachsen auch in unserem Klima im Freien auf Mauern, Wegen und Dächern. Stein-, Fels- oder Alpengärten kommen kaum ohne *Sempervivum* aus. Hier bilden sie dichte Kissen und im Sommer in endständigen Trugdolden sternförmige Blütchen. Nach der Blüte sterben die Rosetten ab. Die Pflanzen überstehen auch lange Trockenzeiten. Die äußeren Blätter der Rosetten trocknen dann ein und umschließen schützend den inneren Kern.

Sempervivum tectorum, die Gemeine Hauswurz, ist die bekannteste Art, sie gilt seit alters her als Heilpflanze und wurde, weil sie vor Blitzschlag schützen sollte, auf dem Land auf die Dächer gepflanzt. Heute, da begrünte Dächer propagiert werden, ist sie wieder im Kommen. Die an sich schon sehr variable Art hat sich so zahlreich mit anderen Arten gekreuzt, daß die Varietäten kaum mehr überschaubar sind. Die vielen Handelsformen unterscheiden sich in Blattform und -farbe. Ob schmal oder breiter, grün, grau, rötlich, bläulich, mit braunen Spitzen, alle sind attraktiv und dankbar und gegen Krankheiten wenig anfällig.

Sedum acre **'Aureum',** eine Mauerpfeffer-Sorte, bildet wunderschöne Zwergrasen und wächst sehr gut auf und in trockenen Mauern, Felsen oder Kiesflächen.

Sedum acre, **der Scharfe Mauerpfeffer,** hat kleine, eiförmige Blätter über denen sich die gelben, sternförmigen Blüten erheben. Die Wuchshöhe beträgt um 5 cm.

Sedum x telephium, **das Purpurrote Sedum,** verwendet man in der vollsonnigen Steinanlage sowie im Bereich von Terrassen oder auf Dachgärten. Darüber hinaus eignet es sich aber auch für durchlässige Rabatten.

Sempervivum tectorum, **die Gemeine Haus- oder Dachwurz,** kann auf eine lange Gartentradition zurückblicken. Die roten Blüten erscheinen von Juli bis August.

Senecio articulatus **'Variegatus', eine Kreuzkraut-Sorte,** kann in einigen Arten auch im Steingarten verwendet werden. Dabei werden insgesamt vollsonnige Standorte mit durchlässigen Böden bevorzugt.

Sesleria caerulea, das Blaugras, wird von der Staudensichtung als wertvolle Wildstaude eingestuft. Die Blütenährchen erscheinen bereits von Mitte März bis in den Mai hinein.

Silene acaulis, das Stengellose Leimkraut, hat einzelstehende Blüten und bildet dichte, grüne, flache Polster aus. Wenn die Blühwilligkeit abnimmt kann das Leimkraut geteilt werden.

Alyssum und *Aubrieta.* Beide Steingartenpflanzen, das gelb blühende Felsensteinkraut (*Alyssum saxatile*) und das Blaukissen (*Aubrieta deltoides*), ergänzen sich sehr schön in der Farbe und lassen dabei auch noch den Stein in Erscheinung treten.

■ SENECIO

Kreuzkraut, Senecie

Standort: sonnig
Wuchshöhe: bis 50 cm, je nach Art
Blütezeit: von Frühling bis Herbst
Vermehrung: durch Stecklinge oder Samen

Die Gattung gehört zur Familie der Korbblütler (*Compositae*). Von den rund 1300 Arten sind etwa 100 sukkulent, von ihnen werden viele auch als Zimmerpflanzen gezogen. Senecien sind in Australien, Neuseeland und in den alpinen Regionen Europas vertreten, die sukkulenten Arten kommen in Afrika, Vorderindien und Mexiko vor.

Senecio abrotanifolius, Polsterkreuzkraut, 20-40 cm hoch, in den Ostalpen und in den Gebirgen Jugoslawiens heimisch, hat schön gefiedertes Laub und goldgelbe Blüten; eine zierliche Steingartenpflanze.

Senecio adonidifolius ist eine niedrigwachsende, anspruchslose Staude mit dunkelgrünen Blättern und gelben Blütenrispen; gut als Bodendecker geeignet.

Senecio doronicum ist eine in hübschem Orange blühende Art, die 30-40 cm hoch wird; paßt mit den zartgefiederten Blättern gut ins Staudenbeet.

▽ *Senecio articulatus* 'Variegatus

■ SESLERIA

Blaugras

Standort: sonnig bis halbschattig
Wuchshöhe: 10 - 50 cm
Blütezeit: Frühjahr oder Spätsommer/Herbst, je nach Art
Vermehrung: durch Teilung oder Samen

Wegen ihrer frühen bzw. späten Blütezeit füllen die Blaugräser zwei Vegetationslücken im Garten. Die meist dichten Horste werden von den kugeligen oder zylindrischen, bläulichen, grauweißen bis silbrigen Blütenständen überragt, die bei den Spätblühern bis zum Frostbeginn erhalten bleiben. Wie viele der aus bergigen Regionen stammenden Angehörigen der Gräserfamilie (*Gramineae*) bevorzugt auch das Blaugras kalkhaltige Böden.

Artenübersicht. Zu den Frühjahrsblühern gehören *Sesleria albicans*, das Kalkblaugras, *S. caerulea*, das Moorblaugras, *S. heuffleriana*, das Grüne Kopfgras, *S. nitida*, das Nestkopfgras. *S. autumnalis*, das Herbstkopfgras, blüht von September bis Ende Oktober.

Pflegetips. Das Blaugras bevorzugt einen sandig-humosen, lockeren, kalkhaltigen, trockenen bis mäßig-trockenen Boden. Eine Düngung ist nicht notwendig. Der Standort sollte sonnig bis halbschattig sein.

▽ *Sesleria caerulea*

■ SILENE

Leimkraut

Standort: sonnig; kalkhaltiger, durchlässiger, sandiger Boden
Wuchshöhe: 10 - 20 cm, je nach Art und Sorte
Blütezeit: Juni - September, je nach Art
Vermehrung: durch Teilung oder Aussaat

Die umfangreiche Gattung *Silene* gehört zur Familie der Nelkengewächse (*Caryophyllaceae*) und ist in fast ganz Europa beheimatet.

Silene aucalis, das in den Alpen auf steinigen Böden vorkommende Stengellose Leimkraut, bevorzugt kalkhaltige, durchlässige, sandig-steinige Böden in voller Sonne. Wuchshöhe etwa 10 cm.

Silene maritima 'Rosea' zeichnet sich durch graugrüne Blätter, eine Wuchshöhe bis 10 cm und hellrosa Blüten, die im Juni bis Juli erscheinen, aus. Die Sorte 'Weißkehlchen' wird bis 20 cm hoch und entzückt durch die langanhaltenden, weißen Blüten.

Silene schafta 'Splendens' bildet lockere Rasen mit seinen lanzettlichen Blättern, Wuchshöhe 10 cm. Im August und September kommen dann die sehr zahlreichen leuchtendrosa Blüten hinzu und runden das ganze Bild ab.

▷ *Alyssum* und *Aubrieta*

▽ *Silene acaulis*

Nur wenige Stauden sind in der Lage, die Extremstandorte im und am Wasser dauerhaft zu besiedeln. Dabei unterscheidet man Pflanzen, die im Gewässerrandbereich zu finden sind, von solchen, die auch noch im offenen Wasser zurechtkommen. Bekanntester Vertreter dieser Staudengruppe ist wohl die Seerose, die in unzähligen Formen und Farben im Handel angeboten wird – auch für den Kübelteich auf dem Balkon gibt es passende Arten und Sorten. Im Gegensatz zu den Vertretern anderer Staudengruppen werden die Wasser- und Gewässerrandpflanzen nicht im Herbst oder zeitigen Frühjahr, sondern erst im Frühsommer ab Mitte Mai gepflanzt. Gerade bei den in letzter Zeit so beliebt gewordenen Gartenteichen sollte die Staudenbepflanzung üppig ausfallen.

<u>Seerosen</u> gehören zu den beliebtesten Wasserpflanzen und machen sich auch sehr gut in jedem Gartenteich. Die Abbildung zeigt die Seerose (*Nymphaea* 'Richardsoni'), die Blumenbinse (*Butomus umbellatus*) sowie das Mädesüß (*Filipendula ulmaria*). Im Hintergrund sind einzelne Blütenstände der Prachtstaude Rittersporn (*Delphinium*) zu sehen.

STAUDEN FÜR DEN WASSERGARTEN

Acorus calamus 'Variegatus' wird in kleineren und großen Gruppen an Teichrändern und Wasserläufen verwendet. Die Art hat grüne Blätter.

Alisma plantago-aquatica, der Froschlöffel, samt sich gerne aus. Die Blütenrispen erscheinen von Juni bis September.

▪ ACORUS CALAMUS

Kalmus

Standort: sonnig bis absonnig
Wuchshöhe: 60 - 80 cm
Blütezeit: Juni - Juli
Vermehrung: durch Teilung des Rhizoms

Die langen, schmalen Blätter dieser Sumpfpflanze, die denen der Wasserschwertlilie ähneln, entspringen einem kriechenden Wurzelstock. Knolle und Blätter verströmen einen angenehmen Duft. Der grüngelbe, kolbenförmige Blütenstand ist mit zahllosen unscheinbaren Blütchen besetzt. Sa-

men reifen bei uns nicht aus, deshalb ist nur eine vegetative Vermehrung möglich. Dieses vermutlich aus Asien stammende Aronstabgewächs *(Araceae)* findet man an Teichrändern, Sumpfgräben, an Ufern langsam fließender Gewässer und im Flachwasser. Schöner als die Wildart ist die Form 'Variegatus' mit gelbgrünen Längsstreifen auf schmalen Blättern.

Pflegetips. Der Kalmus ist anspruchslos. Er benötigt einen freien Standort und 25 cm Wassertiefe. Das welke Laub sollte im Herbst entfernt werden. Alle 3-4 Jahre Pflanzen im Frühjahr teilen. Achtung: Die Pflanze enthält Giftstoffe, die die Haut und vor allem die Schleimhäute reizen!

▽ *Acorus calamus* 'Variegatus'

▪ ALISMA PLANTAGO-AQUATICA

Froschlöffel

Standort: sonnig bis absonnig
Wuchshöhe: 20 - 80 cm
Blütezeit: Juni - September
Vermehrung: durch Selbstaussaat

Diese Gattung sommergrüner, mehrjähriger Sumpf- und Wasserpflanzen ist beliebt wegen Laub und Blüten. Sie sind bedingt bis völlig winterhart.

Alisma lanceolatum hat schmal eiförmige Blattspreiten, die allmählich in den Stiel verlängert sind.

Alisma plantago-aquatica besitzt auffällig löffelartige Blätter an langen Stielen und einen quirligen, in Etagen angeordneten Blütenstand mit kleinen, weiß bis rosafarbenen Einzelblütchen.

Pflegetips. *Alisma*-Arten eignen sich für Flachwasserzonen oder als Unterwasserpflanzen. Wegen seines dekorativen Blütenstandes sollte man den Froschlöffel nicht im Gewirr anderer Sumpfgewächse verschwinden lassen. Die Vermehrung des Froschlöffels erfolgt generativ durch Früchtchen, die sich an der bestäubten Blüte bilden, sich vom Blütenstand lösen und im Teichgrund keimen. Die Pflanzen können sich daher stark ausbreiten.

▽ *Alisma plantago-aquatica*

BUTOMUS UMBELLATUS

Blumenbinse, Schwanenblume

Standort: sonnig bis absonnig
Wuchshöhe: 60 - 120 cm
Blütezeit: Juni - August
Vermehrung: durch Aussaat oder Teilung des Wurzelstocks

Diese laubabwerfenden, mehrjährigen, binsenähnlichen Sumpfpflanzen sind beliebt wegen ihrer Blüten.

Butomus umbellatus, die Schwanenblume, ist eine ausdauernde Wasserpflanze mit kriechendem Wurzelstock. Die steifen Blätter sind dreikantig, 50-100 cm lang, von der scheidigen Basis allmählich nach oben verschmälert und am Ende schwertförmig zugespitzt. Die rötlichen oder weißen, grün geaderten Einzelblüten stehen in 20-50blütigen Scheindolden auf 90-150 cm hohen, stielrunden Stengeln. Die einzelnen Blüten öffnen sich nacheinander. Die Früchte haben zahlreiche Samen.

Pflegetips. Das winterharte Schwanenblumengewächs *(Butomaceae)* liebt einen flachen Wasserstand bis zu 20 cm Tiefe, gedeiht aber auch im Randbereich des Teichs, wenn der Boden dort ständig sehr feucht gehalten wird. Die Vermehrung aus Wurzelstock und Samen ist problemlos möglich.

▽ *Butomus umbellatus*

CALTHA PALUSTRIS

Sumpfdotterblume

Standort: sonnig bis absonnig
Wuchshöhe: 20 - 40 cm
Blütezeit: März - Mai
Vermehrung: durch Teilung und Aussaat

Die Sumpfdotterblume wächst auf der gesamten nördlichen Halbkugel an feuchten, sumpfigen Plätzen. Die an langen, röhrigen Stengeln sitzenden, leuchtendgelben Schalenblüten stehen hoch über den herzförmigen, am Rand leicht gekerbten Blättern. Von der heimischen Art dieses Hahnenfußgewächses *(Ranunculaceae)* gibt es großblumige Sorten mit gefüllten Blüten wie 'Monstrosa' und 'Multiplex'. Letztere blüht besonders früh, sie will aber nicht oder nur vorübergehend Wasser um die Wurzeln haben. *C. palustris* var. *alba*, die im Himalaya beheimatet ist, blüht weiß und wächst gedrungener. *C. polypetala* blüht gelb, wird jedoch 60 cm hoch und darüber und neigt zum Wuchern.

Pflegetips. Vermehrt werden kann nach der Blütezeit. Man teilt die Wurzelstöcke und setzt sie gleich wieder in den feuchten Boden. Die Vermehrung durch Samen ist umständlich und nicht empfehlenswert. Bei der leicht wuchernden *C. polypetala* empfiehlt sich Gefäßpflanzung.

▽ *Caltha palustris*

Butomus umbellatus, die Blumenbinse, macht sich sehr gut in Gruppen an Teichen und Wasserbecken. Die Pflanzen erreichen eine Höhe bis 150 cm.

Caltha palustris, die Sumpfdotterblume aus der Familie der Hahnenfußgewächse, fühlt sich besonders an Bach- und Teichufern wohl. Die Samen, die giftig sind, schwimmen auf der Wasseroberfläche.

Carex elata, die Steife Segge, kann sich aufgrund ihres starken Wuchses zu sehr ausbreiten. Man pflanzt sie deshalb besser in ein Gefäß, damit der Wurzelraum begrenzt bleibt.

■ CAREX

Segge

Standort: sonnig; sumpfiger, dauernasser Boden
Wuchshöhe: 25 - 120 cm
Blütezeit: April - August
Vermehrung: durch Teilung

Die Gattung umfaßt an die 350 Arten mit den unterschiedlichsten Erscheinungsformen und Standortansprüchen. Man findet sie in den Kalkalpen bis in 3000 m Höhe, in den Dünen der Meeresküsten oder in Laubwäldern. Es gibt fast keinen Lebensraum, wo nicht zumindest eine Seggenart vorkommt. Botanisch werden die Seggen der Familie der Sauergräser *(Cyperaceae)* zugeordnet und entsprechend ihrem Blütenaufbau eingeteilt in Einährige, Gleichährige und Verschiedenährige Seggen. Die Segge ist eine kosmopolitische Pflanzengruppe, man findet sie praktisch überall. In den Gärten werden sie mit Vorliebe als Ziergräser in Einzelstellung, als Unterpflanzungen, in Steinanlagen oder als besonders dekorative Ufer- und Teichpflanzen verwendet.

Carex elata, die Steife Segge, gehört zu den heimischen Uferstauden und ist weit verbreitet. Sie zeichnet sich durch starken, horstigen Wuchs aus und erreicht eine Höhe bis 120 cm. Die Sorte 'Aurea' ist etwas niedriger im Wuchs und hat im Gegensatz zur Art gelbgerandete Blätter. Die Pflanzen treiben zeitig im Frühjahr aus. Die Blüten erscheinen von April bis Mai. Die Ähren sind 2 - 6 cm lang, wobei die oberen rein männlich und die unteren rein weiblich sind.

Carex gracilis, die Schlank-Segge, wird 40 - 150 cm hoch und hat gelbliche Blüten. Sie vermehrt sich stark durch unterirdische Ausläufer und ist nützlich für Uferbefestigungen und zum Nährstoffentzug aus belasteten Gewässern.

Carex grayi, die Morgensternsegge, stammt aus dem östlichen Nordamerika. Nach der Blüte (Juli bis August) erscheinen die charakteristischen morgensternförmigen Früchte. Die dreikantigen, frischgrünen Blätter geben der horstig wachsenden Morgensternsegge ein sehr ansprechendes Erscheinungsbild.

Carex pseudocyperus, die Cypersegge, kommt von Nordafrika über Europa und Nordamerika bis Japan vor. Die grünen, überhängenden Blütenähren erscheinen im Mai, die Blätter sind dreikantig, relativ breit und hellgrün. Die Cypersegge wird bis 80 cm hoch.

Pflegetips. *C. elata* 'Aurea' verwendet man am besten am sumpfigen Gewässerrand. Niedrige Wasserstände bis 10 cm werden auch noch ertragen. Wer Angst hat, daß sich die Pflanzen aufgrund ihres starken Wuchses zu sehr ausbreiten könnten, pflanzt sie am besten in ein Gefäß, so daß der Wurzelraum begrenzt bleibt. *C. grayi* kann man im Garten im Gewässerrandbereich wie auch auf Freiflächen verwenden. Voraussetzung sind feuchte Böden und volle Sonne. Ansonsten ist die Pflanze anspruchslos und ausdauernd. *C. pseudocyperus* breitet sich bei guten Standortbedingungen stark aus. Sie sollte daher geteilt und verpflanzt werden, wenn konkurrenzschwächere Pflanzen in der unmittelbaren Nachbarschaft stehen.

▽ **Carex elata**

EICHHORNIA CRASSIPES

Wasserhyazinthe

Standort: vollsonnig; unterschiedliche Wassertiefe
Wuchshöhe: Blütenstand etwa 20 cm, Schwimmblätter mit langen Wurzelbärten
Blütezeit: Juni - September
Vermehrung: durch Teilung

Diese exotische Wasserpflanze aus der tropischen Pflanzenfamilie der Wasserhyazinthengewächse *(Pontederiaceae)* stammt aus dem afrikanischen Raum. Sie ist in unseren Breiten wegen der niedrigeren Temperaturen eher etwas schwierig zu kultivieren. Die rundlichen, glatten, glänzend grünen Blätter werden durch ihre luftgefüllten Stiele, die man auch Schwimmblasen nennt, an der Wasseroberfläche gehalten. Die auffälligen Blütenstände sind etwa 20 cm hoch. Die einzelnen Blüten sind blaßlila mit gelbem Auge.

Pflegetips. Besonders hübsch machen sich die Wasserhyazinthen in kleinen Gruppen in Wasserbecken oder Gartenteichen, die einem Freisitz oder Fensterplatz zugeordnet sind. Die Pflanzen sind nicht winterhart und müssen deshalb im Gewächshaus überwintert werden. Dabei sollte die Wassertemperatur keinesfalls unter 15 °C sinken.

▽ *Eichhornia crassipes*

HIPPURIS VULGARIS

Tannenwedel

Standort: sonnig bis halbschattig; kalkhaltiger Boden in Sumpfzonen, Wasserstände bis 50 cm
Wuchshöhe: 40 cm
Blütezeit: Juni - August
Vermehrung: durch Ausläufer

Der Tannenwedel, der zur gleichnamigen Familie der Tannenwedelgewächse *(Hippuridaceae)* gehört, zeichnet sich durch seinen unterirdisch kriechenden Wurzelstock aus. Dadurch ist es der Pflanze möglich, mit ihren zierlichen, tannenartigen Wedeln immer wieder an neuen Stellen zu erscheinen. Die linealischen, schmalen Blätter sind quirlig um den hohlen Stengel angeordnet. Die grünen Blüten sind eher unscheinbar. Häufig trifft man den Tannenwedel in Sumpf- oder Flachwasserzonen von naturnahen Teichanlagen an.

Pflegetips. Bedingt durch die starke Ausläuferbildung sollte man diese zierliche Sumpfpflanze nur für größere Anlagen bzw. bei kleineren Sumpfzonen nur in entsprechenden Gefäßen verwenden. Wasserstände bis 50 cm werden noch vertragen. Austrocknen sollte der Standort des Tannenwedels dagegen niemals. Der Tannenwedel gedeiht in halbschattigen Gewässern besonders üppig.

▽ *Hippuris vulgaris*

HYDROCHARIS MORSUS-RANAE

Froschbiß

Standort: sonnige, ruhige Gewässer
Wuchshöhe: auf der Wasseroberfläche schwimmend
Blütezeit: Juni - August
Vermehrung: durch reichlich gebildete Ausläufer

Die in ganz Europa bis nach Sibirien und Ostasien verbreitete Schwimmblattpflanze aus der Familie der Froschbißgewächse *(Hydrocharitaceae)* benötigt einen Wasserstand ab 10 cm und entnimmt ihre Nahrung direkt dem Wasser. Nur im Flachbereich kann auch eine Verwurzelung im Boden erfolgen. Die 6 cm breiten, herzrunden Blätter sind rosettenartig gebüschelt und sitzen an dünnen, langen Stielen. *Hydrocharis* ist getrenntgeschlechtlich, das heißt, es gibt männliche und weibliche Blüten. An der männlichen Pflanze sitzen die weißen Blüten zu mehreren in einer zweiblättrigen Scheide zusammen, die weibliche Pflanze bildet nur Einzelblüten in einer einblättrigen Scheide aus.

Pflegetips. Die Ausläufervermehrung dieser unkomplizierten Schwimmblattpflanze kann im Sommer so rasant sein, daß die Blattmasse den ganzen Teich bedeckt und reduziert werden muß.

▽ *Hydrocharis morsus-ranae*

Eichhornia crassipes, die Wasserhyazinthe, verzaubert jedes Wasserbecken mit ihrer Blüte. Sie ist aber bei uns nicht winterhart und muß im Herbst herausgenommen werden.

Hippuris vulgaris, den Tannenwedel, verwendet man am besten in Gruppen im Flachwasser. Wasserstände bis 50 cm werden noch ertragen.

Hydrocharis morsus-ranae, der Froschbiß, wird manchmal auch Mini-Seerose genannt. Er trägt zur Wasserreinhaltung bei.

Iris kaempferi 'Toro-Shinga' blüht besonders intensiv.

Juncus effusus, die Flatterbinse, blüht von Juni bis August und bildet starke Horste aus. Die Art ist kaum im Handel, mehr die Sorte 'Spiralis'.

Nuphar lutea, die Gelbe Teichrose, blüht von Juni bis August. Wenn sie sich ungestört entwickeln kann, bedeckt sie mit der Zeit die ganze Wasserfläche. In kleineren Wasserbecken sollte ihr Wachstum daher begrenzt werden.

◼ IRIS

Schwertlilie, Iris

Standort: in voller Sonne; feuchter bis sumpfiger Boden am Wasser, Wassertiefe bis 20 cm
Wuchshöhe: 70 - 100 cm
Blütezeit: Mai - August, je nach Art
Vermehrung: durch Teilung

Die Gattung Schwertlilie gehört zur gleichnamigen Familie der Schwertliliengewächse *(Iridaceae)* und umfaßt etwa 200 Arten, die in der gemäßigten Klimazone der nördlichen Halbkugel beheimatet sind. Hier werden die Arten für den Gewässerrand vorgestellt; weitere Arten und Informationen finden Sie in den Kapiteln »Stauden für die Sonne« und »Beetstauden«.

Iris kaempferi, die Japanische Prachtschwertlilie, ist eine alte japanische Gartenpflanze, die bis 80 cm hoch wird. Die Blätter sind schmal und spitz zulaufend. Die wunderschönen Blüten sind je nach Sorte weiß, rosafarben, blau oder purpurviolett. Sie erscheinen von Juni bis Juli.

Iris pseudacorus, die Sumpf-Schwertlilie, ist eine heimische Iris-Art, die in Gräben oder auf schlammigen, ständig oder zeitweise überfluteten Böden vorkommt. Die Blütenstengel der bis zu 80 cm hohen Pflanze tragen von Mai bis August jeweils mehrere gelbe Blüten.

▽ **Iris kaempferi** 'Toro-Shinga'

◼ JUNCUS

Binse

Standort: sonnig; feuchter bis nasser Boden, je nach Art auch Flachwasserzonen
Wuchshöhe: 30 - 60 cm
Blütezeit: Juni - August
Vermehrung: durch Teilung oder Aussaat

Weltweit gibt es etwa 225 einjährige oder ausdauernde Arten dieser Binsengewächse *(Juncaceae)* mit den charakteristischen, meist runden, stengelartigen Blättern.

Juncus compressus, die Knollenbinse, erreicht 30 cm Höhe und blüht mit rosa Köpfen. Ihre Blütenstände stehen über den Blättern. Die Art neigt zum Wuchern.

Juncus effusus 'Spiralis', die Spiral- oder Korkenzieherbinse, wird etwa 40 cm hoch und fällt durch den merkwürdig verdrehten Wuchs ihrer Stengel auf, die einen gelblichgrünen Glanz aufweisen. Wasserstand 5 cm über den Wurzeln.

Juncus inflexus, die Blaubinse, bildet dichte, bis 60 cm hohe, wintergrüne Horste. Die grasgrünen Halme sind an der Basis tief gerippt. Gelegentlich zurückschneiden.

Pflegetips. Alle Binsen brauchen eine hohe, beständige Bodenfeuchtigkeit und saures Erdreich.

▽ **Juncus effusus**

◼ NUPHAR

Mummel, Teichrose

Standort: sonnig
Wuchshöhe: auf der Wasseroberfläche schwimmend
Blütezeit: Juni - August
Vermehrung: durch Teilung

Zwar kommen die gelben Blüten dieser Pflanze an die Pracht der Seerosenhybriden nicht heran, doch läßt sich die Mummel aus dem Naturteich nicht wegdenken. Etwa 25 Arten der Gattung aus der Familie der Seerosengewächse *(Nymphaeaceae)* sind auf der nördlichen Halbkugel bekannt, aber nur 4 spielen im Wassergarten eine Rolle: *N. advena*, die Nordamerikanische Teichrose, *N. japonica*, die Japanische Teichrose, *N. lutea*, die Gelbe Teichrose und *N. pumila*, die Kleine Teichrose.

Nuphar lutea, die Gelbe Teichrose, kann man bei uns noch in stillen, abgelegenen Gewässern antreffen, wo sie ihre Schwimmblätter, die einem dicken Wurzelstock entsprießen, aus bis zu 3 m Wassertiefe an die Sonne schickt.

Pflegetips. Es empfiehlt sich, *N. lutea* nur in großen Teichen – die Wassertiefe sollte 2 m oder mehr betragen – anzupflanzen, während *N. pumila* lediglich 30 - 50 cm Wassertiefe benötigt und auch im kleinsten »Wasserloch« Platz finden kann.

▽ **Nuphar lutea**

■ NYMPHAEA

Seerose

Standort: sonnige, ruhige Wasserflächen
Wuchshöhe: auf der Wasseroberfläche schwimmend
Blütezeit: Mai - September
Vermehrung: durch Teilung der Rhizome

Rund 40 *Nymphaea*-Arten aus der Familie der Seerosengewächse (*Nymphaeaceae*) wachsen in den gemäßigten, subtropischen und tropischen Zonen der Welt. Seerosen sollten in keinem Gartenteich fehlen.

▽ *Nymphaea pygmaea* 'Helvola'

Nymphaea alba, eine reinweiße Art, ist in Europa heimisch und steht unter Naturschutz. Spezialbetriebe züchten sie für den Handel. Die duftenden Blüten erreichen einen Durchmesser von 12 cm. Erforderliche Wassertiefe 30–180 cm. Blütezeit Mai bis August.

Nymphaea tetragona hat nur 2,5–5 cm große, weiße, duftende Blüten. Das Verbreitungsgebiet umfaßt die nördlichen Klimazonen. Wassertiefe ab 5–15 cm. Blütezeit Juni bis September.

Nymphaea-**Hybriden.** Aus Kreuzungen der »harten« Arten mit den tropischen und subtropischen Arten entstanden Gartensorten, die, außer in Weiß, in Rosa, Rot, Gelb und Blau blühen.

Notwendige Wassertiefe je nach Sorte zwischen 15 und 200 cm.

Pflegetips. Gepflanzt wird ab April, wenn sich das Wasser erwärmt hat, entweder direkt in den aber keinesfalls frisch gedüngten Teichboden oder in perforierte Pflanzcontainer. Beschweren Sie diese Gefäße mit dafür geeigneten kleinen Steinen, um ein Aufschwemmen der Seerosen zu verhindern. Wachsen die Pflanzen in kleinen Körben, lassen sie sich auch besser im Zaum halten – denn leider wuchern Seerosen gerne. Im Winter darf das Wasser nicht bis zum Boden durchfrieren. Bei einer Wassertiefe ab 60 cm besteht diese Gefahr kaum. Schneiden Sie die absterbenden Seerosenblätter im Herbst so tief wie möglich ab. Hybriden für flachere Gewässer nimmt man im Herbst heraus und überwintert sie kühl, feucht und frostfrei im Keller. Vermehrung durch Teilung der Rhizome, reine Arten auch durch Aussaat.

▽ *Nymphaea*-**Hybride 'Wassernixe'**

▽ *Nymphaea*-**Hybride 'James'**

Nymphaea-Arten und Sorten, die schönen Seerosen, gibt es für große und auch für kleine Teichanlagen. Die farbigen Hybriden sind manchmal etwas kälteempfindlich, weil sie aus Kreuzungen mit wärmebedürftigen Arten stammen.

Nymphoides peltata, die Seekanne, eignet sich für Einzelstellung oder kleinere Gruppen mit Wassertiefen bis 50 cm.

Sagittaria latifolia, das Breitblättrige Pfeilkraut, verwendet man in kleinen Wasserbecken als Solitärpflanze; ansonsten eher in kleinen Gruppen.

Sparganium erectum, der Aufrechte oder Ästige Igelkolben, neigt ebenfalls zu starker Ausbreitung und sollte daher in kleinen Wasserbecken begrenzt werden.

NYMPHOIDES PELTATA

Seekanne

Standort: sonnige, ruhige, bis 50 cm tiefe Teiche
Wuchshöhe: bis 10 cm über der Wasseroberfläche
Blütezeit: Juli - September
Vermehrung: durch Teilung des Rhizoms

In den tropischen und gemäßigten Gebieten der Erde kommen etwa 20 Arten der Gattung *Nymphoides* aus der Familie der Fieberkleegewächse *(Menyanthaceae)* vor. Lediglich eine Art ist als Pflanze für den Wassergarten interessant.

Nymphoides peltata ist die bei uns heimische Seekanne. Wegen ihrer geringen Größe, die Blätter erreichen einen Durchmesser von 8 – 15 cm, die gelben Blüten von 3 cm, eignet sie sich für Mini-Anlagen. Die kleinen Wasserpflanzen lassen sich auch in einem Holzbottich auf dem Balkon kultivieren. Allerdings wuchern sie stark.

Pflegetips. Seekannen brauchen eine Wassertiefe von 20 – 50 cm. Setzen Sie die Rhizome in kleine Spezialkörbe, sonst breiten sie sich zu stark aus. Beste Pflanzzeit ist das Frühjahr. Vermehrung durch Teilung der Rhizome im Frühjahr oder durch Aussaat gleich nach der Samenreife in Töpfen unter Wasser.

▽ *Nymphoides peltata*

SAGITTARIA

Pfeilkraut

Standort: sonnig
Wuchshöhe: 30 - 100 cm über der Wasseroberfläche
Blütezeit: Juni - August
Vermehrung: durch Nebenknollen oder Samen

Die über der Wasseroberfläche befindlichen, pfeilförmigen Blätter haben diesem Froschlöffelgewächs *(Alismataceae)* seinen Namen gegeben. Die weißen oder rosa Blütenstände sitzen quirlig angeordnet an einem hohen Stiel, männliche und weibliche übereinander. An der Spitze der Ausläufer bilden sich im Herbst eiförmige Knollen, aus denen im Frühjahr neue Pflanzen hervorwachsen. *S. sagittifolia,* das Echte Pfeilkraut, findet sich an Ufern natürlicher Gewässer, wo es sich auch durch Aussamung reichlich vermehrt. Frostharte Arten, bei denen die Knollen im Teichgrund überwintern, sind *S. graminea,* das Grasblättriges Pfeilkraut und *S. latifolia,* das Breitblättrige Pfeilkraut.

Pflegetips. Winterhart ist nur die kirsch- bis haselnußgroße Wurzelknolle. Die übrigen Pflanzenteile sterben im Herbst ab, die verwelkten Blätter müssen entfernt werden. Achtung: Die Wurzelknollen enthalten hautreizende Giftstoffe!

▽ *Sagittaria latifolia*

SPARGANIUM

Igelkolben

Standort: sonnig
Wuchshöhe: 20 - 150 cm
Blütezeit: Juli - August
Vermehrung: durch Teilung

Das Auffälligste an der zu den Igelkolbengewächsen *(Sparganiaceae)* zählenden Gattung sind die runden, an einen zusammengerollten Igel erinnernden Fruchtstände. Sie bilden sich aus grünlichweißen, rundlichen, in den Achseln der schwertartigen Blätter dicht beieinanderstehenden Blüten.

Sparganium emersum, der Einfache Igelkolben, wird 30 - 50 cm hoch und ist für den kleinen Teich besonders zu empfehlen, da er nicht wuchert.

Sparganium erectum, der Aufrechte oder Ästige Igelkolben, ist dagegen stark wachsend und ausläufertreibend. Er wird 100 - 150 cm hoch, ist reich mit Blüten und Fruchtständen besetzt, aber eher für großzügig angelegte Wassergärten geeignet.

Pflegetips. *Sparganium* ist winterhart und auch schattenverträglich. Er eignet sich gut für den Gewässerrand. Das welke Laub muß allerdings entfernt und die Pflanzen sollten regelmäßig gestutzt werden.

▽ *Sparganium erectum*

▪ TYPHA

Rohrkolben

Standort: sonnig bis halbschattig
Wuchshöhe: 60 - 250 cm über der Wasseroberfläche
Blütezeit: Mai - August, je nach Art
Vermehrung: durch Teilung

Die schmal aufrecht wachsenden Rohrkolbengewächse *(Typhaceae)* fallen vor allem durch ihre braunschwarzen Fruchtkolben auf. Die Kolben platzen nach der Reife auf und entlassen die Samen als weiße »Wattebüschel«. Der männliche Kolben hält nur bis zur Blüte.

Typha angustifolia, der Schmalblättrige Rohrkolben, wird je nach Standort 150-250 cm hoch, hat bis zu 2 cm breite Blätter und 12-20 cm lange, braune Fruchtkolben. Der

männliche Kolben ist durch einen deutlichen Zwischenraum vom weiblichen getrennt.

Typha latifolia, der Breitblättrige Rohrkolben, erreicht die gleiche Höhe, hat jedoch blaugrüne, bis zu 3 cm breite Blätter. Der männliche Blütenkolben sitzt dem weiblichen unmittelbar auf.

Typha laxmannii, der Lockere Rohrkolben, wird 140 - 180 cm hoch und hat extrem schmale, kaum 5 mm breite Blätter. Die eiförmigen Kolben von etwa 2 cm Durchmesser werden nur 3-5 cm lang.

Typha minima, der Kleine Rohrkolben, ist ebenfalls schmalblättrig, trägt auf einem bis zu 80 cm hohen

Stiel kugelige, 3 - 4 cm lange Kolben. Diese erscheinen bereits im Mai und halten nur bis Juli.

Typha shuttleworthii, Shuttleworths Rohrkolben, findet sich in Fließgewässern. Die fruchtenden Kolben sind durch die verlängerten Perigonhaare silbergrau. Der männliche Kolben sitzt dem weiblichen auf.

Pflegetips. Rohrkolben wirken, in Ufernähe gepflanzt, im Gartenteich außerordentlich attraktiv, sollten jedoch wegen ihrer Neigung zum Wuchern nur in Gefäßen kultiviert werden, da man sie andernfalls kaum bändigen kann. *T. minima* eignet sich auch für die Bepflanzung von Miniteichen, beispielsweise in Kübeln.

Typha latifolia, der Breitblättrige Rohrkolben, wird als dekorative Solitärpflanze verwendet. In kleinen Wasserbecken müssen die Pflanzen begrenzt werden, da sie stark ausläufertreibend sind.

Typha minima, der Kleine Rohrkolben, bevorzugt kiesige Lehmböden mit einem maximalen Wasserstand von 10 cm. Er neigt ebenfalls zur starken Ausbreitung.

Typha angustifolia, der Schmalblättrige Rohrkolben, verträgt noch Wassertiefen bis 30 cm und wird gerne in Einzelstellung verwendet. Auch hier ist eine Begrenzung notwendig.

▽ *Typha latifolia*

▽ *Typha minima*

▽ *Typha angustifolia*

Stauden zählen zu den unentbehrlichen Pflanzen in jedem Garten. Der ungeheuer große Formen- und Farbenschatz dieser Pflanzengruppe macht die Verwendung zwar nicht immer ganz einfach, bietet aber andererseits fast unendliche Möglichkeiten der Gartengestaltung. Allerdings sollte bei der Planung Grundlegendes bedacht werden. So ist die Beachtung des Lebensbereiches und der Standortbedingungen, Leitbild sowie Benachbarung anderer Pflanzengruppen, etwa Gehölze oder Sommerblumen, von besonderer Bedeutung. Die hohe Anpassungsfähigkeit und Mobilität vieler Stauden – man kann sie immer wieder verpflanzen – ermöglicht es aber auch dem weniger versierten Gartenfreund, gelungene Staudenrabatten oder Wildstaudenstaudenanlagen nach seinen persönlichen Vorstellungen zu gestalten.

Wege im Garten legt man entsprechend ihrer Funktion an. Ein wenig begangener Weg durch die Staudenanlage wird nicht vollständig befestigt, sondern aus einzelnen Steinen oder Platten gebildet. So verzahnt er sich besser mit den angrenzenden Bereichen und fügt sich ganz natürlich in das Gesamtbild ein.

Der Rittersporn (*Delphinium*) übernimmt in dieser Staudenrabatte eine Leitfunktion. Beim Übergang zur Rasenfläche kann man anstelle der geraden Begrenzung auch durchaus eine etwas geschwungenere Linie wählen, um die Überleitung möglichst weich und natürlich erscheinen zu lassen.

Bei der Anlage einer Staudenpflanzung sind ganz ähnliche Aspekte zu berücksichtigen wie bei der Gartengestaltung ganz allgemein. Man sollte sich zuerst über bestimmte Gegebenheiten Gedanken machen. Welcher Teil meines Gartens liegt im Schatten? Wo sind sonnige Flächen? Wie ist der Boden beschaffen? Diese und noch viele andere Punkte mehr gilt es zu bedenken, bevor Sie mit der Planung beginnen. Erst wenn das Konzept steht, kann es mit Leben erfüllt werden, können die verschiedenen Pflanzen und Pflanzengruppen zugeordnet werden. Eine prächtige Staudenpflanzung zeichnet sich durch gezielten Einsatz der Farben, ununterbrochene Blüte und sorgfältige Abstimmung der Wuchshöhen aus. Diese wichtigsten Punkte bei der Anlage eines Staudengartens sind Thema des Gestaltungsteils.

Blütenfarbe. Die Blütenfarbe ist gerade bei den Stauden, die mit allen erdenklichen Farbtönen und Nuancen aufwarten können, ein wichtiges gestalterisches Element. So kann man, je nach Geschmack, fröhlich-bunte Kombinationen schaffen, Ton-in-Ton-Arrangements zusammenstellen oder elegante Weiß-Grün-Abstufungen kreieren.

Blütezeit. Nimmt man alle Stauden zusammen, so findet man tatsächlich für jede Jahreszeit etwas. Christrosen machen im Januar den Anfang, gefolgt von den Primeln. Im Frühsommer und Sommer erscheinen die eleganten Schwertlilien, die Margeriten und der Rittersporn. Der Herbst wird von den Herbstanemonen, Chrysanthemen und Astern eingeläutet. Der Herbst-Enzian schließt den Kreis und kündigt den Winter an. Wenn Sie bei der Planung Blütezeit und Blühdauer der Pflanzen berücksichtigen, haben Sie rund ums Jahr Freude an Ihrem Staudenbeet.

Wuchshöhe. Stauden sind in vielerlei Hinsicht eine sehr abwechslungsreiche Pflanzengruppe. Was die Wuchshöhe anbelangt, so reicht die Palette von den niedrigen Bodendeckerstauden, die oft gerade eine Höhe von 5 cm erreichen, bis zu den übermannshohen Prachtstauden. So wie nun der Eingangsbereich den geeigneten Hausbaum als Leitbild erhält, benötigt auch die Staudenpflanzung eine gewisse Gliederung oder Hierachie, damit sie den Betrachter überzeugt, stimmig erscheint und nicht wie ein zufällig entstandenes Nebeneinander beliebiger Pflanzen wirkt.

Leitstauden. Leitstauden sind ganz besonders imposante und stattliche Stauden, die zur Strukturierung der Pflanzung eingesetzt werden. Sie geben in Bezug auf Wuchshöhe, Blütezeit und Blütenfarbe den Ton an. Leitstauden werden einzeln oder in Gruppen von zwei bis drei Exemplaren rhythmisch über die Anlage verteilt. Damit die Anlage aber nicht schematisch wirkt, variiert man die Anzahl der Pflanzen und die Abstände. Es gibt die Möglichkeit, als Leitstaude nur eine Art zu verwenden. Möchte man eine andere Wirkung erzielen, kann man jedoch auch verschiedene Arten als Leitstauden verwenden – der Phantasie sind keine Grenzen gesetzt.

Leitelement Gehölze. Oft bilden nicht Leitstauden, sondern Gehölze das Gerüst der Staudenpflanzung. Die Stauden sind also der Wuchshöhe, Blütezeit und Blütenfarbe des jeweiligen Gehölzes untergeordnet. Mit Gehölzen als Leitelement ist auch während des Winters, wenn die Stauden nicht sichtbar in Erscheinung treten, für eine ansprechende Gartengestaltung gesorgt. Man denke nur an den Fruchtschmuck, den viele Gehölze in der kalten Jahreszeit präsentieren.

Leitelement Gräser. Auch Gräser können die Leitfunktion in einer Staudenpflanzung übernehmen. Besonders geeignet sind Chinaschilf (*Miscanthus sinensis*), Reitgras (*Calamagrostis acutiflora*), Goldährengras (*Achnatherum calamagrostis*) oder Graubartgras (*Spodiopogon sibiricus*). Die Blätter und Fruchtstände der Gräser übernehmen auch außerhalb der Vegetationsperiode wichtige gestalterische Funktionen.

Aufbau der Staudenpflanzung. In den letzten Jahren ist man immer mehr von dem lange Zeit gängigen Aufbau von Staudenrabatten abgekommen. Die Stauden wurden in Reihen angeordnet. Den niedrigen Stauden im Vordergrund folgten die mittelhohen und im Hintergrund die hohen Stauden. Dieser streng formale Aufbau wirkte oft sehr künstlich und unnatürlich. Besser ist es, die Höhenabstufung über die ganze Anlage zu verteilen. So erstrecken sich auch niedrige Stauden in die Mitte der Pflanzung, und hohe und mittelhohe Stauden können durchaus einmal am Rand stehen.

Die wichtigsten Leitstauden

Aquilegia caerulea, A. vulgaris (Akelei)
Anemone japonicum (Japananemone)
Aruncus sylvester (Geißbart)
Aster linosyris (Goldhaaraster)
Campanula lactiflora (Glockenblume)
Chrysanthemum coccineum, C. leucanthemum, C. maximum (Margerite)
Delphinum x cultorum (Rittersporn)
Eryngium alpinum, E. planum (Edelistel)
Eupatorium purpureum (Wasserdost)
Helianthus decapetalus (Sonnenblume)
Iris barbata, I. laevigata, I. pseudacorus (Schwertlilie)
Lathyrus latifolius (Staudenwicke)
Ligularia clivorum, L. x hessei, L. przewalskii (Kreuzkraut)
Oenothera tetragona (Nachtkerze)
Paeonia lactiflora, P. officinalis, P. tenuifolia (Pfingstrose)
Phlox paniculata (Flammenblume)
Rodgersia podophylla, R. tabularis (Schaublatt)
Rudbeckia laciniata, R. nitida, R. purpurea (Sonnenhut)
Salvia haematodes, S. nemorosa 'Ostfriesland' (Salbei)
Scabiosa caucasica (Skabiose)
Stachys grandiflora (Ziest)
Thalictrum aquilegifolium (Wiesenraute)
Verbascum x hybridum, V. olympicum, V. phoeniceum (Königskerze)

Arrangement in Grün-Weiß. In diesem Arrangement aus Funkien, Farnen, Buchs und Gehölzen dominieren die verschiedenen Grüntöne. Dies verleiht der schattigen Ecke eine sehr elegante Note, die durch die weißen Blüten noch unterstrichen wird.

Die Blütenfarbe spielt bei den Stauden eine wichtige Rolle. In dieser Hinsicht werden sie nur noch von den Sommerblumen übertroffen, bei denen die Blüte das beherrschende Element ist. Neben der ästhetischen Bedeutung der Blütenfarbe für den Betrachter dient sie ursprünglich ganz anderen Zwecken. Sie lockt bestimmte Insekten an, die die Bestäubung und somit die generative Vermehrung sicherstellen. Da jedoch Stauden per Definition mehrjährig sind und viele von ihnen auch Möglichkeiten der vegetativen Vermehrung, etwa durch Ausläufer, nutzen, sind sie nicht unbedingt jedes Jahr auf diese Form der Arterhaltung angewiesen. Der Gartenliebhaber sieht die Blütenfarbe natürlich unter gestalterischen Gesichtspunkten. Die Wirkungen können jedoch sehr unterschiedlich sein und hängen nicht zuletzt vom Empfinden des Einzelnen ab. Hinzu kommt, daß die Bedeutung der Blüte und ihrer Farbe nicht bei allen Stauden gleichermaßen groß ist. Bei den meisten Wildstauden etwa kommt der Blüte nur eine sekundäre Stellung zu. Es dominieren über die ganze Wachstumsperiode betrachtet eher die grünen Pflanzenteile. Die Blüten selbst sind eher zurückhaltend in Form und Größe, die Blütenfarben sind gedeckt. Auf der anderen Seite stehen die Pracht- oder Beetstauden, bei denen die Züchter auf auffallende und wirkungsvolle Blüten hinarbeiten. Sie sind in dieser Hinsicht mit den einjährigen Sommerblumen zu vergleichen.

Exakte Planung. Um nun bestimmte Farbwirkungen in der Staudenpflanzung zu erzeugen, muß bereits bei der Anlage exakt geplant werden. Zum einen ist es wichtig, die Blütenfarben der einzelnen Arten und Sorten genau zu kennen. Dabei ist es immer am besten, wenn man die Stauden bereits einmal in Natura gesehen hat. Beschreibungen oder Abbildungen in Zeitschriften oder Büchern sind zwar wichtige Hilfsmittel, ersetzen aber nicht das eigene Erleben der Farben. In diesem Zusammenhang kann nur ein

Besuch der einschlägigen Staudensichtungsgärten (Adressen finden Sie auf Seite 160) empfohlen werden. Sie finden hier eine große Staudenauswahl und unzählige Verwendungsbeispiele; außerdem sind die Stauden in diesen Einrichtungen exakt beschildert, so daß eine genaue Identifizierung möglich ist. Zum anderen ist bei der Zusammenstellung von Farbkombinationen auf den Blühzeitpunkt und die Blühdauer zu achten. Es ist ärgerlich, wenn die als Kontrast gedachten, weißen Margeritenblüten erst zwei Wochen, nachdem der violette Rittersporn bereits verblüht ist, erscheinen. Trotz der besten Planung kann es vorkommen, daß man mit dem Ergebnis im ersten Jahr nicht ganz zufrieden ist. Wegen der leichten Verpflanzbarkeit der

Stauden ist dies in den meisten Fällen nicht tragisch; man setzt die entsprechenden Pflanzen einfach an einen anderen Platz und probiert eine neue Kombination.

Farbzweiklänge. Eine gelungene Farbkomposition ist eine sehr individuelle und mitunter langwierige Angelegenheit. Trotz der scheinbar unendlichen Möglichkeiten gibt es einige Grundregeln, die die Planung erleichtern können. Allgemein bekannt ist beispielsweise das Phänomen, daß beim Betrachten von Farbflächen die jeweiligen Nach- oder Gegenbilder erscheinen. Schaut man beispielsweise längere Zeit auf ein grünes Quadrat und schließt dann die Augen, so erscheint ein rotes Nachbild. Rot ist also die Komplementärfarbe von Grün.

Grün verlangt nach Rot, Orange nach Blau, Violett nach Gelb und umgekehrt. Mit diesen Farbzweiklängen kann man im Staudenbeet harmonische, kraftvolle und eindrucksvolle Bilder schaffen.

Farbdreiklänge. Eine andere kreative Möglichkeit besteht darin, mit Farbdreiklängen zu arbeiten. Man erhält einen Farbdreiklang, wenn in die Mitte des Farbkreises ein gleichseitiges Dreieck gelegt wird. Den eindruckvollsten und bekanntesten Dreiklang bilden wohl die Farben Gelb-Rot-Blau. Dreht man nun das Dreieck, so erscheinen immer wieder neue Kombinationen, wie etwa Grün-Orange-Violett. An Buntheit und Leuchtkraft ist aber der Farbdreiklang Gelb-Rot-Blau kaum zu überbieten. Häufig trifft man die Farbkombi-

nation Gelb-Blau an, also ein Dreiklang unter Aussparung einer Komponente. Diesen Farbpaaren fehlt jedoch, im Gegensatz zu den Farbdreiklängen und den Komplementärfarben, die Harmonie. Eine ausgleichende Wirkung kann in diesem Fall von den grünen Blättern ausgehen. Eine ähnlich ausgleichende Wirkung haben auch weiße Blüten.

Ton-in-Ton-Arrangements. Besondere Wirkungen können auch erzielt werden, wenn bestimmte Bereiche in nur einer Blütenfarbe, also Ton-in-Ton gestaltet werden. Diese Variante findet man, etwa in Form des blauen oder weißen Gartens, immer wieder auf den einschlägigen Gartenschauen. Blau- und Violettöne, in Kombination mit Gräsern, können sehr ein-

drucksvoll wirken. Es wird jedoch eine gewisse Kühle ausgestrahlt, die nicht jedem liegt. Eine übermäßige Häufung von Rot- oder Gelbtönen wird von den meisten als störend empfunden.

Kombinationen mit Weiß. Nach der Farbenlehre wird Weiß zwar nicht als Farbe betrachtet, eröffnet aber in der Gartengestaltung zahlreiche Möglichkeiten. Man kann mit weißen Blüten sehr schön blasse Farben verstärken. So werden beispielsweise zartgelbe oder rosafarbene Blüten neben weißen Blüten in ihrer Wirkung deutlich unterstützt. Auf der anderen Seite kann man mit weißen Blüten sehr gut schwierige Übergänge zwischen unterschiedlichen Farbkombinationen meistern. Sehr elegant wirkt in jedem Fall die Kombination von Weiß und Grün. Da auch hervorragend Farne in ein solches Arrangement miteinbezogen werden können, ist es ganz besonders für schattige Gärten zu empfehlen.

Leuchtkraft der Blüten. Neben der Blütenfarbe selbst sind bei der Planung des Staudengartens auch noch die Helligkeit bzw. Leuchtkraft der Blüten zu berücksichtigen. Stauden mit grellen Blütenfarben setzt man an Stellen mit Fernwirkung ein, zurückhaltendere Blütentöne erschließen sich einem erst bei näherer Betrachtung. Eine Kombination dieser gegensätzlichen Gruppen ist nicht zu empfehlen.

Farbliche Abstimmung mit der Umgebung. Neben einer gelungenen und wirkungsvollen Abstimmung der Blütenfarben innerhalb der Staudenpflanzung sollte aber auch auf die farbliche Gestaltung der Umgebung geachtet werden. Die Farbe des Wohnhauses, der Garage, des Schuppens oder des angrenzenden Plattenbelags sollte mit der Pflanzung eine gestalterische Einheit bilden. Auch die im Hintergrund befindlichen Sträucher verdienen Beachtung. Ist die Blütezeit und -farbe der Stauden mit denen der Sträucher abgestimmt, so entsteht eine ganz besondere Harmonie.

Vermittlerfunktion. Grün und Weiß machen sich immer sehr gut als Mittler zwischen unterschiedlichen Blütenfarben und -formen, wie hier zwischen dem Gelb des Frauenmantels (*Alchemilla mollis*) und dem Violett des Salbeis (*Salvia nemorosa* 'Mainacht').

Blütezeit und Blüh-dauer sind bei den einzelnen Arten sehr unterschiedlich und reichen praktisch über das ganze Jahr. Selbst im Dezember und Januar gibt es noch Stauden, die blühen. Die folgende Tabelle gibt einen Überblick.

△ *Bergenia cordifolia*

△ *Trollius europaeus*

△ *Delphinium*-Hybride 'Schönbuch'

	März/April	Mai	Juni
Weiß	*Anemone* (Buschwindröschen) *Arabis caucasica* (Gänsekresse) *Bergenia* (Bergenie) *Caltha palustris* (Sumpfdotterblume) *Helleborus niger* (Christrose) *Iberis* (Schleifenblume) *Primula* (Primel)	*Arabis caucasica* (Gänsekresse) *Aster alpinus* (Frühlingsaster) *Chrysanthemum* (Margerite) *Dianthus plumarius* (Federnelke) *Iris* (Schwertlilie) *Paeonia* (Pfingstrose) *Tiarella* (Schaumblüte)	*Achillea* (Schafgarbe) *Aruncus dioicus* (Geißbart) *Chrysanthemum* (Margerite) *Delphinium* x *cultorum* (Rittersporn) *Paeonia* (Pfingstrose) *Phlox paniculata* (Flammenblume)
Gelb	*Adonis amurensis* (Adonisröschen) *Alyssum* (Steinkraut) *Caltha palustris* (Sumpfdotterblume) *Doronicum* (Gemswurz) *Primula* (Primel)	*Alyssum* (Steinkraut) *Aquilegia* (Akelei) *Iris* (Schwertlilie) *Lamium* (Goldnessel) *Sedum spathulifolium* (Fetthenne) *Trollius* (Trollblume)	*Achillea* (Schafgarbe) *Alchemilla mollis* (Frauenmantel) *Asphodeline lutea* (Junkerlilie) *Coreopsis* (Mädchenauge) *Hemerocallis* (Taglilie) *Iris* (Schwertlilie) *Lysimachia punctata* (Goldfelberich)
Rosa	*Arabis* x *arendsii* (Gänsekresse) *Bergenia* (Bergenie) *Epimedium grandiflorum* (Elfen-blume) *Helleborus* (Christrose) *Primula* (Primel)	*Chrysanthemum* (Margerite) *Dianthus plumarius* (Federnelke) *Dicentra spectabilis* (Tränendes Herz) *Geranium macrorrhizum* (Storch-schnabel) *Iris* (Schwertlilie) *Paeonia* (Pfingstrose) *Primula sieboldii* (Wiesenprimel) *Thymus doerfleri* (Thymian)	*Centaurea ruber* (Rote Spornblume) *Chrysanthemum* (Margerite) *Erigeron* (Feinstrahl) *Heuchera* (Purpurglöckchen) *Paeonia* (Pfingstrose) *Iris* (Schwertlilie)
Rot	*Helleborus* (Christrose) *Primula* (Primel)	*Asarum* (Haselwurz) *Chrysanthemum coccineum* (Margerite) *Paeonia* (Pfingstrose) *Papaver orientale* (Orientalischer Mohn) *Saponaria ocymoides* (Rotes Seifen-kraut) *Saxifraga umbrosa* (Rotes Porzellan-blümchen)	*Aquilegia* (Akelei) *Geum* (Nelkenwurz) *Heuchera* (Purpurglöckchen) *Paeonia* (Pfingstrose) *Hemerocallis* (Taglilie) *Potentilla* (Fingerkraut) *Phlox paniculata* (Flammenblume)
Blau Violett	*Anemone pulsatilla* (Kuhschelle) *Brunnera macrophylla* (Kaukasus-Vergißmeinnicht) *Lathyrus vernus* (Frühlings-Platterbse) *Primula* (Primel) *Pulmonaria* (Lungenkraut) *Viola odorata* (Duftveilchen)	*Aquilegia alpina* (Akelei) *Aubrieta* x *cultorum* (Blaukissen) *Centaurea* (Flockenblume) *Geranium* (Storchschnabel) *Iris* (Schwertlilie) *Linum* (Lein)	*Anchusa italica* (Ochsenzunge) *Campanula* (Glockenblume) *Delphinium* x *cultorum* (Rittersporn) *Erigeron* (Feinstrahl) *Geranium* (Storchschnabel) *Iris* (Schwertlilie) *Salvia* (Salbei)

△ *Astilbe* 'Irrlicht'

△ *Rudbeckia fulgida* 'Goldsturm'

△ *Helleborus niger*

Individueller Blühkalender. Da die Blütezeit natürlich von den speziellen klimatischen Gegebenheiten der Region abhängt, ist es ratsam, einen individuellen Blühkalender seiner Blütenstauden anzulegen.

Juli/August	September/Oktober	November – Februar	
Achillea (Schafgarbe) *Astilbe* (Prachtspiere) *Chrysanthemum* (Margerite) *Phlox paniculata* (Flammenblume)	*Anemone japonica* (Anemone) *Cimicifuga* (Silberkerze) *Saxifraga fortunei* (Herbststeinbrech)	*Anemone nemorosa* (Buschwindröschen) *Helleborus niger* (Christrose)	Weiß
Achillea (Schafgarbe) *Centaurea* (Flockenblume) *Heliopsis* (Sonnenauge) *Helenium* (Sonnenbraut) *Hemerocallis* (Taglilie) *Ligularia* (Greiskraut) *Rudbeckia* (Sonnenhut)	*Chrysanthemum* (Margerite) *Helenium* (Sonnenbraut) *Helianthus* (Sonnenblume) *Rudbeckia* (Sonnenhut)	*Adonis amurensis* (Adonisröschen)	Gelb
Astilbe (Prachtspiere) *Hemerocallis* (Taglilie) *Monarda* (Indianernessel) *Phlox paniculata* (Gartenphlox)	*Anemone hupehensis* (Herbstanemone) *Aster dumosus* (Kissenaster) *Aster novae-angliae* (Rauhblattaster) *Sedum* (Fetthenne)	*Helleborus atrorubens* (Schneerose)	Rosa
Astilbe (Prachtspiere) *Hemerocallis* (Taglilie) *Gaillardia* (Kokardenblume) *Geum* (Nelkenwurz) *Helenium* (Sonnenbraut) *Kniphofia* (Fackellilie) *Monarda* (Indianernessel) *Penstemon* (Bartfaden)	*Aster novae-angliae* (Rauhblattaster) *Chrysanthemum* (Margerite) *Rudbeckia* (Sonnenhut)		Rot
Aconitum napellus (Eisenhut) *Aster amellus* (Sommeraster) *Echinops* (Kugeldistel) *Liatris* (Prachtscharte) *Scabiosa caucasica* (Skabiose)	*Aconitum* x *arendsii* (Eisenhut) *Aster dumosus* (Kissenaster) *Aster novae-angliae* (Rauhblattaster) *Aster novi-belgii* (Glattblattaster) *Gentiana* (Herbstenzian)	*Gentiana* (Herbstenzian)	Blau Violett

Stauden und Sommerblumen. Sehr lebendig und natürlich wirkt dieser Ausschnitt eines Bauerngartens. Die unterschiedlichen Blütenfarben, -formen und Höhen der Stauden und Sommerblumen wechseln auf sehr kleinem Raum. Typische Bauerngartenpflanzen sind unter vielen anderen Rittersporn (*Delphinum* x *cultorum* 'Jubelruf'), Glockenblumen (*Campanula persicifolia*) und *Matthiola*-Hybriden.

Stauden sehen nicht nur in der reinen Staudenrabatte sehr attraktiv aus. Es gibt viele Möglichkeiten, Stauden mit anderen Pflanzengruppen zu kombinieren, die jedoch auch mehr oder weniger dieselben Standortansprüche haben müssen.

Lebensbereiche. Da das gängige Staudensortiment, das im Fachhandel mit etwa 1200 Arten angeboten wird, sehr umfangreich ist, versucht man, durch die Zuordnung der Pflanzen zu bestimmten Lebensbereichen eine gewisse Überschaubarkeit zu erreichen. Je nach Lebensraum verringert sich nun die Zahl der in Frage kommenden Stauden ganz erheblich, und es wird außerdem für eine gewisse Sicherheit bei der standortgerechten Pflanzenauswahl gesorgt. Man unterscheidet folgende Lebensbereiche: Schattenstauden für den Gehölzbereich, Halbschattenstauden für den Gehölzrandbereich, Sonnenstauden für die Freifläche, Beetstauden, Steingartenstauden und Stauden für den Wassergarten. Die Übergänge von einem Lebensbereich zum anderen sind natürlich fließend und bei entsprechender Pflege haben viele Stauden, die für einen bestimmten Standort eigentlich nicht optimal sind, trotzdem gute Überlebenschancen.

Kombination mit Sommerblumen. Besonders die Beetstauden eignen sich aufgrund ähnlicher Boden- und Standortansprüche für eine Kombination mit Sommerblumen. Werden ausschließlich Stauden verwendet, verändern sich diese Pflanzungen ständig. Manche Arten breiten sich aus, andere werden zurückgedrängt oder verschwinden ganz. So entstehen in den reinen Staudenbeeten immer wieder Lücken. Hier bieten sich die Sommerblumen als Ergänzung an. Auch kann man mit ihnen blüharme Perioden gut überbrücken. Die Bechermalve (*Lavatera trimestris*), der Waldmeister (*Asperula orientalis*) und der Goldmohn (*Eschscholzia californica*) haben sich zum Beispiel als Ergänzung zur Schwertlilie (*Iris germanica*) bewährt. Im Juli ist *Iris germanica* meist verblüht und wird dann im August von den Sommerblumen abgelöst, die sich besonders reizvoll von den noch verbliebenen Blättern der Schwertlilie abheben. Man kann hier seiner Phantasie freien Lauf lassen. Blütenfarbe und Pflanzenstruktur sollten jedoch nicht zu gegensätzlich sein. Da sich die Staudenbeete in den Jahren unterschiedlich entwickeln, legt man am besten separat eine Fläche mit Sommerblumen an, aus der man dann je nach Bedarf schöpfen kann. Folgende Arten lassen sich relativ leicht verpflanzen, ohne Schaden zu nehmen: Leberbalsam (*Ageratum houstonianum*), Sommerbegonie (*Begonia semperflorens*), Sommeraster (*Callistephus chinensis*), Studentenblume (*Tagetes patula*). Andere Pflanzen sollten möglichst mit Topfballen verpflanzt oder nach Möglichkeit direkt an Ort und Stelle ausgesät werden. Verschiedene Sorten der Sonnenbraut (*Helenium* x *hybridum*) und Gräser als Vertreter der Staudengruppe vertragen sich gut mit gelben Kosmeen (*Cosmos sulphureus*) und blauen Verbenen (*Verbena bonariensis*). Für Kombinationen mit Sommerblumen eignen sich besonders die im Hochsommer und Herbst blühenden Beetstauden mit mittlerem bis hohem Wuchs.

Kombination mit Gehölzen. Sträucher eignen sich auch im Staudenbeet als Leit- oder Gerüstelemente. In der Regel wenig problematisch ist dabei die Verwendung von Zwerggehölzen wie etwa dem Spindelstrauch (*Euonymus*) oder dem Buschklee (*Lespedeza*). Eine Kombination mit Rosen ist in vielen Fällen sehr reizvoll. Größere Sträucher oder sogar Bäume dagegen beeinflussen den Standort derart, daß ein eigener Lebensbereich entsteht, nämlich der Gehölz- bzw. Gehölzrandbereich. Eine weitere Möglichkeit bei der Gestaltung mit Gehölzen besteht darin, die Gehölze im Hintergrund als raumbildendes Gestaltungselement zu verwenden. Besonders die Blüten der Beetstauden werden in ihrer Wirkung vor einem ruhigen, eher neutral grünem Hintergrund noch einmal verstärkt. Hierfür eignen sich bei-

spielsweise Buchs- oder Buchenhecken. Ganz besonders interessant und naturnah wirken Kombinationen aus Gehölzen und Wildstauden. Durch sorgfältige Abstimmung der Blütezeiten und -farben von Gehölzen und Stauden werden eindrucksvolle Effekte erzielt.

Wildstauden. Mit dem wachsenden Interesse an naturnahen Gärten erfreuen sich auch die Wildstauden immer größerer Beliebtheit. In einem reinen Naturgarten wird sich der Staudenliebhaber ausschließlich auf Wildstauden beschränken – der gutsortierte Fachhandel bietet eine große Auswahl. Aber auch eine gut geplante Kombination aus gärtnerischen Züchtungen und Wildstauden hat ihren Reiz und kann im Staudengarten interessante Akzente setzen. Bei der Anlage einer Wildstaudenpflanzung sind allerdings einige Punkte zu beachten. Wildstauden müssen immer eine Gemeinschaft bilden, die sich ergänzt und über viele Jahre hinweg funktioniert. Die Wildstauden sollen zu einer festen Einheit zusammenwachsen, die es auch in der freien Natur gibt. Achten Sie deshalb auf eine ausgewogene Mischung aus hohen, halbhohen und bodendeckenden Stauden. Natürlich muß auch der Boden den natürlichen Standortbedingungen der jeweiligen Wildstaude entsprechen. Stauden, die in der Wildnis auf humusreichen Böden gedeihen, brauchen auch in der Wildstaudenpflanzung einen entsprechenden Boden; für Stauden, die in der Natur auf einem kargen, steinigen, durchlässigen Boden wachsen, müssen Sie Ihren Gartenboden entsprechend mit Sand und Schotter aufbereiten, um eine steppenheideähnliche Pflanzung zu schaffen. Ein erfreulicher Aspekt einer Wildstaudenpflanzung: Die meisten Pflegemaßnahmen erübrigen sich. Sobald sich die Pflanzendecke über dem Boden geschlossen hat, wird das Unkrautjäten überflüssig. Ganz im Gegenteil lieben es die Wildstauden, wie in der Natur ungestört zu wachsen. Selbst die verblühten Samenstände müssen nicht unbedingt entfernt werden – sie kön-

nen mit ihren teilweise bizarren Formen sogar einen hohen Dekorationswert haben. Außerdem sichern die verwelkten Blüten die Selbstaussaat, und so wird die Wildstaudenpflanzung der freien

Natur immer ähnlicher. Normalerweise kommen Wildstauden ohne Dünger aus. Man läßt das Laub zwischen den Pflanzen liegen und kann unter Umständen jedes Jahr noch etwas Kompost verteilen.

Stauden und Gehölze. Die beiden Pflanzengruppen lassen sich wunderbar miteinander kombinieren. Wichtig fürs Gelingen ist, daß beide die gleichen Standortansprüche haben. Außerdem sollten natürlich die Blütenfarben miteinander harmonieren. Besonders gut passen Rosen und Rittersporn zusammen.

Die schönsten Wildstauden

Wildstauden für sonnige Standorte
Achillea serbica (Schafgarbe)
Alchemilla hoppeana (Frauenmantel)
Antennaria dioica (Katzenpfötchen)
Anthericum liliago (Graslilie)
Aster linosyris (Goldhaaraster)
Campanula portenschlagiana (Dalmatiner Glockenblume)
Centaurea ruber (Spornblume)
Chrysanthemum leucanthemum (Margerite)
Geranium sanguineum (Blutstorchschnabel)
Filipendula rubra (Mädesüß)
Ligularia przewalskii (Kreuzkraut)
Lysimachia punctata (Goldfelberich)
Oenothera tetragona (Nachtkerze)
Eryngium planum (Edeldistel)
Saponaria ocymoides (Seifenkraut)
Sedum floriferum (Fetthenne)
Trollius europaeus (Trollblume)

Wildstauden für schattige und halbschattige Standorte
Aconitum napellus (Eisenhut)
Actaea alba (Christophskraut)
Anemone nemorosa (Buschwinröschen)
Astilbe rivularis (Prachtspiere)
Brunnera macrophylla (Kaukasus-Vergißmeinnicht)
Campanula latifolia (Waldglockenblume)
Cardamine trifolia (Kleeschaumkraut)
Carex pendula (Riesen-Segge)
Centaurea dealbata (Flockenblume)
Cimicifuga simplae (Silberkerze)
Dicentra eximia (Doppelsporn)
Digitalis purpurea (Fingerhut)
Eupatorium purpureum (Wasserdost)
Lysimachia nummularia (Felberich)
Symphytum grandiflorum (Beinwell)
Thalictrum aquilegifolium (Wiesenraute)
Waldsteinia geoides (Waldsteinie)

Schattige Standorte.
Auch für Schatten-
plätze im Garten gibt
es die passenden
Stauden. Der Schat-
ten wird in der
Staudenverwendung
sogar als eigener
Lebensbereich
abgegrenzt. Beson-
ders schöne Schat-
ten-Stauden findet
man unter den
Farnen und Funkien,
hier *Hosta sieboldii*
'Albo marginata',
Hosta sieboldiana,
Matteuccia struthiop-
teris.

Die Lebensbereiche Gehölz (Schatten) und Gehölzrand (Halbschatten) liegen naturgemäß dicht beieinander, und die Grenzen zwischen Schatten und Halbschatten sind fließend – um so mehr, wenn sich diese sehr ähnlichen Lebensbereiche auf engem Raum, etwa in einem Garten, befinden.

Lebensbereich Gehölz (Schatten).
Den Lebensbereich Gehölz findet man im Hausgarten nicht in größerem Umfang vor. Dies liegt an unseren Grundstücksgrößen, die nur noch 200 m² oder weniger betragen und somit für größere Gehölzpflanzungen keinen Platz mehr bieten. Man unterscheidet bei den Schattenstauden zwischen Arten für den reifen Garten und Arten für Neuanlagen.

Reifer Garten. In einem reifen Garten sind die Gehölze seit Jahren eingewachsen. Auch in Hinblick auf den Boden (starke Durchwurzelung) und das Kleinklima (kühl und frisch) hat sich ein typischer Gehölzbereich herausgebildet. In eine solche Umgebung gehören beispielsweise das Buschwindröschen (*Anemone nemorosa*), die Haselwurz (*Asarum europaeum*), der Waldmeister (*Galium odoratum*) oder die Goldnessel (*Lamium galeobdolon*). Diese Stauden brauchen nach dem Zusammenwachsen fast keine Pflege mehr. Wer das Glück hat, einen alten Garten mit bereits eingewachsenen Gehölzbeständen und dazugehörigen Stauden zu besitzen, der sollte bei einer eventuell anstehenden Umgestaltung mit äußerster Vorsicht vorgehen und

intakte Wildstaudenbereiche schonen. Denkbar ist das Hinzufügen von einzelnen Farnen, Gräsern oder Blütenstauden.

Neuanlage. In der Regel steht man jedoch vor einer Gartenneuanlage, in der auch die Gehölze neu gepflanzt wurden. Mittel- bis langfristig entwickeln sich diese Flächen ebenfalls zu reifen Gehölzbereichen. Bis dahin muß jedoch auf die zuvor genannten Arten verzichtet werden. Es gibt aber auch eine Reihe schattenverträglicher Stauden, die sich auch für Neuanlagen eignen. Hierzu gehören etwa die Hainsimse (*Luzula sylvatica*), die Waldschaumkerze (*Tiarella cordifolia*) oder die Elfenblume (*Epimedium grandiflorum*). Oft sind die Gehölzbereiche nach der Neuanlage noch zu stark besonnt,

Die schönsten Schatten- und Halbschattenstauden

Actaea alba (Christophskraut)
Anemone nemorosa (Buschwind-
  röschen)
Aruncus dioicus (Geißbart)
Asarum europaeum (Haselwurz)
Brunnera macrophylla (Kaukasus-
  Vergißmeinnicht)
Campanula persicifolia (Pfirsich-
  blättrige Glockenblume)
Cardamine trifolia (Schaumkraut)
Carex pendula (Riesen-Segge)
Centaurea dealbata (Rote Flocken-
  blume)
Cimicifuga ramosa (September-
  Silberkerze)
Dicentra spectabilis (Tränendes
  Herz)
Epimedium grandiflorum (Elfen-
  blume)
Geranium andressii (Storchschnabel)
Helleborus niger (Christrose)
Hosta sieboldiana (Funkie)
Lathyrus vernus (Frühlingsplatt-
  erbse)
Luzula pilosa (Frühlingsmarbel)
Maianthemum bifolium (Schatten-
  blume)
Pachysandra terminalis (Dick-
  männchen)
Pulmonaria angustifolia (Lungen-
  kraut)
Rodgersia podophylla (Schaublatt)
Symphytum grandiflorum (Beinwell)
Tiarella cordifolia (Schaumblüte)
Vinca minor (Kleines Immergrün)
Waldsteinia geoides (Waldsteinie)

so daß in den ersten Jahren zwischen den Gehölzen noch viele Stauden der Freifläche und des Gehölzrandes gepflanzt werden können. Nach etwa 10 Jahren, wenn sich die Gehölze stärker entwickelt haben und mehr Schatten spenden, löst man diese Stauden durch Schattenstauden ab.

Mauern und Wände. Neben Schattenflächen unter Gehölzen befinden sich in fast jedem Garten schattige Plätzchen, die durch Mauern oder Wände bedingt sind. Die Bodenbeschaffenheit und -feuchte dieser Standorte kann jedoch sehr unterschiedlich sein und entspricht nicht automatisch der des Gehölzbereiches. Wählen Sie also die Stauden nach den individuellen Gegebenheiten des Standortes aus.

Lebensbereich Gehölzrand (Halbschatten). Dieser Standort wird bei der Staudenverwendung als eigener Lebensraum unterschieden und kommt in der freien Natur an Hecken und Waldrändern vor. In diesem Lebensbereich mischen sich Arten aus der Freifläche und dem Gehölzbereich – er kommt auch in vielen Hausgärten auf relativ kleiner Fläche vor, etwa an Hecken und unter Einzelbäumen oder Solitärsträuchern, die lichten Schatten spenden. Für die Entwicklung des typischen Standorts gilt ähnliches wie bei den Gehölzstauden. In den Jahren nach der Gehölzpflanzung sollten sonnenverträgliche Stauden die Oberhand haben. Nach und nach, wenn der Halbschatten vor oder unter den Gehölzen immer dichter wird, nimmt man die sonnen-

bedürftigen Stauden zugunsten der Halbschattenstauden zurück. Halbschatten ist fast in jedem Garten vorhanden. Doch leider wird gerade dieser Lebensbereich viel zu wenig lebensraumtypisch gestaltet, obwohl es hierfür eine Reihe geeigneter, sehr hübscher und relativ anspruchsloser Stauden gibt und interessante Kombinationen aus Gehölzen und Stauden geschaffen werden können. Besonders hübsch machen sich etwa Duftveilchen (*Viola odorata*) mit ihren blauen Blüten unter einem Weißdorn (*Crateagus monogyna*) oder das ebenfalls blau blühende Kaukasusvergißmeinnicht (*Brunnera macrophylla*) unter oder vor Blütensträuchern. Nach der Blüte machen sich die sattgrünen Blätter noch den ganzen Sommer über sehr dekorativ.

1 **Aster dumosus**
2 **Thalictrum aquilegifolium**
3 **Ligularia x hessii**
4 **Galium odoratum**
5 **Buxus sempervirens**
6 **Chrysanthemum maximum**
7 **Inula magnifica**
8 **Astilbe japonica 'Deutschland'**
9 **Doronicum caucasicum**
10 **Digitalis purpurea 'Gloxiniaeflora'**
11 **Aconitum x arendsii**
12 **Geranium macrorrhizum 'Spessart'**
13 **Aristolochia durior**

Sonnenanbeter. Die Freifläche liegt als eigener Lebensraum in der vollen Sonne und unterscheidet sich von der Rabatte durch die fehlende intensive Bodenbearbeitung. Man bepflanzt die Freifläche vorwiegend mit Wildstauden oder in kleiner Zahl auch mit Beetstauden mit Wildpflanzencharakter. Besonders die Übergänge zu den Steinanlagen sind dabei fließend.

Bei den Stauden, die sich auf der Freifläche wohl fühlen, handelt es sich in der Regel um Wildstauden oder um Wildstauden mit Beetstaudencharakter. Was versteht man nun unter dem Lebensbereich Freifläche, und wie grenzt er sich gegenüber anderen Lebensbereichen ab? Als Freifläche werden in der Staudenverwendung alle offenen, gehölzfreien Bereiche verstanden, die in der Regel mehr oder weniger voll besonnt sind und sich für Staudenpflanzungen eignen. Dabei sind zum Teil fließende Übergänge einerseits zum Steingarten und andererseits zum Wassergarten feststellbar. Je nach Himmelsrichtung und umgebender Gehölzpflanzung, mischen sich am Rande ebenfalls Arten des Lebensbereichs Gehölzrand unter die Arten der Freifläche. Im Garten kann der Lebensbereich Freifläche in verschiedenen Formen und Ausprägungen vorkommen.

Freie Flächen an Terrassen, Wegen oder Sitzplätzen. Vorbild für die Gestaltung dieser Flächen sind Steppenheiden, Blumenmatten, Felssteppen oder Gesteinsfluren. An ihren Naturstandorten müssen die Pflanzen mit zum Teil sehr extremen Lebensbedingungen auskommen. Die meisten von ihnen danken es aber mit entsprechendem Wachstum und Blüte, wenn sie im Garten verbesserte Standortverhältnisse vorfinden. Nährstoffreiche Böden, durchmischt mit Stein oder Sand, sagen ihnen zu. Diese Stauden sind zwar nicht auf Steine angewiesen wie die Steingartenstauden, jedoch kann man mit Steinen auch in dieser Umgebung interessante Akzente setzen. Folgende Arten sind besonders eindrucksvoll und geben der Anlage einen eigenen Reiz: die Königskerze (*Verbascum longifolium, V. olympicum*), die Steppenlilie (*Eremurus* x *elwesii, E. robustus*), die Kugeldistel (*Echinops sphaerocephalus*) und der Riesenalant (*Inula magnifica*). Ein weiterer wichtiger Blickfang sind die für diesen Lebensbereich geeigneten Solitärgräser, die den Gartenfreund auch noch den ganzen Winter über mit ihren Blattbüscheln erfreuen. Beispiele hierfür sind das Goldährengras (*Stipa calamagrostis*), der Atlasschwingel (*Festuca mairei*), das Federborstengras (*Pennisetum compressum*), das Lampenputzergras (*Pennisetum incomptum*) und

Die schönsten Sonnenstauden für die Freifläche

Achillea millefolium (Schafgarbe)
Adonis vernalis (Adonisröschen)
Anchusa italica (Ochsenzunge)
Antennaria dioica (Katzenpfötchen)
Aster linosyris (Aster)
Briza media (Zittergras)
Centaurea simplicicaulis (Flockenblume)
Chrysanthemum serotinum (Margerite)
Dianthus deltoides (Nelke)
Echinops bannaticus (Kugeldistel)
Festuca ovina (Schafschwingel)
Helenium hoopesii (Sonnenbraut)
Hemerocallis citrina (Taglilie)
Iris x barbata-nana (Schwertlilie)
Liatris elegans (Prachtscharte)
Linum flavum (Goldflachs)
Oenothera tetragona (Nachtkerze)
Pennisetum compressum (Federborstengras)
Phlomis samia (Brandkraut)
Salvia nemorosa (Salbei)
Scabiosa caucasica (Skabiose)
Sedum acre (Mauerpfeffer)
Stipa capillata (Büschelhaargras)
Thymus serpyllum (Thymian)
Verbascum olympicum (Königskerze)

das Silberfahnengras (*Miscanthus sacchariflorus*).

Besonnte Böschungen. Diese Bereiche sollten möglichst süd- oder westexponiert sein und haben als Vorbild in der Natur die Trocken- und Halbtrockenrasen, wie sie typischerweise in der Fränkischen Schweiz oder der Schwäbischen Alb vorkommen. Die Flächen sind wenig pflegeaufwendig und bieten eine interessante gestalterische Alternative zu den sonst üblichen Gehölzbodendeckern oder Blütensträuchern. Eine wichtige Rolle spielen hierbei die für Halbtrockenrasen charakteristischen, niedrigen Gräser wie etwa das Zittergras (*Briza media*), die unterschiedlichen Seggen (*Carex humilis, C. montana*) sowie die verschiedenen *Stipa*-Arten.

Rasenflächen. Die offenen, gehölzfreien Flächen neben Wegen, Rabatten und Gemüsebeeten werden in den meisten Fällen als Rasen angelegt. Dies ist jedoch nicht immer sinnvoll, gehört doch der Rasen zu den pflegeintensivsten Flächen im Garten. Für kleine Bereiche oder Flächen, die nicht betreten werden müssen, bieten sich die niedrigen Stauden der Freifläche in idealer Weise an. Man kann etwa aus gestalterischen Gründen nur eine Art verwenden oder aber auch eine Gemeinschaft aus verschiedenen Arten einsetzen. Geeignet sind beispielsweise das Teppichpurpurglöckchen (*Heucherella tiarelloides*), das Schaumkraut (*Arabis procurrens*), verschiedene Mauerpfeffer-Arten (*Sedum floriferum* 'Weihenstephaner Gold', *S. spurium*) und

der Knöterich (*Polygonum affine, P. compactum*).

Blumenwiesen. Blütenreiche Wiesen sind der Wunsch vieler Gartenbesitzer. Für die Neuanlage bietet der Handel entsprechende Wiesenmischungen zur Aussaat an. Der Erfolg hält jedoch meist nur das erste Jahr an, da der Anteil von einjährigen Sommerblumen sehr hoch ist und diese im nächsten Jahr nicht mehr erscheinen. Eine Alternative stellt hier die Pflanzung von Stauden dar. Folgende Arten bieten sich besonders an: Schafgarbe (*Achillea millefolium*), Knäuelglockenblume (*Campanula glomerata*), Flockenblume (*Centaurea scabiosa*), Wiesenmargerite (*Chrysanthemum leucanthemum*), Wiesensalbei (*Salvia pratensis*).

1 *Saponaria ocymoides*
2 *Chrysanthemum maximum*
3 *Rudbeckia sullivantii* 'Goldsturm'
4 *Phlox paniculata*
5 *Santolina chamaecyparissus*
6 *Pennisetum compressum*
7 *Aster novae-angliae*
8 *Acer palmatum*
9 *Aster dumosus*
10 *Erigeron* x *hybridum* 'Sommerschnee'
11 *Liatris spicata*
12 *Chrysanthemum leucanthemum* 'Maistern'
13 *Delphinium* x *cultorum* 'Jubelruf'
14 *Iris* x *barbata-elatior* 'Braithwaite'
15 *Gypsophila paniculata* 'Bristol Fairy'
16 *Potentilla fruticosa*
17 *Salvia nemorosa*
18 *Ceanothus* x *hybrida*
19 *Oenothera tetragona*
20 *Pachysandra terminalis*
21 *Teucrium chamaedrys*
22 Kletterrosen

Klassische Rabatten.
Stauden für das Beet und die Rabatte stellen in der Regel höhere Ansprüche an ihren Standort. Dies betrifft zum einen die Bodenvorbereitung wie auch zum anderen die ständige Pflege. Die Beetstauden zeichnen sich im allgemeinen durch eine ganz besondere Blütenfülle und -pracht aus.

Beetstauden zeichnen sich gegenüber den Wildstauden und den Stauden für die Freifläche durch ihre herausragende Blütenpracht sowie durch ihre erhöhten Ansprüche an den Standort und die Pflege aus. Die Arten sind züchterisch bearbeitet und können in vielen Fällen mit einem umfangreichen Sortiment aufwarten. Vom Rittersporn (*Delphinium*) oder den Margeriten (*Chrysanthemum*) gibt es mehrere hundert Sorten. Viele Eltern der Beetstaudensorten können durchaus auch anderen Lebensbereichen zugeordnet werden, etwa den Lebensbereichen Gehölzrand oder Freifläche. Die speziellen Standortansprüche und Eigenschaften der Züchtungen rechtfertigen jedoch die Zuordnung zu einem eigenen Lebensbereich, dem Beet, zumal die gemeinsame Verwendung von Beetstauden und ausgesprochenen Wildstauden anderer Lebensbereiche allein schon aus gestalterischen Gründen völlig unbefriedigend ist. Sie passen weder in ihrem Charakter noch im Erscheinungsbild zueinander. Zudem sind die Beetstauden den Wildstauden bezüglich der Konkurrenz und Anpassungsfähigkeit unterlegen, und ihre Ansprüche kämen in einer gemischten Pflanzung sicher zu kurz.

Ansprüche. Aus den eben genannten Gründen verwendet man die Beetstauden meist in speziellen Rabatten oder Beeten, wo ihre Blüte voll zur Geltung kommt und die besonderen Ansprüche erfüllt werden können. Bevorzugt werden insbesondere nährstoffreiche, lockere, offene Böden in sonnigen bis absonnigen Lagen, die während der Wachstumszeit regelmäßig gewässert, gedüngt und gejätet werden müssen. Unter den hohen und großen Blüten leidet zuweilen die Stabilität der Beetstauden, so daß bei vielen während der Blütezeit eine Abstützung nötig ist.

Anlage einer Rabatte. Bei der Anlage von Beetstaudenrabatten sollte keinesfalls zu dicht gepflanzt werden. Die Pflanzen können sich mit etwas Freiraum besser entwickeln, sind dadurch langlebiger und müssen demnach nicht so oft geteilt werden. Schöne Altersexemplare von Margeriten, Rittersporn oder Sonnenhut bedecken oft bis zu einem Quadratmeter

Die schönsten Beetstauden

Achillea filipendula (Schafgarbe)
Aconitum x arendsii (Eisenhut)
Alcea rosea (Stockrose)
Anemone hupehensis (Anemone)
Aquilegia caerulea (Akelei)
Aster amellus, A. dumosus, A. novae-angliae, A. novi-belgii (Aster)
Astilbe x arendsii, A. chinensis, A. japonica (Prachtspiere)
Campanula lactiflora, C. macrantha (Glockenblume)
Chrysanthemum x hortorum, C. maximum (Margerite)
Delphinium x cultorum (Rittersporn)
Doronicum caucasicum (Gemswurz)
Erigeron x hybridus (Feinstrahl)
Geum x hybridum (Nelkenwurz)
Helenium x hybridum (Sonnenbraut)
Helianthus decapetalus (Sonnenblume)
Heliopsis scabra (Sonnenauge)
Hemerocallis x hybridum (Taglilie)
Iris x barbata-elatior, I. x barbata-media (Schwertlilie)
Kniphofia x hybrida (Fackellilie)
Monarda x hybrida (Indianernessel)
Paeonia lactiflora (Pfingstrose)
Papaver orientale (Türkischer Mohn)
Phlox paniculata (Gartenphlox)
Primula x polyantha (Primel)
Rudbeckia nitida (Sonnenhut)
Trollius chinensis (Trollblume)

Fläche und verleihen einer Rabatte ein ganz besonderes Flair. Bei einer Neuanlage bestehen jedoch anfangs zwischen den einzelnen Exemplaren noch größere Lükken, die in den ersten Jahren, bis die Stauden das notwendige Volumen entwickelt haben, geschlossen werden müssen. Hierfür bieten sich folgende Möglichkeiten an: Man setzt im Herbst die Zwiebeln von Frühlingsblühern ein; geeignet sind beispielsweise farblich abgestimmte Tulpen oder Narzissen. Die Lücken lassen sich im Frühsommer aber auch hervorragend mit vorgezogenen einjährigen Sommerblumen, die in ihrem Erscheinungsbild zu den Beetstauden passen, füllen. Die Sommerblumen müssen jedes Jahr aufs neue ausgepflanzt werden, und so bietet sich auch die Chan-

ce, die Rabatte jedes Jahr etwas anders zu gestalten. Staudenrabatten legt man in der Regel in der Nähe von Sitzplätzen an oder ordnet sie dem Eingangsbereich sowie Wegen im Garten zu. Dabei macht es sich auch sehr gut, wenn die Staudenrabatten von den Wohnräumen aus eingesehen werden können.

Umfeld. Die Rabatten müssen nicht unbedingt und in ihrer ganzen Ausdehnung in der vollen Sonne liegen. Gestalterisch günstig wirkt sich der seitliche Abschluß einer Staudenrabatte mit einer Hecke oder einer Gehölzgruppe aus. In deren Umfeld entstehen dann natürlich eher absonnige bis halbschattige Bereiche. Die folgenden Beetstauden kommen aber mit diesen Standortver-

hältnissen in der Regel noch gut zurecht. Besonders zu erwähnen wäre hier das umfangreiche Sortiment des Eisenhuts mit *Aconitum napellus* 'Newy Blue' und 'Bressingham', *Aconitum x cammarum* sowie die herbstblühenden Sorten von *Aconitum* x *arendsii* und *Aconitum wilsonii*. Die herausragendste und verbreitetste Beetstaude dürfte aber der Rittersporn (*Delphinium* x *cultorum*) sein, um dessen Züchtung und Sichtung sich der bereits verstorbene Staudenexperte Karl Foerster große Verdienste erworben hat. Die Staudensichtung hat aus dem großen Sortiment einige vorzügliche Sorten herausgefiltert, wie etwa 'Finsterahorn', 'Abgesang' oder 'Sommernachtstraum'. Alle zeigen nach dem Rückschnitt einen zweiten Blütenflor im Herbst.

1 *Aster novae-angliae*
2 *Panicum virgatum*
3 *Cytisus decumbens*
4 *Achillea millefolia*
5 *Miscanthus sinensis* 'Silberfeder'
6 *Hamamelis mollis*
7 *Monarda* x *hybrida* 'Präriebrand'
8 *Rudbeckia sullivantii* 'Goldsturm'
9 *Pyracantha* 'Orange Charmer'
10 *Cotoneaster horizontalis*
11 *Avena sempervirens*
12 *Lavandula angustifolia*
13 *Iberis saxatilis*
14 *Carex montana*
15 *Geum coccineum* 'Borosii'
16 *Salvia nemorosa*
17 *Alchemilla mollis*
18 *Oenothera tetragona*
19 *Crocus vernus* 'Queen of the Blue'

Gebirgswelt im Garten. Im Steingarten spielt der Stein nicht nur eine standortbestimmende, sondern auch eine gestalterische Rolle. Das bedeutet, daß Pflanze und Stein miteinander harmonieren sollen wie in der Natur und Leit- sowie Begleitfunktion wechselseitig übernehmen können.

Im Lebensbereich Steingarten sind vor allem Stauden zusammengefaßt, die in irgendeiner Weise den Stein als »Partner« brauchen. Dabei sind die Ansprüche der Arten selbst sehr unterschiedlich.

Leben mit dem Stein. Für einige Stauden beispielsweise ist es wichtig, daß der Wurzelraum zwischen und unter den Steinen kühl und feucht bleibt. So kommen diese Pflanzen auch bei starker und langanhaltender Sonneneinstrahlung gut zurecht. Eher schwachwüchsige Stauden mit geringer Konkurrenzstärke bevorzugen die isolierten Lebensräume zwischen den Steinen und können sich dort gut behaupten. Würden die Steine fehlen, so wären sie bald überwachsen, oder man müßte die Pflanzen ständig »freipflegen«. Auf der anderen Seite kommt der Steingarten besonders den wärmeliebenden Arten zugute, da sich die Steine im Frühjahr entsprechend erwärmen und die gespeicherte Wärme langsam wieder an ihre Umgebung abgeben. Viele Polsterstauden beginnen zu faulen, wenn ihre Triebe auf dem nackten Boden aufliegen. Für sie ist es fast lebenswichtig, daß das Polster auf einer Steinunterlage aufliegt. Und nicht zuletzt gibt es eine Reihe von Steingartenpflanzen, die den hellen Schatten hinter Steinen bevorzugen, da ihnen die volle Sonne nicht zusagt.

Hangsteingarten. Für Steingartenstauden gibt es eine Reihe von verschiedenen Verwendungsmöglichkeiten. In der Regel denkt man bei dem Begriff Steingarten an den klassischen Hangsteingarten, der eine in den Garten projezierte Situation aus dem Bereich der Alpen oder Mittelgebirge darstellt. Damit dieser Steingartentyp überzeugen kann, ist es notwendig, daß er möglichst naturnah angelegt ist und ausreichend Raum zur Verfügung steht. Bei der Auswahl und dem Setzen der Steine ist allergrößte Vorsicht geboten. Einmal angelegt, läßt sich dies nachträglich kaum noch korrigieren. Als Grundregel gilt, daß man besser einige große als viele kleine Steine verwendet. Dadurch lassen sich spannungsreiche Situationen erzeugen. Bewährt hat sich auch, die Steine mit ihrer stumpfen, schweren Seite nach unten anzuordnen, genau so, wie der Stein liegenbleiben würde, wenn er einen

Die schönsten Steingartenstauden

Acaena buchananii (Stachelnüßchen)

Achillea serbica, A. conjuncta (Schafgarbe)

Alchemilla erythropoda, A. hoppeana (Frauenmantel)

Allium albopilosum, A. atropurpureum, A. karataviense, A. moly (Lauch)

Alyssum montanum, A. saxatile (Steinkraut)

Arabis caucasica (Gänsekresse)

Armeria maritima (Grasnelke)

Asphodeline lutea (Junkerlilie)

Aster alpinus, A. tongolensis (Aster)

Aubrieta x cultorum (Blaukissen)

Campanula carpatica, C. poscharskyana (Glockenblume)

Carex buchananii (Segge)

Delphinium grandiflorum, D. nudicaule (Rittersporn)

Dianthus plumarius (Nelke)

Gentiana (Enzian)

Iberis saxatilis (Schleifenblume)

Papaver alpinum, P. nudicaule (Mohn)

Phlox douglasii, P. subulata (Phlox, Flammenblume)

Saponaria (Seifenkraut)

Saxifraga (Steinbrech)

Sedum (Mauerpfeffer, Fetthenne)

Sempervirens (Hauswurz)

Senecio cineraria (Kreuzkraut)

Sesleria caerulea (Blaugras)

Silene alpestris, S. maritima (Leimkraut)

Hang herunterrollte. Zudem werden die Steine mit Gefälle zum Hang verlegt, so daß das Niederschlagswasser besser gespeichert werden kann. Bei schweren Böden sorgt man für eine gute Drainage, damit es nicht zu Staunässe oder Winternässe kommt.

Platten, Stufen, Wege. Neben dem klassischen Hangsteingarten können die Steingartenpflanzen auch sehr gut im Bereich von Platten, Stufen oder Wegen verwendet werden. Ebenso in Frage kommen auch Mauerritzen bzw. eigens dafür angelegte Trockenmauern oder Trockenwälle. Wer nur einen ganz begrenzten Bereich zur Verfügung hat, kann auch einen sogenannten Miniatursteingarten im Trog anlegen. Der paßt sogar auf jeden Balkon oder Terrasse.

Alpinum. Anspruchsvolle Arten sowie das umfangreiche Liebhabersortiment hält man sich am besten im Alpinum, dem Steingarten unter Glas.

Geröll- und Kiesfelder. Vorbilder in der Natur sind die Geröll- und Kiesfelder in den Gebirgen sowie die Kiesbänke, die noch im Oberlauf der Alpenflüsse zu finden sind. Im Garten gestaltet man solche Flächen eben bis leicht geneigt. Es dominiert der Stein, der als Kiesel oder gebrochenes Material gleichmäßig die Oberfläche bedeckt. Einzelne Pflanzengruppen setzen die Akzente.

Quellstein. Wasser im Garten ist immer etwas Besonderes. Für gewöhnlich stellt man sich nun Gebirgsbäche und -seen vor, die man

aber im Garten vielleicht gar nicht unterbringen kann. Der Quellstein ist eine unkomplizierte, platzsparende Möglichkeit, sich Wasser in den Steingarten zu holen. Aus einem durchbohrten Naturstein sprudelt Wasser, das in einem darunterliegenden Auffangbecken gesammelt und mit einer Tauchpumpe umgewälzt wird.

Kombinationen. Sehr ansprechend sind Arrangements aus Steingartenstauden und niedrigen Beetstauden, insbesondere im Bereich von Terrassen oder Sitzplätzen. Auch die Kombination mehrerer in verschiedenen Farben blühender Polsterstauden kann einen steilen Abhang, mit dem sonst nicht viel anzufangen wäre, in einen Höhepunkt des Gartens verwandeln.

1 *Yucca filamentosa*
2 *Phlox subulata 'Temiskaming'*
3 *Erigeron x hybridum 'Sommerschnee'*
4 *Nepeta x faassenii*
5 *Verbascum phoeniceum*
6 *Eriophyllum lanatum*
7 *Carex buchananii*
8 *Asphodeline lutea*
9 *Gypsophila repens 'Rosea'*
10 *Oenothera missouriensis*
11 *Saponaria ocymoides*
12 *Pennisetum compressum*

Feuchtbiotop. Der Wassergarten mit seinem ganz speziellen Staudensortiment stellt in jedem Garten eine Bereicherung dar. Entscheidend für die Integration des Gartenteiches in das Gesamtbild ist im wesentlichen eine natürliche Uferrandgestaltung.

Der Lebensraum Wassergarten umfaßt die Bereiche offenes Wasser mit den Schwimmblatt- und Unterwasserpflanzen sowie den Gewässerrand mit den Sumpf- und Feuchtpflanzen. Letztere bilden den Übergang zu den Stauden der Freifläche, die frische Standorte bevorzugen. Die meisten Pflanzen des Wassergartens sind Stauden. Lediglich im Gewässerrandbereich gesellen sich einzelne Gehölze dazu. Das Element Wasser im Garten hat den Menschen seit jeher fasziniert. Man denke nur an die Wasserkanäle im alten ägyptischen Garten. Dies setzt sich in der Antike über das Mittelalter und die Renaissance bis zu den berühmten Kaskaden der Villa Aldobrandini in Rom als Vertreter des Barockgartens fort. In jüngster Zeit ist es vor allem die Sehnsucht nach unberührter Natur, die den Gartenteich als Biotop auf kleinstem Raum solch große Beliebheit erfahren läßt. Aus der Fülle der Verwendungsmöglichkeiten werden im folgenden die wichtigsten Wassergartentypen vorgestellt.

Wasserbecken. Das Wasserbecken ist typisch für eine architektonische Gestaltung. Es hat regelmäßige, symmetrische Formen (Kreis, Rechteck, Quadrat), ist in der Regel gemauert und der Rand mit einer Steinplatte abgedeckt. Hier finden wir die verschiedenen Vertreter der Schwimmblattpflanzen wie Seerose (*Nymphaea alba*), die Teichrose (*Nuphar lutea*) oder Wasserhyazinthe (*Eichhornia crassipes*). Die Pflanzen sollten jedoch nicht mehr als ein Drittel der Wasseroberfläche bedecken, so daß das offene Wasser noch voll zur Geltung kommt. Die typische Gewässerrandvegetation fehlt in diesem Fall.

Teich. Der naturnahe Teich hat eine unregelmäßige Form, unterschiedliche Uferneigungen und kommt dem Wunsch vieler Gartenbesitzer nach unverfälschter Natur im eigenen Garten entgegen. Neben der gestalterischen Wirkung kommt ihm vor allem auch eine Biotopfunktion für die heimische Tier- und Pflanzenwelt zu. Wichtiges Element neben dem offenen Wasserbereich mit unterschiedlichen Wassertiefen ist eine ausgedehnte Gewässerrand- und Sumpfzone. Diese ist der geeignete Standort für die bekannten Wildstauden wie etwa die Schwert-

Die schönsten Wassergartenstauden

Acorus calamus (Kalmus)
Alisma lanceolatum, A. plantago-aquatica (Froschlöffel)
Butomus umbellatus (Blumenbinse)
Caltha palustris (Sumpfdotterblume)
Carex elata, C. grayi, C. pseudocyperus (Segge)h
Eichhornia crassipes (Wasserhyazinthe)
Hippuris vulgaris (Tannenwedel)
Hydrocharis morsus-ranae (Froschbiß)
Iris pseudacorus (Schwertlilie)
Juncus compressus, J. effusus (Binse)
Nuphar lutea (Teichrose, Mummel)
Nymphaea alba (Seerose)
Nymphoides peltata (Seekanne)
Sagittaria graminae, S. latifolia, S. sagittifolia (Pfeilkraut)
Sparganium emersum (Igelkolben)
Typha angustifolia, T. latifolia, T. minima (Rohrkolben)

lilie (*Iris pseudacorus*), der Rohrkolben (*Typha angustifolia*), die Blumenbinse (*Butomus umbellatus*) oder die verschiedenen Seggen (*Carex elata, C. grayi*). Die Größe des Teiches hängt im wesentlichen von den Möglichkeiten des Grundstückes ab. Auch sehr kleinflächige Anlagen können noch sehr reizvoll gestaltet werden. Für welche Form der Abdichtung man sich entscheidet, ist neben der technischen Eignung oft eine Frage des finanziellen Aufwands, den man betreiben möchte. Neben den bekannten, im Fachhandel angebotenen Teichfolien gibt es auch die Möglichkeit, für kleinere Anlagen fertige Becken einzusetzen. Wichtig bei der Anlage des naturnahen Teiches ist, daß man zumindest an einer Stelle eine Zugangsmöglichkeit vorsieht

sowie einen Beobachtungsplatz, der nicht unbedingt direkt am Teich liegen muß – das vielfältige Tierleben, das sich mit der Zeit einstellen wird, lädt zu Naturbeobachtungen ein.

Bachlauf. Ein Bachlauf mit natürlichem Gefälle kann eine schöne Ergänzung zu einem Teich bilden. Der Bachrand wird dann beispielsweise mit Sumpfdotterblumen (*Caltha palustris*) oder verschiedenen Farnen bepflanzt. Dies setzt natürlich einen weiträumigen Garten voraus.

Quellstein. Der Quellstein kommt dagegen auch mit kleinsten Flächen aus. Aus einem durchbohrten Stein sprudelt das Wasser gemächlich empor und läuft über den Stein in ein darunterlie-

gendes Becken, wo eine Tauchpumpe für den Wasserkreislauf sorgt. Zur Bepflanzung bieten sich im Hintergrund hohe Gewässerrandpflanzen wie etwa die Schwertlilie oder der Rohrkolben an. Den Vordergrund kann man mit ausgesuchten Kieselsteinen gestalten.

Wasserkübel. Der Wasserkübel eignet sich sogar noch für den Balkon. Der Platz reicht dann allerdings nur noch für eine oder zwei Arten aus. Etwa eine einzelne Seerose (*Nymphaea pygmaea*), die auch mit geringen Wassertiefen zurechtkommt, wirkt sehr dekorativ. Unproblematisch ist auch die Bepflanzung eines Kübels mit Sumpfpflanzen wie dem Rohrkolben (*Typha spec.*) oder der Schwertlilie (*Iris pseudacorus*).

1 *Gunnera chinensis*
2 *Nymphaea-Hybride ʻJames Brydon'*
3 *Lythrum salicaria ʻRobert'*
4 *Carex pseudocyperus*
5 *Lysimachia punctata*
6 *Lythrum salicaria ʻRobert'*
7 *Mimulus luteus*
8 *Carex pseudocyperus*
9 *Trollius x cultorum ʻGoldquelle'*
10 *Typha angustifolia*
11 *Iris barbata*
12 *Typha angustifolia*
13 *Astilbe japonica*
14 *Rodgersia pinnata*
15 *Astilbe japonica*
16 *Iris pseudacorus*
17 *Ligularia x hybrida*
18 *Macleaya cordata*
19 *Cornus alba*
20 *Sinarundinaria nitida*
21 *Geranium macrorrhizum*

Für das Gelingen jeder Staudenpflanzung sind bestimmte Pflegemaßnahmen unverzichtbar. Leider schrecken viele Gartenbesitzer vor einer Staudenanlage zurück, weil sie der Meinung sind, der Pflegeaufwand sei viel zu hoch. Bei guter Bodenvorbereitung, richtiger Pflanzenauswahl für den entsprechenden Standort und gutem Pflanzmaterial beschränkt sich der Pflegeaufwand nach der ersten Zeit, bis sich die Pflanzung geschlossen hat, auf ein Minimum. Nur die Beetstauden verlangen dauerhaft eine etwas aufwendigere Betreuung, die aber mit den richtigen Tricks und Kniffen auch leicht zu bewätigen ist. Der Arbeitskalender im folgenden Kapitel zeigt Ihnen außerdem, in welchem Monat die wichtigsten Arbeiten in der Staudenpflanzung anfallen.

Nach der sorgfältigen Planung und dem Abschluß der Erdarbeiten geht es dann zum Schluß ans Pflanzen. Wer seine Pflanzen nicht aus den einschlägigen Katalogen bestellt, den führt der Weg zum Staudengärtner, Gartencenter oder zur Baumschule, wo ihn hoffentlich eine reiche Auswahl erwartet.

Ein prächtiges Staudenbeet gedeiht nur auf einem optimalen Boden, zumal Stauden ausdauernde Gewächse sind und oft über Jahre oder sogar Jahrzehnte an einem Platz bleiben. Die Vorbereitung beginnt schon lange vor dem Pflanzvorgang.

Bodenbeschaffenheit. Mit der richtigen Bodenvorbereitung wird der erste und wichtigste Grundstein für eine gelungene Staudenpflanzung gelegt. Der Boden ist ja weit mehr als nur Lebensraum für die Pflanzenwurzeln. Neben der Speicherung und der Abgabe von Wasser und Nährstoffen bietet er den Pflanzen den notwendigen Halt und beheimatet eine Vielzahl von Mikroorganismen und Pilzen. Zudem steht er in der Regel nicht nur den Stauden, sondern auch den benachbarten Sträuchern und Bäumen zur Verfügung. Hier sollte besonders auf eine gute Nachbarschaft geachtet werden. Dichte Staudenteppiche können beispielsweise Wasser und Nährstoffe in den oberen Bodenschichten vollständig aufbrauchen, so daß den meist tiefer reichenden Gehölzwurzeln nur noch wenig oder oft sogar gar nichts mehr übrig bleibt. Damit es dann zu keinen Schädigungen bei den angrenzenden Gehölzen kommt, sollten diese in der Nachbarschaft ausreichend Möglichkeit zur Wasser- und Nährstoffaufnahme haben. Auf der anderen Seite kann auch der dichte Wurzelfilz von gut eingewachsenen Gehölzen (insbe-

sondere von Nadelgehölzen) dazu führen, daß sich neu gepflanzte Stauden besonders schwer tun. Man hält dann entweder einen gewissen Abstand zu den Gehölzen ein oder lockert die obere Bodenschicht gründlich und sorgt vor allem in den ersten Jahren für ausreichend Feuchtigkeit und Nährstoffe.

Bodenvorbereitung. Stauden verlangen im allgemeinen einen eher lockeren Boden, der gut durchlüftet sein sollte und die für die beabsichtigte Pflanzung entsprechenden Nährstoffe und Feuchtigkeit enthält. Diese Voraussetzungen werden in der Regel nicht von vornherein angetroffen. Dies gilt insbesondere für Gartenneuanlagen. Bedingt durch den Baubetrieb findet man meist Verdichtungen im Unterboden vor; der Ober- oder Mutterboden ist dann oft nur in einer dünnen Schicht darübergezogen und in vielen Fällen von schlechter Qualität. Solche Standorte neigen zur Staunässe und sind für anspruchsvollere Stauden kaum oder gar nicht geeignet. Die intensivste Bodenvorbereitung verlangen die Beetstauden. Der Oberboden sollte in jedem Fall 30 bis 50 cm tief sein. Schwere Oberböden werden durch den Zusatz von reifem, unkrautfreiem Erdkompost oder Sand verbessert.

Gründüngung. Eine gute Alternative zum Untermischen von Erdkompost oder Sand ist das Aussäen einer Gründüngungsmischung. Geeignet sind Hackfrüchte oder Leguminosen wie etwa Lupinen. Man sät in der Regel im Frühjahr aus und arbeitet das Pflanzenmaterial im Herbst bei der Bodenbearbeitung unter.

Grunddüngung. Wer im Zweifel ist, ob und wie sein Gartenboden gedüngt werden sollte, dem kann nur geraten werden, eine oder mehrere Bodenproben zu entnehmen und in einem Labor untersuchen zu lassen. Diesen Service bieten die meisten Landwirtschaftsämter oder auch größere Gartencenter an. Neben der derzeitigen Nährstoffversorgung soll-

te die Analyse auch eine detaillierte Dünge- und Anbauempfehlung umfassen. Für die Grunddüngung bei Neuanlagen eignen sich grundsätzlich keine schnellöslichen, mineralischen Dünger. Günstigere Eigenschaften haben dagegen organische Dünger, wie etwa Hornspäne, Hornmehl und Blut- oder Knochenmehl. Sie geben die Nährstoffe langsam und gleichmäßig ab und sorgen gleichzeitig für eine gute Humusbildung und ein intaktes Bodenleben. Bei der Verwendung von Stalldüngern oder Kompost sollte darauf geachtet werden, daß diese nicht zu frisch sind, sondern bereits eine gewisse Reife haben. Andernfalls kommen sehr aggressive Substanzen mit den empfindlichen Wurzeln in Berührung und führen zu schweren Schädigungen. Deshalb bringt man Stalldünger oder Kompost am besten im Herbst aus und pflanzt erst im darauffolgenden Frühjahr.

Langzeitdünger. Ebenfalls für die Grunddüngung geeignet sind sogenannte wasserunlösliche Langzeitdünger. Diese können leicht ausgebracht werden, lösen sich durch Niederschlagswasser nicht im Boden auf und werden nur über mikrobielle Prozesse direkt von den Pflanzenwurzeln aufgenommen.

Qualität der Pflanzen. Bei den Stauden ist die Beurteilung der Qualität für den Laien nicht immer ganz einfach. Um aber auch für den Laien den Staudenkauf nicht zum unkalkulierbaren Risiko werden zu lassen, haben die führenden Staudengärtnereien eine Vereinigung ins Leben gerufen, die für gleichbleibende Qualität bei allen Stauden sorgt. Es handelt sich um die »Sondergruppe Stauden«, die im Zentralverband des Deutschen Gemüse-, Obst- und Gartenbaus angesiedelt ist. Die von den angeschlossenen Firmen vertriebene Ware trägt das geschützte Zeichen »Deutsche Qualitätsstaude«.

Qualitätsmerkmale. Zu den wichtigsten Eigenschaften, die eine hochwertige Staude auszeichnen, gehören:

Die wichtigsten Kauftips

○ Pflanzplan erstellen (mit Hilfe von Fachliteratur oder Pflanzenkatalogen)
○ Einkaufsliste erstellen (Menge, Art, Sorte)
○ Kauf in einer Staudengärtnerei (gute Beratung, Auswahl, Gütesiegel) oder im Gartencenter
○ Beim Beratungsgespräch eventuell Sortiment anpassen
○ Nur Qualitätsstauden kaufen (kräftige Triebe, Ballen gut durchwurzelt, krankheits- und schädlingsfrei, möglichst im Topf)
○ Auf vollständige Beschriftung der Pflanzware achten

○ Arten- und Sortenechtheit
○ Unkraut-, Schädlings- und Krankheitsfreiheit des Ballens
○ Artspezifische Topf- bzw. Containergröße
○ Mindestens ein kräftiger Austrieb
○ Kein Nährstoff- oder Wassermangel
○ Eindeutige Beschriftung (möglichst mit Kurzbeschreibung der Eigenschaften)
○ Kennzeichnung von abweichenden Qualitäten

Kauf. Die meisten Stauden werden heute in Töpfen oder Containern angeboten. Davon sollte nur in Ausnahmen abgewichen werden, da die empfindlichen Staudenwurzeln beim Transport sehr leicht leiden. Der Einkauf der Stauden ist in speziellen Staudengärtnereien, Baumschulen, Gartencentern oder auch auf dem Wochenmarkt möglich. Selbst in Supermärkten wird besonders im Frühjahr ein begrenztes Sortiment angeboten. Hier ist jedoch besondere Vorsicht angebracht. Zu empfehlen ist der gezielte Kauf beim Staudengärtner oder in gut geführten Baumschulen und Gartencentern. Wochenmärkte eignen sich dagegen eher für spontane Gelegenheitskäufe. Vor allem derjenige, der auf ganz bestimmte Arten und Sorten Wert legt, sollte unbedingt rechtzeitig und gezielt beim Staudengärtner bestellen. Die Staudengärtnereien bieten die größte Sicherheit beim Staudenkauf. Zudem führen sie nur das bewährte Garten- bzw. Liebhabersortiment, so daß einem dadurch

unliebsame Überraschungen erspart bleiben.

Pflanzzeit. In der Regel werden die Stauden in Anlehnung an die Gehölze im Herbst oder Frühjahr gepflanzt, also am Anfang oder Ende einer Vegetationsperiode. Es kommt den Ansprüchen vieler Stauden aber eher entgegen, sie nach ihrer Blütezeit zu pflanzen. So pflanzt man am besten die frühjahrsblühenden Stauden im Frühsommer oder Vorsommer, die sommer- und herbstblühenden Stauden im Herbst oder zeitigen Frühjahr. Das Pflanzen von Gräsern und Farnen im Herbst ist wenig ratsam. Vorsicht ist auch bei Herbstpflanzungen und Pflanzungen im zeitigen Frühjahr geboten, wenn ein schwerer, lehmiger Boden vorliegt. Ähnliches gilt auch für Pflanzungen im Vorsommer auf leichten, sandigen Böden in Verbindung mit anhaltender Trockenheit. In beiden Fällen können die Jungpflanzen leicht Schaden nehmen. Für die verschiedenen Staudengruppen haben sich im Lauf der Jahre folgende Erfahrungswerte herausgebildet, die zur groben Orientierung dienen:

○ Beetstauden: März bis Mai, August bis Oktober/November
○ Wildstauden: lassen sich in der Regel während der gesamten Vegetationsperiode pflanzen
○ Steingartenstauden: Frühjahr bis Sommer
○ Wasser- und Sumpfstauden: ausgehendes Frühjahr bis Vorsommer

Pflanzvorgang. Nach der sachgerechten Bodenvorbereitung geht es darum, den Pflanzplan vor Ort umzusetzen. Zuerst werden nun alle Pflanzen ausgelegt. So kann man noch einmal die Pflanzabstände kontrollieren und gegebenenfalls korrigieren. Spätestens an dieser Stelle sollte man bedenken, daß eine schematische Anordnung der Pflanzen meist unnatürlicher wirkt als eine Anordnung in kleineren oder größeren Gruppen. Die unbedeckten Wurzeln bzw. Wurzelballen sollten jedoch auf keinen Fall zu lange offen liegen bleiben − nötigenfalls zwischendurch anfeuchten. Sind dann die endgültigen Standorte bestimmt, wird zügig eingepflanzt. Dabei geht man von außen her vor, so daß die Pflanzfläche möglichst nicht betreten werden muß. Bei breiteren oder tieferen Flächen legt man ein Brett als Trittfläche aus, um unnötige Bodenverdichtungen zu vermeiden. Zum Ausheben des Pflanzlochs benutzt man eine kleine Pflanzschaufel. Danach wird die Staude mit Ballen eingesetzt; man achte darauf, daß die Pflanze nicht zu tief sitzt. Die Bodenoberfläche im Topf muß nach dem Einpflanzen mit der Beetoberfläche abschliessen. Der Ballen sollte beim Pflanzen kräftig, aber doch gefühlvoll angedrückt werden. Wichtig ist auch, daß beim Pflanzen möglichst keine Hohlräume im Boden verbleiben. Das anschließende Eingießen mit schwachem Strahl versorgt die Staudenwurzeln einerseits mit Feuchtigkeit und schließt andererseits durch das Einschlämmen selbst kleinste Hohlräume.

Der Pflanzvorgang
1 Die meisten Stauden werden als Containerware angeboten. Durch vorsichtiges Klopfen und Drehen wird der Ballen aus dem Topf gelöst.

2 Mit der Pflanzschaufel wird ein etwas größeres Loch, als der Ballen mißt, ausgehoben und die Staude eingesetzt.

3 Dabei sollte die Oberfläche des Staudenballens mit der Oberfläche des Geländes abschließen. Zum Schluß wird der Ballen vorsichtig angedrückt und gewässert.

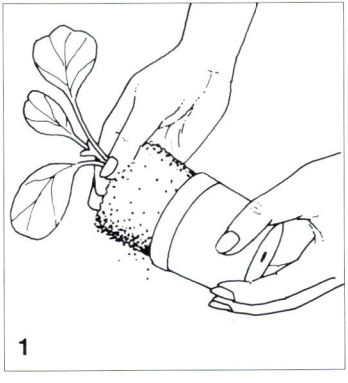

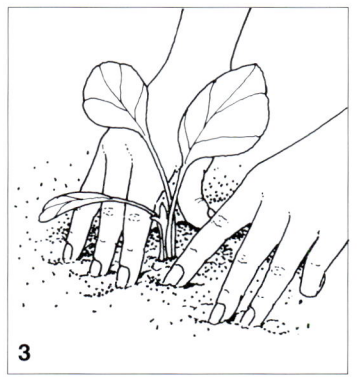

Stützen während der Blüte. Viele Stauden müssen im Laufe der Vegetationsperiode gestützt werden. Je nach Pflanze gibt es verschiedene Möglichkeiten:

1 Eher hortig wachsende Stauden werden mit mehreren Stäben und je nach Höhe mit einem oder mehreren Schnurringen in Form gehalten.

2 Relativ naturnah wirkt es, wenn man die Stauden zwischen direkt nach der Pflanzung in die Erde gesteckte Stöcke wachsen läßt.

3 Hohe Stauden bindet man einzeln mit Bast an einen Pflanzstab.

4 Im Handel gibt es spezielle Staudenringe, die sozusagen mit den Pflanzen mitwachsen und je nach Bedarf nach oben geschoben werden.

Ohne eine gewisse Pflege geht es auch bei den Stauden nicht. Allerdings sind die Pflegebedürfnisse unterschiedlich. Liebhaber naturnaher Gärten werden mit ihren Wildstauden weniger Arbeit haben als Besitzer von Prachtstauden. Kennt man aber die Tricks und Kniffe, nimmt auch hier die Arbeit nicht überhand.

Gießen. Je nach individuellem Feuchtigkeitsbedarf der Pflanze und Trockenheit des Bodens müssen insbesondere die Beetstauden sowie Staudenpflanzungen in Kübeln regelmäßig gegossen werden. Bei Wildstauden, die entsprechend ihrem Lebensbereich und ihren natürlichen Standortansprüchen verwendet wurden, sollte man sich mit dem Gießen eher zurückhalten. Grundsätzlich gilt beim Gießen, daß es immer besser ist, das komplette Erdreich in größeren Zeitabständen richtig zu durchfeuchten, als in kurz aufeinanderfolgenden Abständen viele kleine Wassergaben zu verabreichen. Durch richtiges Gießen wird das Wurzelwachstum angeregt und der Boden tiefer durchwurzelt. Dadurch erlangen die Pflanzen eine größere Unabhängigkeit von der jeweiligen Tageswitterung, werden insgesamt gekräftigt und widerstandsfähiger. Im Frühjahr und Frühherbst empfiehlt sich das morgendliche Gießen. Im Sommer kann man dagegen auch abends wässern. Das Gießen tagsüber, insbesondere zur Mittagszeit sollte man unterlassen.

Gießwasser. Hierfür sammelt man nach Möglichkeit Regenwasser. Brunnen- oder Leitungswasser ist in der Regel zu kalt, wenn es direkt ausgebracht wird. Wer keinen Wassertrog oder -faß zur Verfügung hat, sollte das Leitungswasser wenigstens einen Tag in der Gießkanne lassen, damit es etwas absteht und sich erwärmen kann.

Düngen. Der Nährstoffbedarf bei den Stauden ist recht unterschiedlich. Bei den Beetstauden ist er in der Regel am höchsten. Wildstauden dagegen müssen seltener gedüngt werden. Ähnliches gilt für die meisten Steingartenstauden sowie für Stauden, die eher trockene Standorte bevorzugen. Im Handel sind verschiedene Düngerarten erhältlich. Neben den organischen Düngern (Hornspäne, Blutmehl oder Kompost) eignen sich auch die Langzeitdünger, meist organisch-mineralische Dünger, die nur von den Pflanzenwurzeln aufgeschlossen werden können und nicht wasserlöslich sind. Mineralische Volldünger wirken zwar sehr schnell, bei unsachgemäßer Verwendung können sie aber auch zu Schädigungen wie etwa Verbrennungen führen oder ein artuntypisches Wachstum auslösen. Die Blätter von graulaubigen Stauden verfärben sich bei zu reichlicher Düngung grün und werden anfälliger für Krankheiten und Schädlinge. Beetstauden werden am besten im Frühjahr mit einem organischen oder einem Langzeitdünger gedüngt. Dieser Vorrat reicht dann in der Regel für die ganze Wachstumsperiode. Bei Bedarf kann man im Sommer noch eine Kopfdüngung geben. Hierfür eignen sich die mineralischen Dünger, die mit dem Gießwasser verabreicht werden. Bei Wildstauden reicht es normalerweise aus, wenn sie im Herbst etwas reifen Kompost erhalten. Im Zweifel sollte man eine Bodenprobe analysieren und eine Düngeempfehlung anfertigen lassen. Falsches oder zuviel Düngen schadet den Stauden mehr als ein eventuell auftretender Düngermangel.

Hacken und Jäten. Sehr beliebt ist das Hacken von Staudenpflanzungen. Dabei wird allerdings oft mehr Schaden als Nutzen angerichtet, da durch das Hacken die obere Bodenstruktur zerstört und flachverlaufende Staudenwurzeln verletzt werden. Außerdem schafft man mit dem bearbeiteten Oberboden ein ideales Saatbeet für Wildkräuter, insbesondere für Ackerwildkräuter. Um den unerwünschten Wildkräutern sinnvoll zu Leibe zu rücken, empfiehlt sich das Jäten; so wird auch die obere

Bodenstruktur geschont. Bei starken oberflächigen Bodenverdichtungen sollte der Oberboden lediglich gelockert werden – dabei auf flachverlaufende Wurzeln achten! Besonders Beetstauden sind auf offenen Boden angewiesen und bedürfen daher einer aufwendigeren Pflege. Wildstaudenanlagen wachsen nach ein paar Jahren zu und müssen daher so gut wie gar nicht gejätet werden.

Mulchen. Staudenbeete können, ähnlich wie Gehölzflächen, direkt nach der Pflanzung oder auch später gemulcht werden. Das Mulchen verbindet in nahezu idealer Weise mehrere Ansprüche der Stauden. Die Mulchschicht verhindert zum einen das übermäßige Aufkommen von unerwünschten Wildkräutern, schützt den Boden auch bei länger anhaltender Trockenheit gegen übermäßigen Feuchtigkeitsverlust und fördert zudem das Bodenleben sowie die Humusbildung. Durch das Auftragen einer Mulchschicht wird gleichzeitig der Bedarf an Gießen, Düngen und Jäten erheblich reduziert. Als Mulchmaterialien eignen sich Erdkompost, feiner Rindenkompost oder eine Mischung aus beidem. Auf Torf sollte man verzichten. Die Mulchschicht sollte etwa 5 cm stark aufgebracht werden.

Stützen. Insbesondere die reichblühenden Pracht- und Beetstauden müssen während der Blütezeit gestützt werden. Zwar hat man sich in den letzten Jahren um besonders standfeste Sorten bemüht, doch sollte man trotzdem Vorsorge treffen. Sich stark neigende oder gar umgeknickte Stauden sind nicht nur ein unschöner Anblick, sie behindern auch die benachbarten Pflanzen ganz erheblich in ihrer Entwicklung. Stauden mit einem eher buschigen Wuchs erhalten als Stütze einen Kunststoffring, der an einem Stab befestigt wird und mit dem Pflanzenwachstum nach oben geschoben werden kann. Solitärstauden bindet man am besten einzeln mit Bast an einen Stab. Eine weitere Methode besteht darin, verzweigte Gehölzäste um die Staude herum als natürliches Stützelement in die Erde zu stecken. Mit zunehmendem Wachstum verdecken die Blätter der Staude die fremden Äste.

Rückschnitt. Stauden werden oft nach der Blüte zurückgeschnitten. Dies hat in vielen Fällen lediglich ästhetische Gründe. Es gibt jedoch eine Reihe von Stauden, die mit einem gezielten Rückschnitt noch zu einer zweiten Blüte im Jahr gelangen. Hierzu gehören viele im Frühling und Vorsommer blühende Stauden, wie etwa der Rittersporn, der Salbei oder die Margerite, die nach einem Rückschnitt nach ihrer ersten Blüte eine zweite Blüte im Spätsommer hervorbringen. Wichtig dabei ist, daß man die Blüten möglichst nicht aussamen läßt, da dies den Pflanzen unnötige Kräfte abverlangt. Bei anderen Stauden wird durch das gezielte Zurückschneiden einzelner Triebe eine Verzweigung bewirkt, deren Blüten dann erst nach der Hauptblüte erscheinen und somit ebenfalls die Blütezeit verlängern. Zu dieser Gruppe gehört beispielsweise der Phlox. Ansonsten sollten nur unschön wirkende Pflanzen nach dem Absterben zurückgeschnitten werden. Gerade die Gräser läßt man bis ins Frühjahr stehen, da sie selbst noch im abgestorbenen Zustand während des Winters eine optische Bereicherung des Gartens darstellen. Im Frühjahr werden dann die verbleibenden Pflanzenteile, die auch als Winterschutz eine Bedeutung haben, mit besonderer Vorsicht zurückgeschnitten. Die jungen Triebe dürfen dabei nicht verletzt werden.

Winterschutz. Die meisten Stauden des Garten- und des Liebhabersortiments werden als winterhart bezeichnet. Diese Eigenschaft bezieht sich auf die Frosthärte – allerdings immer vorausgesetzt, daß die Witterung »normal« verläuft. Während des Winters leiden viele Stauden aber trotzdem unter Herbst- und Winternässe, fehlender Schneebedeckung (auch diese kann eine schützende Funktion haben) oder unter starken Winden. Hinweise hierzu finden Sie in den Pflanzenbeschreibungen des Lexikonteils. Besonders im ersten Winter nach der Pflanzung sollten alle Stauden einen Winterschutz erhalten. Gewöhnlich reicht es aus, die Stauden lagenweise mit Fichtenreisig abzudecken – aber nicht zu früh, sondern erst bei gefrorenem Boden ab Mitte Dezember. Empfindlichere Arten werden besser mit einer Laub- oder Strohschicht geschützt. Zum Schutz vor Winternässe wird zusätzlich eine Folie ausgebracht. Besonders die Japanische Anemone (*Anemone japonica*) und die Stauden aus dem Bereich des Steingartens sind für diese Maßnahme sehr dankbar.

Winterschutz. Stauden, die einen einwandfreien Winterschutz benötigen, schützt man am besten durch eine dicke Laub- oder Strohschicht, die anschließend mit einer Folie vor Nässe geschützt wird. Den Rand der Folie beschwert man mit Steinen, damit sie nicht davongeweht werden kann.

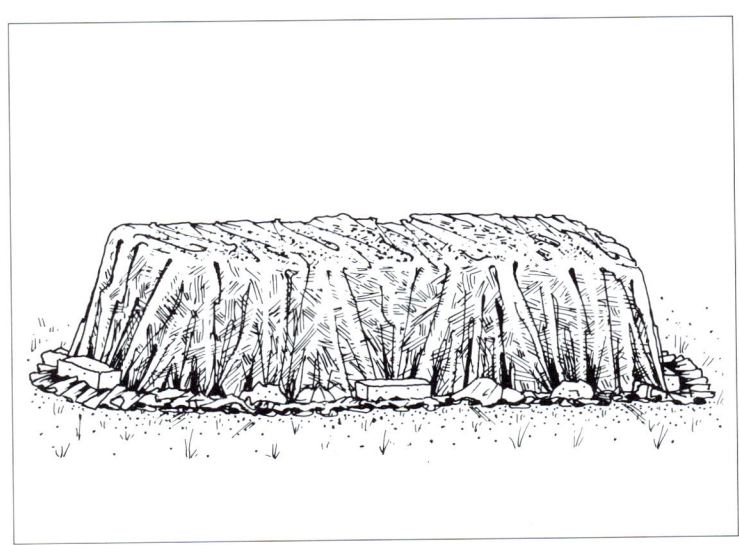

Vermehrung durch Stecklinge

1 Die obersten 6 cm eines Triebes werden mit einem scharfen Messer angeschnitten und die untersten Blätter entfernt.

2 Mit dem Pflanzholz Löcher vorstechen und die Stecklinge in das vorbereitete Substrat einsetzen.

3 Das Substrat abschließend wässern und mit Folie abdecken. Folie entfernen, sobald die ersten jungen Triebe die gelungene Bewurzelung anzeigen.

Viele Stauden lassen sich leicht selbst vermehren. Man muß nur wissen, auf welche Weise.

Vermehrung durch Teilen. Das Teilen hat zwei Funktionen. Es dient zum einen der Vermehrung und zum anderen als Schutz vor Überalterung. Viele Stauden lassen sich durch Teilung vermehren, und mit den neuen, zum Nulltarif erworbenen Pflanzen können dann andere Bereiche im Garten gestaltet werden. Hat man keine Verwendung für den Nachwuchs, so pflanzt man diesen erst einmal in Töpfe. Man kann die Stauden später immer noch auspflanzen, und außerdem eignen sie sich auch sehr gut als Geschenk für einen Gartenfreund. Zum Teilen werden die betreffenden Stauden ausgegraben und je nach Wurzeltyp mit dem Spaten oder Messer in zwei oder mehrere Teile zerlegt. Jeder so gewonnene Pflanzenteil sollte mindestens zwei bis drei kräftige Triebe haben. Flach wurzelnde Arten oder solche, die Ausläufer treiben, kann man einfach mit den Händen zerteilen.

Teilungszeitpunkt. Der beste Zeitpunkt für diese Arbeiten ist das Frühjahr (April bis Mai) oder der Spätsommer und Frühherbst (Mitte August bis Mitte September). Eine Ausnahme hiervon ist etwa die Schwertlilie (*Iris barbata*), die man besser nach der Blüte im Juli teilt.

Geeignete Stauden. Ob sich eine Staude gut teilen läßt, hängt im wesentlichen von ihrem Wurzelsystem ab. Die folgenden Arten lassen sich gut mit dem Messer teilen: Sonnenbraut (*Helenium*), Schwertlilie (*Iris germanica*), Taubnessel (*Lamium*), Schafgarbe (*Achillea millefolium*), Herbstaster (*Aster novi-belgii*). Manche Stauden machen es einem besonders einfach. Sie zerfallen bereits beim Ausgraben. Hierzu gehören der Eisenhut (*Aconitum*) und die Lampionblume (*Physalis*). Manche Stauden haben kaum bewurzelte Einzeltriebe oder eine sehr tiefreichende Pfahlwurzel. Sie eignen sich in der Regel nicht zum Teilen. Artenauswahl: Akelei (*Aquilegia*), Adonisröschen (*Adonis vernalis*), Küchenschelle (*Anemone pulsatilla*), Kaukasus-Skabiose (*Scabiosa caucasica*).

Nebeneffekte der Teilung. Neben der Vermehrung spielt das Teilen bei der Pflege der Staudenanlagen eine mindestens ebenso große Rolle. Die Stauden verändern sich im Lauf der Jahre, blühen oft nicht mehr so prächtig wie am Anfang oder verkahlen in der Mitte. Die Widerstandskraft nimmt mit dem zunehmenden Alter ab. Bei einigen Stauden setzt dieser Prozeß bereits nach 3 bis 4 Jahren ein. Durch das rechtzeitige Teilen der Stauden werden diese immer wieder verjüngt, und Blüte und Wüchsigkeit sind wieder wie in jungen Jahren. Muß man Stauden aus irgendwelchen Gründen versetzen, zum Beispiel weil sich der Standort als ungeeignet herausgestellt hat, sollte man die Pflanzen bei dieser Gelegenheit immer Teilen. Man sichert dadurch das Anwachsen am neuen Standort. Bei

starker Verunkrautung der Wurzelballen stellt das Teilen die einzige langfristig wirksame Methode dar, die Staude von den ungeliebten Gästen zu befreien.

Vermehrung durch Aussaat. Die Staudenvermehrung erfolgte in der Vergangenheit vornehmlich vegetativ, das heißt über die Verwendung von Pflanzenteilen einer Mutterstaude, und nicht über Samen. Immer mehr Stauden lassen sich aber heute durch Aussaat vermehren, ohne dabei ihre sortenspezifischen Eigenschaften zu verlieren. Erfreulicherweise gehören hierzu neben den Wildstauden auch eine große Anzahl von Beetstauden. Die Aussaat erfolgt entweder breitwürfig direkt ins Freiland, in Schalen oder im kalten Kasten. Bevorzugt werden ein sandig-humoses Substrat sowie windgeschützte, leicht beschattete Lagen. Man drückt die Samen etwas in das Substrat und übersiebt sie anschließend leicht mit Erde. Die Sämlinge werden später in Töpfe oder Multitopfplatten pikiert. Die Hauptaussaatzeit liegt im Frühjahr.

Aussaat ins Freiland. Für die Direktsaat ins Freiland eignen sich beispielsweise das Steinkraut (*Alyssum*), die Akelei (*Aquilegia*), die Pfirsichblättrige Glockenblume (*Campanula persicifolia*) und die Herkulesstaude (*Heracleum*). Manche Arten benötigen vor dem Keimen Außentemperaturen unter 5 Grad C. Man nennt sie daher Frost- oder Kaltkeimer. Hierzu gehören beispielsweise der Eisenhut (*Aconitum*), die Küchenschel-

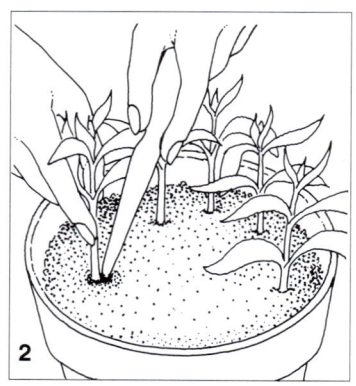

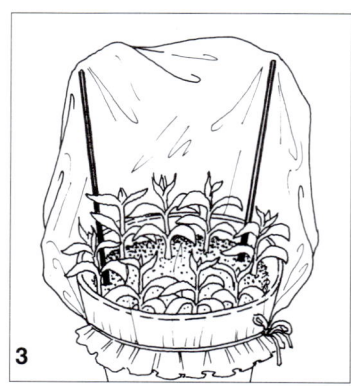

le (*Pulsatilla vulgaris*), das Johanniskraut (*Hypericum*), das Schaublatt (*Rodgersia*), der Steinbrech (*Saxifraga*) und das Leimkraut (*Silene*). Die beste Aussaatzeit für diese Arten liegt im Spätherbst bis Frühwinter.

Wurzelschnittlinge. Stauden mit Pfahlwurzeln oder wenig verzweigtem Wurzelwerk vermehrt man im Dezember bis März durch Wurzelschnittlinge. Hierzu wird eine kräftige Wurzel der Mutterstaude in streichholzlange Stücke geschnitten. Diese setzt man in ein sandig-humoses Substrat, wobei der oberste Zentimeter mit Sand abgedeckt wird. Nach einigen Wochen in einem hellen Raum oder im kalten Kasten haben sich die Schnittlinge bewurzelt und zeigen bereits die ersten Triebe. Geeignet sind etwa die Kugelprimel (*Primula denticulata*), der Türkische Mohn (*Papaver orientale*), der Hohe Staudenphlox (*Phlox paniculata*) und die Königskerze (*Verbascum*).

Vermehrung durch Stecklinge. Hierzu werden im Frühjahr von den jungen Trieben etwa 6 cm lange Stücke abgeschnitten, die untersten Blätter entfernt und in ein sandig-humoses Substrat gesteckt. Nach dem Angießen sollte der Topf mit einem passenden Glasaufsatz oder einer Folie abgedeckt werden, so daß die Verdun-

stung und der Wasserverbrauch möglichst eingeschränkt sind. Astern (*Aster*), Margeriten (*Chrysanthemum*) und Staudenphlox (*Phlox paniculata*) lassen sich so leicht und schnell vermehren.

Alter der Stauden. Genaue Angaben über das Alter einer Staude sind nur schwer zu machen. Doch kann man bei den Stauden im wesentlichen zwei Strategien feststellen. Die kurzlebigen Stauden verschwinden bereits nach wenigen Jahren, die langlebigen dagegen halten sich an ein und demselben Standort über mehrere Jahrzehnte , ohne wesentlich an der Qualität ihres Erscheinungsbildes einzubüßen. Dies hängt natürlich von vielen Faktoren ab, wie etwa dem Boden, der Besonnung, der Konkurrenz oder dem allgemeinen Pflegezustand. Wenn Stauden altern und ihr gesamtes Erscheinungsbild nicht mehr befriedigt, können viele von ihnen durch Teilung verjüngt und somit dauerhaft erhalten werden. Bei vielen Wildstauden ist die Teilung aber bei richtiger Verwendung gar nicht notwendig. Sie können sich nach der Anwachspflege ohne besondere Maßnahmen zu dauerhaften Mitgliedern einer Pflanzengemeinschaft entwicklen. Auf der anderen Seite gibt es auch eine Reihe von kurzlebigen Stauden, die sich aber trotzdem relativ lange an ihrem Standort halten

können. Sie haben die Fähigkeit, sich durch Aussaat immer wieder zu vermehren und somit auch für eine gewisse Stetigkeit zu sorgen. Ein ganz entscheidender Faktor für die Langlebigkeit von Stauden ist die Pflanzdichte bei der Neuanlage. In der Regel neigt man zu einer zu dichten Pflanzung. Das liegt daran, daß die gekaufte Ware, meist in Pflanzcontainern geliefert, am Anfang nur einige wenige Triebe zeigt. So hat man das Gefühl, die Pflanzen sollten etwas enger stehen, da andernfalls die Fläche zu leer aussehen würde. Die Pflanzflächen schließen sich allerdings recht schnell und sehen bereits im ersten oder zweiten Jahr vollentwickelt aus. Nachteilig hierbei ist allerdings, daß die einzelnen Individuen sich sehr rasch untereinander Konkurrenz machen, somit frühzeitig alter und Ausfälle zeigen. Besser ist es also, die Stauden am Anfang weniger dicht zu verwenden und mit etwas mehr Geduld und Pflegeaufwand zu warten, bis sich die Pflanzflächen schließen. Zu den besonders langlebigen Stauden auf lehmigen Böden gehören die Astilben (*Astilbe arendsii*), Pfingstrosen (*Paeonia lactiflora* in Sorten) und Junkerlilien (*Asphodeline lutea*). Auf eher sandigen Böden werden der Lein (*Linum narbonense*) und das Sonnenauge (*Heliopsis*-Arten und -Sorten) ganz besonders alt.

Vermehrung durch Wurzelschnittlinge
1 Wurzel oder Wurzelverzweigung abschneiden.

2 In streichholzlange Stücke zerteilen.

3 Kleine Stücke in vorbereitete Löcher einsetzen und oben etwas herausschauen lassen.

4 Wässern. Nach einigen Wochen zeigen sich bereits die ersten Triebe, die dann weiter vorgezogen oder ausgepflanzt werden können.

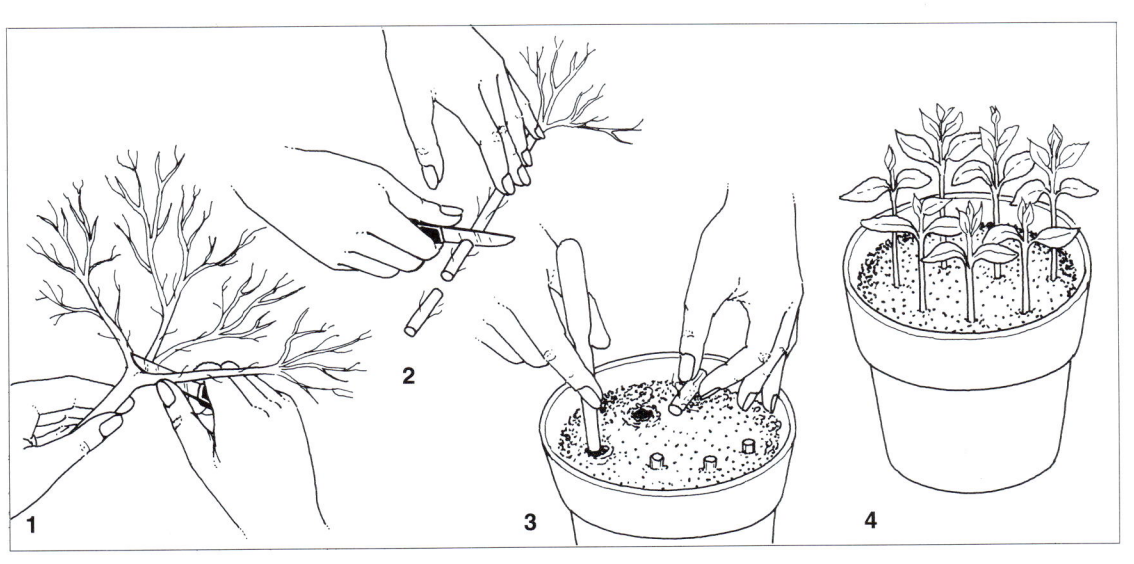

Elegante Staudenrabatte. Die Abbildung zeigt die klassische Form, die am Rand mit niedrigen Sommerblumen, in diesem Fall mit Ringelblumen (*Calendula officinalis*), eingefaßt wurde. Im Mittelgrund folgt der Gartenphlox (*Phlox paniculata*) in verschiedenen Farben. Die hintere Begrenzung wird durch einen hochwachsenden Zierlauch (*Allium christophii*) sowie das Sonnenauge (*Heliopsis scabra*) gebildet.

Die wichtigsten regelmäßig anfallenden Arbeiten in der Staudenanlage sind im folgenden Arbeitskalender zusammengefaßt. Die Zuordnung der Arbeiten zu einem bestimmten Monat ist manchmal schwierig, da der Witterungsverlauf und somit auch die Vegetationsperiode jedes Jahr anders ablaufen. Hinzu kommen lokalklimatische bzw. geographische Unterschiede. Man denke nur an den unterschiedlichen Beginn der Obstblüte im Oberrheingraben und dem Alpenvorland. Daher ist es besser, sich nicht nur über den entsprechenden Monat zu informieren, sondern auch die Arbeiten, die in den Monaten davor und danach anfallen, im Auge zu behalten. Die aufgeführten Arbeiten orientieren sich an einer typischen Staudenrabatte, in der die Beetstauden überwiegen.

Januar/Februar
In der Staudenrabatte herrscht Ruhe. Die Flächen liegen meist unter Schnee.
○ Pflegearbeiten fallen nicht an, eventuell Pflanzenbestellungen fürs Frühjahr oder Aussaat unter Glas

März
Blüte der Vorfrühlingsblüher.
○ Der Winterschutz kann entfernt werden, jedoch einige Fichtenzweige für noch drohende Spätfröste bis Mitte Mai griffbereit halten
○ Abgestorbene Pflanzenteile ab- bzw. zurückschneiden (Gräser und Schwertlilien), Vorsicht bei jungen Trieben
○ Die ersten unerwünschten Wildkräuter, die sich bereits jetzt zeigen, sofort entfernen (Jäten)
○ Boden vorsichtig lockern und belüften, dabei besonders auf Zwiebelgewächse achten

April
Die Blüte der Vorfrühlingsblüher wird durch die eigentlichen Frühlingsblüher abgelöst.
○ Verbliebenes Abdeckmaterial gegen Spätfröste endgültig entfernen
○ Wildkräuter entfernen (Jäten)
○ Boden vorsichtig lockern und belüften, dabei besonders auf Zwiebelgewächse achten

○ Mulchen des offenen Bodens mit Erdkompost oder Rindenhumus (Feuchtigkeitsschutz, Humusbildung)
○ Düngen, nach Möglichkeit Vorratsdünger oder organische Dünger mit Langzeitwirkung ausbringen
○ Bei länger anhaltender Trockenheit ausreichend wässern
○ Bei Bedarf Stauden teilen oder umpflanzen

Mai
Vorherrschend sind noch die Frühjahrsblüher, die ersten Vorsommerblüher zeigen sich aber bereits.
○ Abgestorbene Blätter von den Vorfrühlingsblühern abschneiden, gegebenenfalls Samenstände ausschneiden, wenn Aussamen nicht erwünscht wird
○ Boden lockern, Unkräuter jäten
○ Düngen und wässern nach Bedarf

Juni
Die Vorsommerblüher beherrschen die Staudenanlage, bis die Zeit für die eigentlichen Sommerblüher gekommen ist.
○ Anbinden von nicht völlig standfesten Stauden vor allem in wenig windgeschützten Lagen; dabei die Haupttriebe einzeln anbinden; durch Zusammenbinden keine unnatürlichen Wuchsformen erzwingen
○ Düngen und Wässern nach Bedarf
○ Boden lockern und Unkräuter jäten

Juli
Die Blütezeit der eigentlichen Sommer- und Prachtstauden hat begonnen.
○ Die abgestorbenen Pflanzenteile der Frühlingsblüher und Vorsommerblüher entfernen
○ Bei Stauden mit einer Nachblüte im Herbst (beispielsweise Rittersporn) Blütenstände vor der Samenreife ausschneiden, dadurch schönere Nachblüte sichern
○ Stauden anbinden
○ Wässern, Boden lockern, Unkräuter jäten
○ Düngen einstellen

August
Die ersten Herbststauden gesellen sich zur Blütenpracht der Sommerstauden.
○ Die Samenstände der Sommerstauden ausschneiden
○ Boden lockern, wässern und Unkräuter jäten

September
Die Herbstblüher erreichen ihren Höhepunkt; hinzu kommt die Nachblüte mancher Sommerstaude.
○ Ständig die welkenden Blüten der Herbststauden abknipsen. Das regt die Bildung von Seitenknospen an und verlängert die Blütezeit
○ Wässern und jäten langsam verringern
○ Vorbereitungen zum Schutz vor den nun nahenden ersten Frühfrösten treffen; Wetterbericht beachten

Oktober
Die Blüte in der Staudenanlage ist bis auf wenige Nachblüher vorbei.
○ Abgestorbene Pflanzenteile der bereits eingezogenen Stauden zurückschneiden
○ Besonders bei den Winterastern auf Nachtfröste achten; Abdeckmaterial bereithalten; werden ein bis zwei Frostnächte geschützt überstanden, kann dies die Blütezeit um Tage oder sogar Wochen verlängern

November
Die Blütezeit in der Staudenanlage ist in der Regel beendet.
○ Alle abgestorbenen Pflanzenteile abschneiden
○ Ausgenommen vom Rückschnitt werden sämtliche Gräser sowie alle Stauden mit wintergrünen Blättern bzw. Blattrosetten
○ Alle Unkräuter werden sorgfältig mitsamt den Wurzeln entfernt
○ Boden mit Grabgabel lockern, auf Zwiebeln und Knollen achten
○ Bodenverbesserung mit Erdkompost bei Bedarf

Dezember
Das Staudenjahr geht zu Ende.
○ Winterschutz anbringen
○ Gartengeräte pflegen und sorgfältig aufbewahren, damit sie im nächsten Frühjahr sofort griffbereit sind

Mehltau

Malvenrost

Päonien-Grauschim-mel

Vorbeugen ist besser als heilen. Das gilt für die Stauden genauso wie für alle anderen Lebewesen. Dieses Motto kann man bereits beim Kauf berücksichtigen. Wählen Sie nur kräftige, gesunde Pflanzen, und achten Sie auf das Gütesiegel »Deutsche Qualitätsstaude«. Beachten Sie beim Erstellen des Pflanzplans, daß Sie die Stauden gemäß ihren natürlichen Ansprüchen verwenden. Stauden, die einen artgerechten Standort haben und die angemessene Pflege bekommen, entwickeln sich besser und sind widerstandsfähiger gegenüber Krankheiten und Schädlingen. Auch das richtige Düngen spielt eine wichtige Rolle. Übermäßige Düngergaben machen die Pflanzen anfälliger, da sie sich untypisch rasch entwickeln und gerade diese Pflanzenteile gerne von Krankheiten und Schädlingen, besonders von der Blattlaus, heimgesucht werden.

Alternative Schädlingsbekämpfung.

Doch auch bei aller Vorsorge kann es zu Problemen in der Staudenanlage kommen. Sei es nun der besonders ungünstige Witterungsverlauf während der Vegetationsperiode (kühle, regenreiche Sommer), eine plötzliche Schneckenplage oder Krankheiten, die durch neue Stauden vorerst unentdeckt in den Garten eingeschleppt wurden. Dann ist guter Rat teuer. Der Griff zur chemischen Keule, die schnelle Abhilfe verspricht, ist leider immer noch die häufigste Reaktion. Der Handel hält ja hierfür ein reichhaltiges Sortiment bereit. Diese Schädlingsbekämpfungsmittel wirken zwar in der Regel relativ rasch, haben aber mehrere entscheidende Nachteile: Erstens wird nicht nur der Schädling vernichtet, sondern im Umfeld auch gleich eine Menge Nützlinge. Zweitens wird nicht die Ursache, sondern nur das Symptom beseitigt. Drittens belasten viele Mittel bei häufiger Anwendung in nicht unerheblichem Maße die Umwelt und somit die natürlichen Lebensgrundlagen des Menschen. Die chemische Keule sollte, wenn überhaupt, das letzte Mittel sein. In letzter Zeit werden immer mehr alternative Pflanzenschutzmittel

angeboten, die einen gewissen Schutz für die Stauden bedeuten, den größten Teil der Schädlinge vernichten, aber trotzdem umweltverträglich sind. Neben dem Vorbeugen und der rechtzeitigen Förderung von Nützlingen sollte die Verwendung dieser alternativen Pflanzenschutzmittel die Regel sein. Befallene Pflanzenteile, die abgeschnitten werden, dürfen nicht auf dem Komposthaufen landen, da sie sonst sofort wieder in den Gartenkreislauf eingebracht werden.

Nützlinge.

Die einfachste, billigste und umweltschonendste Art, die Staudenpflanzung von Schädlingen freizuhalten, ist die Förderung von Nützlingen. Wichtige Nützlinge sind Singvögel, Schwebfliegen, Schlupfwespen, Marienkäfer, Florfliegen, Raubmilben und Spinnen. Im folgenden werden nun die häufigsten Krankheiten und Schädlinge, die im Staudenbeet auftreten können, sowie vorbeugende und abwehrende Maßnahmen vorgestellt.

Mehltau.

Der Echte Mehltau gehört mit zu den am meisten gefürchteten Krankheiten im gesamten Garten. Zu erkennen ist er an dem weißen, mehligen Belag auf den Blättern, die dann vorzeitig absterben. Der Echte Mehltau taucht besonders bei schönem, trockenem Sommerwetter auf. Besonders anfällig sind Rittersporn, Phlox und Astern.

Vorbeugung. Die Vorbeugung beginnt in diesem Fall bereits beim Pflanzenkauf. Die Pflanzenzüchter bieten mittlerweile eine Fülle von Sorten an, die mehr oder weniger mehltauresistent sind. Eine gute Bodenbelüftung und eine harmonische Düngung bewirken ein Übriges. Zu empfehlen sind auch vorbeugende Spritzungen mit einer Schachtelhalmbrühe aus getrocknetem oder frischem Kraut. Man bringt die Brühe im Abstand von zwei Wochen mehrmals über die Pflanzen und den Boden aus. Besonders anfällig sind die jungen Triebe. Die beste Zeit zum Spritzen ist der Vormittag bei sonnigem Wetter.

Behandlung. Sollte der Mehltau trotzdem auftauchen, so sind befallene Pflanzenteile sofort zu entfernen. Man kann diese Pflanzenteile ausnahmsweise auf den Komposthaufen geben, da der Pilz nur an lebenden Pflanzen überleben kann. Zusätzlich können die befallenen Stauden mit einem pflanzlichen Fungizid (erhältlich im Fachhandel) gespritzt werden.

Malvenrost.

Dieser Pilz zeigt sich meist ab dem zweiten Standjahr in Form brauner Pusteln auf der Blattunterseite.

Vorbeugung. Durch Mulchen, eine entsprechende Sortenauswahl und Vermeiden von Monokulturen kann man vorbeugen. Wie auch beim Mehltau wirken regelmäßige Spritzungen mit Schachtelhalmbrühe vorbeugend.

Behandlung. Befallene Pflanzen werden im Herbst völlig zurückgeschnitten. Die Pilzsporen überwintern in den alten Blättern und in der obersten Bodenschicht. Deshalb sollte man im nächsten Frühjahr die ersten Blätter ebenfalls entfernen. Spritzungen mit einem pflanzlichen Fungizid sollten noch einige Male zur Sicherheit ausgebracht werden.

Päonien-Grauschimmel.

Diese Pilzerkrankung wird von dem Grauschimmelpilz *Botrytis* verursacht. Nach dem Austrieb beginnen die Jungtriebe zu welken, die Blütenknospen öffnen sich überhaupt nicht und faulen einfach weg. Die Ursache hierfür liegt meist im Vorfeld bei sehr hoher Luftfeuchtigkeit und stehender Luft.

Vorbeugung. Als vorbeugende Maßnahme sollte eine Überdüngung vermieden, stickstoffarm gedüngt sowie für einen luftigen Standort gesorgt werden. Notfalls beengende Nachbarpflanzen zurückschneiden.

Behandlung. Ist der Befall erst einmal aufgetreten, so müssen umgehend alle kranken Pflanzenteile vernichtet werden. Gespritzt wird entweder mit Schachtelhalmbrühe oder anderen pflanzlichen

Präparaten, die im Fachhandel erhältlich sind. Die Mittel können auch alle zur Vorbeugung eingesetzt werden.

Blattläuse. Von den verschiedenen Läusen, die im Garten ihr Unwesen treiben, zählen wohl die grünen und schwarzen Blattläuse zu den bekanntesten. Der Lebenszyklus aller Läuse beginnt mit der Eiablage im Herbst. Die Eier überstehen selbst härteste Winter relativ unbeschadet. Im Frühjahr schlüpfen dann die weiblichen Läuse, die bis in den Herbst hinein lebende Junge zur Welt bringen. Daher resultiert auch das hohe Vermehrungspotential. Erst im Herbst kommen weibliche und männliche Exemplare zur Welt. Nach der Befruchtung schließt sich dann der Kreis mit der erneuten Eiablage. Die Schädigung durch Blattläuse besteht im Aussaugen der grünen Pflanzenteile, die sich dann verformen. Die Blattläuse scheiden außerdem einen klebrigen Saft, den sogenannten Honigtau, ab, der wiederum Nährboden für den Schwarzen Rußtau ist.

Vorbeugung. Als vorbeugende Maßnahme empfiehlt sich die rechtzeitige Förderung der Nützlinge. Zu den natürlichen Feinden der Blattläuse gehören Marienkäfer, insbesondere die Larven, Schwebfliegen, Florfliegen, Ohrwürmer, Schlupfwespen, Raubwanzen und bestimmte Vogelarten. Vögel bleiben gerne im Garten, wenn sie geeignete Nistkästen vorfinden. Nistkästen sind in jeder zoologischen Handlung, in Gartencentern, in Samenfachgeschäften und Genossenschaften erhältlich. Außerdem sollte man als vorbeugende Maßnahme gegen Blattlausbefall auf eine ausgewogene Nährstoffsituation sowie auf kräftigen, gesunden Pflanzenwuchs achten. Kümmernde und überdüngte Pflanzen werden nämlich von den Blattläusen besonders bevorzugt.

Behandlung. Leichter Befall wird von ansonsten kräftigen Pflanzen meist unbeschadet überstanden. Ein Guß Brennessel-Jauche kann

in keinem Fall schaden. Diese Behandlung wirkt auch vorbeugend, da die Jauche von den Wurzeln aufgenommen wird. Bei stärkerem Befall leisten Seifenbrühen aus Schmier- oder Neutralseife gute Dienste. Diese sollten allerdings nicht bei voller Sonne oder gar in der Mittagshitze verspritzt werden. Nach der Behandlung sollte auf ausreichend Feuchtigkeit geachtet werden, damit es zu keinen Schädigungen der Pflanzenteile durch die Seifenbrühe kommt.

Rüsselkäfer. Die Rüsselkäfer sind relativ unscheinbar und sind etwa einen halben Zenitmeter lang. Sie fressen Löcher in die Blatt- und Blütenränder unserer Stauden. Diese Fraßschäden sind zwar nicht besonders schön anzusehen, machen aber den meisten Stauden nicht viel aus. Viel schlimmer wirkt sich dagegen der Wurzelfraß der jungen Käferlarven aus, die ansonsten unbemerkt bleiben.

Behandlung. Bei Befall sollte man in den frühen Morgenstunden, wenn die Käfer noch steif von der Nacht sind, die Pflanze abklopfen und schütteln und die Käfer aufsammeln.

Minierfliege. Schädigungen treten nicht durch die Fliegen selbst, sondern durch deren Larven auf. Diese höhlen das Blattinnere aus und hinterlassen dabei sogenannte weiße Minen.

Behandlung. Die Larven bekommt man mit Pflanzenschutzmitteln nur selten in den Griff. Daher ist es besser, sofort die befallenen Pflanzenteile zu entfernen oder notfalls die gesamte Staude zurückzuschneiden, bevor der Schädling sich auch auf Nachbarpflanzen breitmacht.

Schnecken. Schnecken können sich bei bestimmten Witterungsverläufen zu einer wahren Plage entwickeln. Besonders beliebt sind Feuchtigkeit und Dunkelheit. Aber nicht alle Schnecken sind gleich. So fressen etwa die Weinbergschnecken die Eier der ge-

fürchteten Nacktschnecken und werden so zu regelrechten Nützlingen. Schwer zu finden sind die kleinen Nacktschnecken und die kleinen Gehäuseschnecken. Sie können daher auch den meisten Schaden anrichten.

Vorbeugung. Die natürlichen Feinde machen den Schnecken das Leben von vornherein schwer. Hierzu zählen Igel, Kröten, Spitzmäuse, Laufkäfer, Zauneidechsen, Blindschleichen und Stare. Zur Vorbeugung können Pflanzen mit starken Duftstoffen und ätherischen Ölen zwischen die Stauden gepflanzt oder deren Laub als dünne Mulchschicht aufgebracht werden. Geeignete Pflanzen sind Senf, Kapuzinerkresse, Salbei, Ysop, Thymian und Tomaten- bzw. Farnwedel.

Behandlung. Im feuchten Frühjahr läßt sich trotz aller Vorbeugungsmaßnahmen ein Schneckenbefall nie ganz ausschließen. Bewährt hat sich dann die sogenannte Bierfalle. Hierzu wird ein Joghurt- oder sonstiger Becher ebenerdig im Staudenbeet versenkt und mit Bier gefüllt. Ein Dach aus einem umgedrehten und eingeschnittenen Becher sichert die Bierfalle gleichzeitig vor Regen. Die Schnecken werden nun von dem Geruch des Bieres angelockt und gehen so in die Falle. Es sollten mehrere Fallen aufgestellt, regelmäßig kontrolliert und entleert werden. Auf die Anwendung von Schneckenkorn sollte in jedem Fall verzichtet werden.

Rüsselkäfer

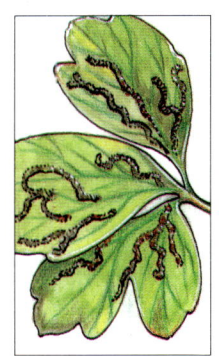

Schäden der Minierfliege

Schnecken

Schachtelhalmbrühe. 200 g Droge oder 1,5 kg Frischkraut auf 10 l Wasser, 24 Stunden einweichen, dann 20 Minuten kochen. Erkalteten Sud durch ein Sieb gießen. Verdünnt im Verhältnis 1:5 von Frühjahr bis Sommer alle 2 - 3 Wochen über die Pflanzen und auf den Boden spritzen.

Brennessel-Jauche. 200 g Droge oder 1 kg Frischkraut auf 10 l Wasser. Die grob zerkleinerten Pflanzen in kaltem Wasser ansetzen, während der 10 - 14tägigen Gärung öfter umrühren. Auf dem Boden im Verhältnis 1:10 verdünnt ausbringen, auf den Pflanzen 1:20. Alle 2 - 3 Wochen anwenden.

Botanische Pflanzennamen

Acaeana 98
- *buchananii* 98, 142
- *microphylla* 98
Achillea 50, 132, 133
- *filipendula* 70, 140
- *millefolium* 50, 138, 152
- *ptarmica* 50
- *serbica* 98, 135, 142
- *taygetea* 50
Achnatherum calamagrostis 128
Aconitum 70, 152
- x *arendsii* 70, 133, 140
- *carmichaelii* var. *wilsonii* 70
- *napellus* 70, 133
Acorus calamus 118, 144
Actaea 14
- *alba* 14, 136
- *pachypoda* 14
Adiantum 14
- *pedatum* 14
Adonis 50
- *amurensis* 50, 132, 133
- *vernalis* 50, 138, 152
Alchemilla 98
- *erythropoda* 98, 142
- *hoppeana* 98, 135, 142
- *mollis* 132
Alcea rosea 71, 140
Alisma lanceolatum 118, 144
- *plantago-aquatica* 118, 144
Allium 99
- *albopilosum* 142
- *atropurpureum* 142
- *christophii* 99
- *flavum* 99
- *karataviense* 99, 142
- *moly* 99, 142
- *oreophilum* 99
- *rosenbachianum* 99
- *saxatile* 142
- *sphaerocephalon* 99
Alyssum 99, 132, 152
- *montanum* 99,
- *saxatile* 99
Anchusa azurea 51
- *italica* 51, 132, 138
Anemone 32, 71, 132
- *blanda* 32
- *hupehensis* 71, 133, 140
- x *hybrida* 71
- *japonica* 128, 133
- *nemorosa* 32, 133, 136
- *sylvestris* 32
Antennaria dioica 51, 135, 138
Anthericum liliago 51, 135
Aquilegia 72, 132, 152
- *alpina* 72, 132
- *caerulea* 72, 128, 140
- *chrysantha* 72
- *vulgaris* 72, 128
Arabis 100
- x *arendsii* 100, 132
- *caucasica* 100, 132, 142
Armeria 100
- *maritima* 100, 142
Aruncus dioicus 14, 132, 136
- *sylvester* 14, 128
Asarum 132
- *europaeum* 15, 136
Asphodeline 100

- *liburnica* 100
- *lutea* 100, 132, 142
Aster 52, 72, 101, 153
- *alpinus* 101, 132, 142
- *amellus* 72, 133, 140
- *conjuncta* 142
- *dumosus* 73, 133, 140
- *ericoides* 73
- *linosyris* 52, 128, 135, 138
- *novae-angliae* 74, 133, 140
- *novi-belgii* 133, 140, 152
- *sedifolius* 52
- *tongolensis* 101, 142
Astilbe 32, 74, 133
- *chinensis* 32, 140
- *japonica* 140
- *rivularis* 32, 135
- Arendsii-Hybriden 74, 140
- Japonica-Hybriden 74
- Simplicifolia-Hybriden 74
- Thunbergii-Hybriden 74
Aubrieta 101
- x *cultorum* 132, 142
- *deltoidea* 101
Bergenia 33, 132
- *cordifolia* 33
- *purpurascens* 33
- Hybriden 33
Botrytis 156
Briza media 53, 138
Brunnera macrophylla 33, 132, 136
Butomus umbellatus 119, 144
Calamagrostis acutiflora 128
Caltha palustris 119, 132, 144
Campanula 34, 76, 102, 132,
- *carpatica* 102, 142
- *cochleariifolia* 102
- *garganica* 102
- *glomerata* 34
- *lactiflora* 76, 128, 140
- *latiloba* 34
- *macrantha* 76, 140
- *persicifolia* 34, 136, 152
- *portenschlagiana* 102, 135
- *poscharskyana* 102, 142
Cardamine trifolia 15, 135, 136
Carex 15, 103, 120
- *buchananii* 103, 142
- *elata* 120, 144
- *gracilis* 120
- *grayi* 120, 144
- *morrowii* 15
- *pendula* 16, 135, 136
- *plantaginea* 16
- *pseudocyperus* 120, 144
Centaurea 34, 53, 132, 133,
- *dealbata* 34, 135, 136
- *macrocephala* 35
- *montana* 35
- *ruber* 53, 132, 135
- *scabiosa* 53
- *simplicicaulis* 53, 138
Cerastium tomentosum 103
Ceratostigma plumbaginoides 54
Chrysanthemum 76, 132, 133, 153
- *coccineum* 76, 77, 128,

132
- x *hortorum* 77, 140
- *leucanthemum* 77, 78, 128
- *maximum* 78, 128, 140
- *rubellum* 78
- *serotina* 54, 138
Cimicifuga 16, 133
- *cordifolia* 16
- *ramosa* 16, 136
- *simplex* 16
Clematis 35
- x *bonstedtii* 35
- *integrifolia* 35
- *recta* 35
Coreopsis 79, 132
- *grandiflora* 79
- *verticillata* 79
Cotula squalida 54
Delphinium 79, 104
- x *cultorum* 79, 128, 132, 140
- *grandiflorum* 104, 142
- *nudicaule* 104, 142
- Belladonna-Hybriden 80
- Elatum-Hybriden 80
- Pacific-Hybriden 80
Dianthus 55, 104
- *bannaticus* 104
- *carthusianorum* 55
- *deltoides* 55, 138
- *gratianopolitanus* 104
- *plumarius* 104, 132, 142
Dicentra 36
- *eximia* 36
- *formosa* 36
- *spectabilis* 36, 132, 136
Digitalis 36
- *grandiflora* 36
- *purpurea* 36
Doronicum 82, 132
- *caucasicum* 140
- *orientale* 82
- *plantagineum* 82
Dryopteris 17
- *affinis* 17
- *carthusiana* 17
- *dilatata* 17
- *erythrosora* 17
- *filix-mas* 17
- *goldiana* 17
- *hexagonoptera* 17
- *marginalis* 17
- *sieboldii* 17
Echinops 55, 133
- *bannaticus* 55, 138
- *niveus* 55
- *ritro* 55
Eichhornia crassipes 121, 144
Epimedium 18
- *grandiflorum* 18, 132, 136
- *pinnatum* 18
- x *rubrum* 18
- x *versicolor* 18
- x *youngianum* 18
Eremurus 105
- *himalaicus* 105
- *robustus* 105
- *spectabilis* 105
- *stenophyllus* 105
- Shelford-Hybriden 105
Erigeron 82, 132
- *speciosus* 82
- x *hybrida* 140
Eryngium 56
- *alpinum* 56, 128
- *bourgatii* 56
- *planum* 56, 128, 135
Eupatorium 38

- *purpureum* 38, 128, 135
- *rugosum* 38
Festuca glauca 56
- *ovina* 138
Filipendula 57
- *hexapetala* 57
- *rubra* 57, 135
Gaillardia 133
- x *grandiflora* 83
Galium odoratum 18
Gentiana 106, 133, 142
- *acaulis* 106
- *cruciata* 106
- *septemfida* var. *lagodechiana* 106
Geranium 38, 132
- *endressii* 38, 136
- *macrorrhizum* 38, 132
- *renardii* 38
- *sanguineum* 38, 135
- *sylvaticum* 38
Geum 83, 132, 133
- *chiloense* 83
- *coccineum* 83
- x *hybridum* 140
Gunnera chilensis 57
Helenium 57, 84, 133, 152
- *autumnale* 84
- *bigelovii* 57
- *hoopesii* 57, 138
- x *hybridum* 140
Helianthemum lunulatum 106
- Hybriden 106
Helianthus 84, 133
- *atrorubens* 84
- *decapetalus* 84, 128, 140
Heliopsis 133
- *scabra* 85, 140
Helleborus 19, 132
- *atrorubens* 19, 133
- *foetidus* 19
- *niger* 19, 132, 133, 136
- *purpurascens* 19
Hemerocallis 58, 85, 132, 133,
- *citrina* 58, 138
- *middendorffii* 58
- *minor* 58
- *thunbergii* 58
- Hybriden 85, 140
Heracleum 152
- *mantegazzianum* 58
Heuchera 39, 132
- x *brizoides* 39
- *sanguinea* 39
Hippuris vulgaris 121, 144
Hosta 20
- *crispula* 20
- *fortunei* 20
- *lancifolia* 21
- *plantaginea* 20, 21
- *sieboldiana* 21
- *tardiflora* 20
- *tokudama* 20
- *undulata* 20, 21
- *ventricosa* 20, 21
Hydrocharis morsus-ranae 121, 144
Hypericum 39, 153
- *calycinum* 39
Iberis 107, 132
- *saxatilis* 107, 142
- *sempervirens* 107
Inula 39
- *ensifolia* 39
- *helenium* 39
- *magnifica* 39
- *orientalis* 39
Iris 60, 86, 122, 132

- *barbata* 128, 152
- x *barbata-elatior* 86, 140
- x *barbata-media* 86, 140
- x *barbata-nana* 138
- *brevicaulis* 60
- *chrysographes* 60
- *foliosa* 60
- *germanica* 152
- *kaempferi* 122
- *laevigata* 128
- *pseudacorus* 122, 128, 144
- *versicolor* 60
- *wilsonii* 60

Juncus 122
- *compressus* 122, 144
- *effusus* 122, 144
- *inflexus* 122
Kniphofia 88, 133
- *galpinii* 88
- x *hybrida* 140
- *uvaria* 88
Lamium 40, 132, 152
- *galeobdolon* 40
- *maculatum* 40
- *orvala* 40
Lathyrus 21
- *gmelinii* 21
- *latifolius* 40, 128
- *vernus* 21, 132, 136
Liatris 133
- *elegans* 138
- *spicata* 133
Ligularia 41
- *clivorum* 128
- *dentata* 41
- x *hessei* 41, 128
- *przewalskii* 41, 128, 135
- *stenocephala* 41
- *wilsoniana* 41
Linaria 107
- *cymbalaria* 107
- *pallida* 107
Linum 61, 132
- *flavum* 61, 138
- *narbonense* 61
- *perenne* 61
Luzula 22
- *maxima* 22
- *nivea* 22
- *pilosa* 22, 136
- *sylvatica* 22
Lysimachia 41
- *clethroides* 41
- *nummularia* 41, 135
- *punctata* 41, 132, 135
Maianthemum bifolium 22, 135, 136
Matteuccia 22
- *orientalis* 22
- *pensylvanica* 22
- *struthiopteris* 23
Melica 108
- *ciliata* 108
- *transsilvanica* 108
Miscanthus sinensis 128
Molinia caerulea 89
Monarda 133
- *didyma* 89
- x *hybrida* 140
Nuphar 122
- *lutea* 122, 144
- *pumila* 122
Nymphaea 123
- *alba* 123, 144
- *pygmaea* 145
- *tetragona* 123
- Hybriden 123
Nymphoides peltata 124,

144
Oenothera 62
- *tetragona* 62, 128, 135, 138
Osmunda 23
- *cinnamomea* 23
- *claytoniana* 23
- *regalis* 23
Oxalis 24
- *acetosella* 24
Pachysandra terminalis 24, 136
Paeonia 90, 132
Paeonia lactiflora 90, 91, 128, 140
Paeonia officinalis 90, 91, 128
- *peregrina* 91
- *tenuifolia* 128
Papaver 91, 108
- *alpinum* 142
- *nudicaule* 108, 142
- *orientale* 91, 132, 140, 153
Pennisetum 62
- *compressum* 62, 138
- *japonicum* 62
Phlomis 63
- *samia* 63, 138
Phlox 92, 110
- *douglasii* 110, 142
- *maculata* 92
- *paniculata* 92, 128, 132, 133, 140, 153
- *subulata* 110, 142
Phyllitis scolopendrium 25
Physalis 152
- *franchetii* 42
Polygonatum 25
- *commutatum* 25
- *giganteum* 25
- *macranthum* 25
- *multiflorum* 25
- *stenanthum* 25
Polygonum 42
- *amplexicaule* 42
- *compactum* 42
Polypodium 26
- *interjectum* 26
- *vulgare* 26
Polystichum 26
- *setiferum* 26
Potentilla 61, 132
- *alba* 63
- *aurea* 63
- *recta* 63
Primula 42, 93, 132
- *beesiana* 42
- *bulleyana* 43
- *denticulata* 44, 153
- *florindae* 44
- *juliae* 93
- x *polyantha* 140
- *polyneura* 43
- *sieboldii* 43, 132
- *sikkimensis* 44
- *veitchii* 43
- *veris* 93
- *vernalis* 93
- *vulgaris* 93
Prunella 44
- *grandiflora* 44
- x *webbiana* 44
Pulmonaria 27, 132
- *angustifolia* 136
- *officinalis* 27
Reynoutria japonica 42
Rodgersia 27, 153
- *aesculifolia* 27
- *pinnata* 28

- *podophylla* 28, 128, 136
- *tabularis* 28, 128
Rudbeckia 94, 133
- *laciniata* 94, 128
- *nitida* 94, 128, 140
- *purpurea* 94, 128
- *speciosa* 94
- *sullivantii* 94
Sagittaria 124
- *graminae* 124, 144
- *latifolia* 124, 144
- *sagittifolia* 144
Salvia 64, 132
- *haematodes* 128
- *nemorosa* 64, 128, 138
- *pratensis* 64
Santolina 110
- *chamaecyparissus* 110
Saponaria 111, 142
- *x lempergii* 111
- *ocymoides* 111, 132
- *x olivana* 111
Saxifraga 111, 142, 153
- *aizoides* 112
- *cotyledon* 112
- *fortunei* 133
- *x geum* 112
- *granulata* 112
- *hypnoides* 112
- *muscoides* 112
- *paniculata* 112
- *rotundifolia* 112
- *umbrosa* 112, 132
Scabiosa 65
- *caucasica* 65, 128, 133, 138, 152
- *graminifolia* 65
Sedum 113, 133, 142
- *acre* 113, 138
- *album* 113
- *floriferum* 113, 135
- *spathulifolium* 132
- *spurium* 113- x *telephinum* 113
Sempervirens 142
Sempervivum 113
- *tectorum* 113
Senecio 114
- *abrotanifolius* 114
- *adonidifolius* 114
- *cineraria* 142
- *doronicum* 114
Sesleria 114
- *albicans* 114
- *autumnalis* 114
- *caerulea* 114, 142
- *heuffleriana* 114
- *nitida* 114
Silene 114. 153
- *alpestris* 142
- *aucalis* 114
- *maritima* 114, 142
- *schafta* 114
Sparganium 124
- *emersum* 124, 144
- *erectum* 124
Spodiopogon sibiricus 128
Stachys 45
- *densiflora* 45
- *grandiflora* 45, 128
Stipa 65
- *capillata* 65, 138
- *gigantea* 65
- *pennata* 65
Symphytum 28
- *grandiflorum* 28, 135, 136
Thalictrum 45
- *aquilegifolium* 45, 128, 135

- *dipterocarpum* 45
Thymus 66
Thymus doerfleri 66, 132
- *serpyllum* 66, 138
- *vulgaris* 66
Tiarella 28, 132
- *cordifolia* 28, 136
- *wherryi* 28
Trollius 95, 132
- *chinensis* 95, 140
- *x cultorum* 95
- *europaeus* 135
Typha 125
- *angustifolia* 125, 144
- *latifolia* 125, 144
- *laxmannii* 125
- *minima* 125, 144
- *shuttleworthii* 125
Verbascum 66, 153
- *bombyciferum* 67
- *x hybridum* 128
- *olympicum* 67, 128, 138
- *pannosum* 67
- *phoeniceum* 67, 128
Veronica 67
- *incana* 67
- *longifolia* 67
- *spicata* 67
- *teucrium* 67
Vinca 29
- *major* 29
- *minor* 29, 136
Viola 46, 95
- *cornuta* 95
- *labradorica* 46
- *odorata* 46, 132
Waldsteinia 29
- *geoides* 29, 135, 136
- *ternata* 29

Deutsche Pflanzennamen

Adonisröschen 50, 132, 133, 138, 152
Ästiger Igelkolben 124
Akelei 72, 128, 132, 140, 152
Akeleiblättrige Wiesenraute 45
Alant 39
Alpendistel 56
Alpenenzian 106
Alpenmohn 108
Amerikanischer Trichterfarn 22
Anemone 32, 71, 133, 140
Aster 52, 72, 101, 138, 140, 142
Astilbe-Arendsii-Hybriden 74
Astilbe-Japonica-Hybriden 74
Astilbe-Simplicifolia-Hybriden 74
Astilbe-Thunbergii-Hybriden 74
Atlasschwingel 138
Aufrechte Waldrebe 35
Aufrechter Igelkolben 124
Aufrechtes Fingerkraut 63
Banater Nelke 104
Bärenklau 58
Bartfaden 133
Bartiris 86
Beinwell 28, 135, 136

Berganemone 32
Bergaster 33, 72, 132
Bergflockenblume 35
Bergsteinkraut 99
Bertramsgarbe 50
Berufkraut 82
Binse 122, 144
Blaubinse 122
Blaublattfunkie 21
Blaugras 114, 142
Blaukissen 101, 132, 142
Blauschwingel 56
Blauzungenlauch 99
Blumenbinse 119, 144
Blutstorchschnabel 135
Blutweiderich 133
Brandkraut 63, 138
Braunelle 44
Breitblättriger Rohrkolben 125
Breitblattsegge 16
Breiter Dornfarn 17
Bunte Margerite 76
Büschelfedergras 65
Büschelhaargras 138
Buschwindröschen 32, 132, 133, 136
Chinesische Pfingstrose 91
Chnesische Bleiwurz 54
Christophskraut 14, 136
Christrose 19, 132, 133, 136
Clematis 35
Cypersegge 120
Dachwurz 113
Dalmatiner Glockenblume 102, 135
Dickmännchen 24, 136
Donnerpflanze 113
Duftveilchen 132
Echter Alant 39
Edeldistel 56, 128, 135
Ehrenpreis 67
Einfacher Igelkolben 124
Eisenhut 70, 133, 140, 152
Elfenblume 18, 132, 136
Engelsüß 26
Enzian 106, 142
Etagenprimel 42
Europäische Pfingstrose 91
Fackelblume 66
Fackellilie 88, 133, 140
Federborstengras 62, 138
Federgras 65
Federnelke 104, 132
Feinstrahl 82, 132, 140
Felberich 41, 135
Feldthymian 66
Felsen-Schleifenblume 107
Felsensteinkraut 99
Fetthenne 113, 132, 135, 142
Fingerhut 36
Fingerkraut 63, 132
Flammenblume (s. auch Phlox) 92, 110, 128, 132, 133, 142
Flauschfedergras 65
Flockenblume 34, 53, 132, 133, 135, 138, 139
Frauenhaarfarn 14
Frauenmantel 98, 132, 135, 142
Froschbiß 121, 144
Froschlöffel 118, 144
Frühlingsaster 101, 132
Frühlingsmarbel 136

Frühlingsplatterbse 21, 132, 136
Frühsommerphlox 92
Fünffingerkraut 63
Funkie 20, 136
Gänsekresse 100, 132, 142
Ganzblättrige Waldrebe 35
Gartenchrysantheme 77, 78
Gartenphlox 140
Gartenthymian 66
Gefleckte Taubnessel 40
Geißbart 14, 128, 132, 136
Gelbe Teichrose 122
Gemeine Hauswurz 113
Gemswurz 82, 132, 140
Gewimperter Steinbrech 112
Gewöhnlicher Wurmfarn 17
Glattblattaster 73, 74, 133
Glockenblume 34, 76, 102, 128, 132, 140, 142
Glockenfunkie 21
Goldährengras 138
Goldfelberich 41, 132, 135
Goldflachs 61, 138
Goldgarbe 70
Goldgelbes Fingerkraut 63
Goldhaaraster 52, 128, 135
Goldlauch 99
Goldnessel 40, 132
Goldplatterbse 21
Goldschuppenfarn 17
Graslilie 51, 135
Grasnelke 100
Graublattfunkie 20
Greiskraut 133
Großblütige Taubnessel 40
Großblütiger Fingerhut 36
Große Braunelle 44
Große Glockenblume 34
Großes Immergrün 29
Grünes Kopfgras 114
Haarmarbel 22
Hainsimse 22
Hängepolster-Glockenblume 102
Haselwurz 15, 132, 136
Hauswurz 113, 142
Heidenelke 55
Heilblatt 113
Heiligenblume 110
Herbstanemone 133, 152
Herbstenzian 133
Herbstkopfgras 114
Herbststeinbrech 133
Herkulesstaude 58, 152
Herzblattlilie 20
Herzblume 36
Himmelschlüssel 93
Hirschzungenfarn 25
Hoher Sommerphlox 92
Hornkraut 103
Hornveilchen 95
Hufeisenfarn 14
Igelkolben 124, 144
Immergrün 29
Indianernessel 89, 133, 140
Iris (s. auch Schwertlilie) 60, 85, 122
Islandmohn 108
Japananemone 128

Japanische Pfingstrose 91
Japanische Prachtschwertlilie 122
Japanischer Straußfarn 22
Japanisches Federborstengras 62
Japansegge 15
Johanniskraut 39
Junkerlilie 100, 132, 142
Kalkblaugras 114
Kalmus 118, 144
Kapartenglockenblume 102
Kartäusernelke 55
Katzenpfötchen 51, 135, 138
Kaukasus-Skabiose 65, 152
Kaukasus-Vergißmeinnicht 33, 132, 136
Kerzen-Knöterich 42
Kissenaster 73, 133
Kissenprimel 93
Kleeschaumkraut 15, 135
Kleiner Rohrkolben 125
Kleines Immergrün 29, 136
Knäuelglockenblume 34, 139
Knöllchensteinbrech 112
Knollenbinse 122
Knöterich 42, 139
Kokardenblume 83, 133
Königsfarn 23
Königskerze 66, 128, 138
Korkenzieherbinse 122
Körnersteinbrech 112
Kreuzenzian 106
Kreuzkraut 41, 114, 128, 135, 142
Kronenfarn 23
Kugeldistel 55, 133, 138
Kugelprimel 43
Kuhschelle 132
Labrador-Veilchen 46
Lampenputzergras 62, 138
Lampionblume 42
Lanzenfunkie 21
Lanzen-Silberkerze 16
Laugenblume 54
Leimkraut 114, 142
Lein 61, 132
Leinkraut 107
Lungenkraut 27, 132, 136
Mädchenauge 79, 132
Mädesüß 57, 135
Maikraut 14
Mammutblatt 57
Mannstreu 56
Marbel 22
Margerite 76, 128, 132, 133, 135, 138, 140
Märzveilchen 46
Mauerpfeffer 138, 139, 142
Mohn 91, 108, 142
Moorblaugras 114
Moossteinbrech 112
Morgensternsegge 120
Mummel 122, 144
Münzkraut 41
Myrtenaster 73
Nachtkerze 62, 128, 135, 138
Nelke 55, 104, 138, 142
Nelkenwurz 83, 132, 133, 140

Nestkopfgras 114
Nichtwuchernde Sonnenblume 84
Nieswurz 19
Ochsenzunge 51, 132, 138
Oktober-Eisenhut 70
Oktober-Silberkerze 16
Orientalischer Mohn 132
Pachysandra 24
Päonie (s. auch Pfingstrose) 90
Perlgras 108
Pfauenradfarn 14
Pfeifengras 89
Pfeilkraut 124, 144
Pfennigkraut 41
Pferdeminze 89
Pfingstnelke 104
Pfingstrose 90, 128, 132, 140
Pfirsichblättrige Glockenblume 34, 136, 152
Pfriemengras 65
Phlox (s. auch Flammenblume) 92, 110
Platterbse 21
Polsterkreuzkraut 114
Prachtscharte 61, 133, 138
Prachtspiere 32, 74, 133, 135, 140
Primel 42, 93, 132, 140
Purpurglöckchen 39, 132
Purpurrotes Sedum 113
Quendel 66
Rauhblattaster 73, 74, 133
Riesenalant 39, 138
Riesendoldenglockenblume 76
Riesenfedergras 65
Riesenflockenblume 35
Riesen-Segge 16, 135, 136
Riesen-Weißrandfunkie 20
Riesenwurmfarn 17
Rispensteinbrech 112
Rittersporn 79, 104, 128, 132. 140, 142
- Belladonna-Hybriden 80
- Elatum-Hybriden 80
- Pacific-Hybriden 80
Rohrkolben 125, 144
Roserlauch 99
Rosettensteinbrech 112
Rote Flockenblume 34, 136
Rote Segge 103
Roter Fingerhut 36
Roter Zwergrittersporn 104
Rotes Seifenkraut 132
Rotschleierfarn 17
Rudbeckie 94
Rundblättriger Steinbrech 112
Salbe. 64, 128, 132, 138
Salomonssiegel 25
Sandnelke 104
Sauerklee 24
Schafgarbe 50, 132, 133, 135, 138, 139, 140, 142, 152
Schafschwingel 138
Schmaler Dornfarn 17
Scharfer Mauerpfeffer 113
Schattenblume 22, 135, 136
Schattensteinbrech 112

Schaublatt 27, 128, 136
Schaumblüte 28, 132, 136
Schaumkraut 136, 139
Schildfarn 26
Schlank-Segge 120
Schleifenblume 107, 132, 142
Schlüsselblume 93
Schmalblättriger Rohrkolben 125
Schneefelberich 41
Schneemarbel 22
Schneerose 19, 133
Schwanenblume 119
Schwarzaugen-Sonnenblume 84
Schwertlilie (s. auch Iris) 60, 85, 122, 128, 132, 138, 140, 144, 152
-Barbata-Elatior-Gruppe 85
-Barbata-Media-Gruppe 85
Seegrasnelke 100
Seekanne 124, 144
Seerose 123, 144
Segge 15, 103, 120, 139, 142, 144
Seifenkraut 111, 135
Senecie 114
September-Silberkerze 16, 136
Serbische Polstergarbe 98
Shuttleworths Rohrkolben 125
Siebenbürger Perlgras 108
Silberfahnengras 139
Silberhornkraut 103
Silberkerze 16, 133
Skabiose 65, 128, 133, 138
Skabiosen-Flockenblume 53
Sommeraster 133
Sommermargerite 78
Sommersalbei 64
Sonnenauge 85, 133, 140
Sonnenblume 84, 128, 133, 140
Sonnenbraut 57, 84, 133, 138, 140, 152
Sonnenhut 94, 128, 133, 140
Sonnenröschen 106
Spätherbst-Margerite 54
Spiralbinse 122
Spornblume 53, 135
Stachelnüßchen 98, 142
Staudenlein 61
Staudenwicke 40, 128
Steife Segge 120
Steinbrech 111, 142
Steinkraut 99, 132, 142, 152
Stengelloses Leimkraut 114
Steppenkerze 105
Steppenlilie 138
Sternkugellauch 99
Stockmalve 71
Stockrose 71, 140
Storchschnabel 38, 132, 136
Strahlenanemone 32
Straußfarn 22
Sumpf-Schwertlilie 122
Sumpfdotterblume 119, 132, 144
Sumpfprimel 44
Taglilie 58, 85, 132, 133,

138, 140
Tannenwedel 121, 144
Taubnessel 40, 152
Teichrose 122, 144
Teppichphlox 110
Teppichpurpurglöckchen 139
Teppichsedum 113
Teufelskraut 23
Thymian 66, 132, 138
Tränendes Herz 36, 132, 136
Traubensteinbrech 112
Trichterfarn 22
Trollblume 95, 135, 140
Tüpfelfarn 26
Türkischer Mohn 91, 140
Veilchen 46, 95
Venushaar 11
Veronika 67
Waldmarbel 22
Waldmeister 18
Waldrebe 35
Waldsauerklee 24
Waldschaumblüte 28
Waldschaumkraut 15
Waldsimse 22
Waldsteinie 29, 135, 136
Waldstorchschnabel 38
Wasserdost 38, 128, 135
Wasserhyazinthe 121, 144
Weicher Schildfarn 26
Weißer Mauerpfeffer 113
Weißwurz 25
Wellblattfunkie 21
Wicke 21
Wiesenmargerite 77, 139
Wiesenphlox 92
Wiesenprimel 132
Wiesenraute 45, 128, 135
Wiesensalbei 64, 139
Wilder Thymian 66
Wildzergaster 52
Wimperperlgras 108
Wohlriechendes Veilchen 46
Wollblume 66
Wucherblume 76
Wurmfarn 17
Ysander 24
Zierlauch 99, 142
Ziest 45, 128
Zimbelkraut 107
Zimtfarn 23
Zittergras 53, 138, 139
Zwergalant 39
Zwergglockenblume 102
Zwergmarbel 22
Zwergrittersporn 104

Sachregister

Alpinum 143
Alternative Schädlingsbekämpfung 156
Arbeitskalender 154
Aussaat 152f.
Bachlauf 145
Beetstaude 10, 69ff., 140f.
Blattlaus 157
Blühdauer 132f.
Blütenfarbe 128, 130, 132
Blütezeit 128, 130, 132
Bodenbeschaffenheit 148
Bodenvorbereitung 148
Brennessel-Jauche 156f.
Düngung 148f., 150f.
Farbdreiklang 131
Farbzweiklang 130

Farn 10
Florfliege 156
Freifläche 138f.
Gehölz 128, 134, 136
Gestaltung 127
Gießen 150
Gießwasser 150
Gräser 128
Grauschimmel 156
Grunddüngung 148
Gründüngung 148
Hacken 150
Halbschatten-Staude 31ff., 136f.
Jäten 150f.
Kauf 148f.
Knollengewächs 10
Krankheiten 156f.
Langzeitdünger 149
Lebensbereich 134
Leitstaude 128
Malvenrost 156
Marienkäfer 156
Mehltau 156
Minierfliege 157
Mulchen 151
Nützling 156f.
Päonien-Grauschimmel 156
Pflanzen 149
Pflanzvorgang 149
Pflanzzeitpunkt 149
Pflege 147ff.
Qualitätsmerkmal 149
Quellstein 143, 145
Rabatten 140f.
Raubmilben 156
Rückschnitt 151
Rüsselkäfer 157
Schachtelhalmbrühe 156f.
Schädlinge 156f.
Schattenstaude 13ff., 136f.
Schlupfwespe 156
Schnecke 157
Schwebfliege 156
Sommerblume 134
Sonnenstaude 49ff., 138f.
Spinne 156
Staudenpflanzung 128
-Aufbau 128
-Bett 140f.
-Freifläche 138f.
-Halbschatten 136f.
-Pflanzkombinationen 134f.
-Planung 128
-Rabatte 140f.
-Schatten 136f.
-Steingarten 142f.
-Wassergarten 144f.
Staudensichtung 11
Steckling 153
Steingarten-Staude 97ff., 142f.
Stütze 151
Teich 144
Teilen 152
Ton-in-Ton-Arrangement 131
Überdauerungsorgan 10
Vermehrung 152f.
Wasserbecken 144
Wassergarten-Staude 117ff., 144f.
Wildstaude 10, 135
Winterschutz 151
Wuchshöhe 128
Wurzelschnittling 153
Zwiebelgewächs 10

Adressen der schönsten Staudengärten

Palmengarten, Frankfurt/Main (Stauden und Rosen, Taglilien, Uferstauden, Steingarten)
Planten un Bloomen, Hamburg (heimische Stauden)
Herrenhausen – Berggarten, Hannover (Schattenstauden, Prachtstauden)
Botanischer Garten Hof (Staudenraritäten)
Stadtpark Lahr im Schwarzwald (Englische Stauden)
Schloßpark Ludwigsburg
Botanischer Garten Nymphenburg, München (Prachtstauden, Schattenstauden)
Westpark München (Staudenpflanzungen nach Lebensbereichen)
Botanischer Garten Tübingen (Steingarten, alpine Stauden)
Staudensichtungsgarten Weihenstephan bei Freising (Staudensortimente)
Hermannshof, Weinheim (Staudenpflanzungen nach Lebensbereichen)

Bezugsquellen

Stauden-Versandgärtnereien
Staudenkulturen Georg Arends, Monschaustr. 76, 5600 Wuppertal 21
Cornelia und Andreas August, Neunkirchener Straße, 8521 Effeltrich bei Forchheim
Alpengarten Pforzheim Joachim Carl, 7530 Pforzheim-Würm
Staudengärtnerei Hans Götz, 7622 Schiltach
Staudenkulturen Heinrich Hagemann, Walsroder Str. 324, 3012 Langenhagen-Krähenwinkel
Versandbaumschulen Rudi Hartmann, Postfach 1503, 2080 Pinneberg
Pflanzenspezialitäten Albrecht Hoch, Potsdamer Str. 40, 1000 Berlin 37
Staudengärtnerei Heinrich Junge, Seeangerweg 1, 3250 Hameln-Wehrbergen
Staudengärtnerei und Baumschulen Kayser & Seibert, Wilhelm-Leuschner-Str. 85, 6101 Roßdorf

Staudengärtnerei Heinz Klose, Rosenstr. 10, 3503 Lohfelden
Seerosenland Achmühle Ursula Oldehoff, Gartenstr. 1, 8196 Achmühle
Staudenkulturen Ernst Pagels, Deichstr. 4, 2950 Leer
Gartencenter – Gärtnerei – Baumschulen Samen-Schmitz, Karl-Hammerschmidt-Str. 14, 8011 Aschheim-Dornach
Staudengärtnerei Schöllkopf, Postfach 7113, 7410 Reutlingen
Sortiments- und Versuchsgärtnerei Dr. Hans und Helga Simon, Staudenweg 2, 8772 Marktheidenfeld
Botanischer Alpengarten F. Sündermann, 8990 Lindau
Staudengärtnerei Karl Wachter, 2081 Appen-Etz
Baumschulen – Stauden Gertrud Willumeit, Heidelberger Landstr. 170, 6100 Darmstadt-Eberstadt
Staudengärtnerei Gräfin von Zeppelin, 7811 Sulzburg-Laufen

Die Adressenliste erhebt keinen Anspruch auf Vollständigkeit. Bitte legen Sie Ihren Anfragen einen adressierten und ausreichend frankierten Rückumschlag bei.

Bildnachweis

Titelfoto: Geduldig
Apel: 19l.; 24r.; 28l.; 45l.; 53l.; 54M.; 54r.; 55o.; 65r.; 103l.; 108l.; 122r.
Bärtels: 29M.u.; 35; 110u.
Borens: 8/9; 10; 12/13; 50l.; 55 3.v.o.; 62r.; 65l.; 68/69; 87; 91l.; 130; 136; 140
Dorling Kindersley: 14 alle; 15 alle; 16; 17r.; 18 alle; 20 alle; 21 alle; 22l.; 22r.; 26 alle; 27l.; 28r.; 29r.; 32o.; 32 2.v.o.; 32 3.v.o.; 33r.; 34l.; 34r.; 38M.; 38r.; 39M.; 39r.; 40 alle; 41r.; 43 alle; 46r.o.; 46r.u.; 51l.; 51M.; 54l.; 55u.; 57l.; 58l.; 58M.; 60 5 kl. Abb.; 61 alle; 62l.; 67l.; 70l.; 71 alle; 77; 79 2.v.o.; 83l., 84M.; 90 alle; 94r.; 95r.; 98l.; 99 alle; 100 alle; 101r.; 102 alle; 103r.; 104l.; 104M.; 106 alle; 110 alle; 112o.; 112 2.v.o.; 112 3.v.o.; 113o.; 113 2.v.o.; 113u.; 114l.; 114r.; 118l.; 119l.; 120; 121l.; 121r.; 122M.; 124l.; 124M.; 132l.; 132M.; 133

alle
Heitz: 11; 48/49; 123r.o.; 125l.o.
Kögel: 2/3; 32u.; 109
Morgan: 34M.; 39l.; 47; 57r. (Morgan/Reinhard): 76
Reinhard: 25l.; 119r.; 121M.; 123r.u.; 124r.; 125l.u.; 125r.
Riedmiller: 22M.; 29M.o.; 45r.; 51r.; 64r.; 72l.; 85l.; 114M.; 146/147
Sauer: 98M.; 98r.
Schacht: 42l.
Schmidt: 79u.; 86 alle
Smit: 17l.
Stehling: 4/5; 19r.; 25r.; 41l.; 42r.; 50r.; 52r., 56r.; 64l.; 66M.; 67r.; 70r.; 75; 94l.; 96/97; 105; 112u.; 116/117; 118r.; 131; 134
Strauß: 28M.; 37; 52l.; 66r.; 79o.; 83r.; 89l.; 89r.; 93; 107r.; 111; 142
Tschakert: 23; 59; 78; 81; 95l.; 126/127; 129; 135
Welsch: 138; 144
Wetterwald: 24l.; 27r.; 46l.; 53r.; 63l.; 63r.; 66l.; 108r.; 123l.
Zeltner: 6/7; 30/31; 33l.; 36; 38l.; 44; 55 2.v.o.; 56l.; 57M.; 58r.; 60u.l.; 67M.; 72r.; 73; 79 3.v.o.; 80u.; 80o.; 82l.; 82r.; 84l.; 84r.; 85r.; 88; 92; 101l.; 104r.; 107l.; 113 3.v.o.; 115; 122l.; 132r.; 155

Alle Zeichnungen von Elfie Vierck-Petschelt, München

Impressum

Fotos: S. Bildnachweis
Redaktion: Kirsten Spieldiener
Buchgestaltung: Hubertus Hepfinger, Freising
Projektleitung: Halina Heitz
Projektidee: Dr. Gerhard Kebbel

Autoren: Dipl.-Ing. Andreas Bärtels, Dr. Hans Hecht, Helmut Jantra, Andrea Kögel, Dipl.-Ing. Stefan Längst, Wolfgang Redeleit, Dipl.-Ing. Gisela Zinkernagel

Herausgeber: Dipl.-Ing. Stefan Längst

Der Mosaik Verlag ist ein Unternehmen der Verlagsgruppe Bertelsmann

© 1992 Mosaik Verlag GmbH, München
5 4 3 2 1
Druck und Bindung: Egedsa, Barcelona
Printed in Spain
DLB.: 31285- 92

ISBN 3-576-10096-2